JN316130

# 斎藤 實伝

松田十刻
Jyukkoku Matsuda

「二・二六事件」で暗殺された提督の真実

元就出版社

大正８年、朝鮮総督のときの斎藤實と春子

四谷の私邸での斎藤實一家

昭和２年４月、ジュネーブ会議に出席したときの斎藤實と春子（ホテルにて）

パリで片岡直輝と記念撮影した斎藤實＝左＝

明治5年、上京時の斎藤富五郎(幼名)＝中央＝

首相の親任式に向かう斎藤と見送る春子

ジュネーブに赴く斎藤夫妻。阿波丸甲板にて

# 斎藤實伝——目次

## 第一章——雄志を抱いて



## 第二章——疾風のごとく

## 第六章——海軍大臣



## 第七章——朝鮮総督



## 第八章——ジュネーブ軍縮会議

# 斎藤實伝

「二・二六事件」で暗殺された提督の真実

本書は、高橋文彦著『惨殺　提督斎藤実「二・二六」に死す』（一九九九年二月・光人社刊）を改題し、大幅に改稿したものです（高橋文彦は、松田十刻の本名）。

# 第一章──雄志を抱いて

## 草むしりと武士道

水沢（現・岩手県奥州市水沢区）は、「偉人のまち」として知られる。

藩政時代、水沢は伊達《だて》家支藩である留守《るす》家の城下町として栄えた。留守家は鎌倉時代までさかのぼれば、葛西《かさい》氏と並んで奥州総奉行を勤めた東北の重鎮であった。

家格は伊達氏とほとんど拮抗するほどであり、伊達氏の一門となったあとも、幕府からはさまざまな特権を与えられ、国持大名に準じる待遇を得た。留守氏が江戸に参勤するとき、槍などの長道具を立て、鉄砲を担って進むさまは、諸国の大名でさえほれぼれする格式を備えていたという。そのような気高い風土だからこそ、偉人と呼ばれる先覚者を輩出したのであろう。

伊達政宗から胆沢郡《いさわぐん》福原（現・水沢区福原）の領地を与えられたキリシタン武将の後藤寿庵《ごとうじゅあん》（生没年不詳）は、その先鞭をつけた人物である。

寿庵は東磐井郡藤沢の城主、岩淵民部信時の弟で、豊臣秀吉の奥州仕打ちで領地を没収されたあと長崎で学び、キリシタンとなった。その後、福原の領主となった寿庵は、ローマ法王（教皇）のパウロ五世に「奉答文《ほうとうぶん》」を送るなど、国際的視野に立った活動を行った。武士としての素養も高く、大坂冬の陣、夏の陣では、伊達軍勢の鉄砲隊を指揮している。

幕末には、長崎でシーボルトに学びドクトルの称号を授かった高野長英（一八〇四－一八五〇）が登場する。医師で蘭学者だった高野は、著書『夢物語』で幕府を批判したことから、天保十年（一八三九）の「蛮社の獄」で捕えられ、永牢の身となった。投獄六年目に起こった江戸伝馬町獄舎の火事で三日間の切り放しとなったすきに脱獄、四国や九州などを行脚《あんぎゃ》したうえ、潜伏していた江戸で見つかり自害した、と伝えられる。

高野長英が亡くなって七年後の安政四年（一八五七）六月四日、当時は陸中国胆沢郡塩釜村だった水沢の吉小路に、後藤新平（一八五七－一九二九）が生まれた。後藤の生家は、高野長英が生まれた後藤家の分家にあたる。新平の父は留守家家臣（小姓頭）の実崇《さねたか》（左伝治、十右衛門とも）、母は利恵といった。

翌五年（一八五八）十月二十七日、同じ吉小路の武家屋敷で、斎藤實《さいとうまこと》（「実」は新字体）が産声をあげた。盛岡では二年前に原敬《はらたかし》が生まれており、のちに岩手の三偉人と称される政治家が、原、後藤、斎藤の順で一年違いに誕生していた。

斎藤家は吉小路の西端に位置し、武家屋敷としては比較的広い敷地をもっていた。吉小路は、騎士小路とも呼ばれたように、武家屋敷が軒を並べていたところで、高野長英、後藤新平の生まれた通りでもある。

全国的にみても、一本の通りからこれだけの逸材を出した通りは少ない。

斎藤家は、鎌倉時代の藤原叙用《のぶもち》にまでさかのぼる武士の家柄である。叙用は、藤原鎌足の孫といわれる鎮守府将軍・藤原利仁《としひと》の子で、斎宮頭となったことから、その子孫は斎藤家を名乗るようになったという。

祖父の高健（貞雄）は、留守家に仕えて町役兼寺社役などを務め、小姓頭として主君の側近にいた。長男の高庸（のちに耕平と改称）に家督をゆずって隠居してからは、寺子屋の師匠として生計を営んでいた。

父の高庸も留守家藩士として目付、小姓頭を務めながら、寺子屋の師匠をこなしていた。

母の菊治は仙台（伊達）藩領内の陸奥国栗原郡岩ヶ崎（現・宮城県栗原市栗駒町岩ヶ崎）の城主だった中村氏の藩士、阿部寅之助の二女として生まれた。

菊治は戸籍上ではキクだが、のちに實に宛てた手紙のほとんどは代筆とみられ、差出名として菊寿、きく治、幾久治などさまざまな表記がみられる。菊治という男性的な名前になっているのは、留守家の殿中女として雇われていたためと考えられる。当時、留守家の屋敷で働く女性は男性的な名前が付けられていたという（斎藤實研究家、千田民雄氏の研究に基づく）。

高庸と菊治はともに留守家に仕えていたことから、縁談がまとまったのであろう。

實が生まれたのは、耕平が二十一歳、菊治が十九歳のときである。男子誕生に、斎藤家はひさびさに活気づいた。

「これで、お家は安泰。あとは、この富五郎がすくすく育ってくれるのを願うだけだ」

斎藤實は、幼名を富五郎《とみごろう》といった。富五郎は幕藩体制が続く限り、いずれは斎藤家の跡継ぎとして留守家に仕える運命だった。

富五郎は、母の乳の出がわるかったことから、上町に住む足軽の妻の乳を吸って育った。

耕平は厳格な父親だった。寺子屋に通う子供たちへの手前もあっただろうが、富五郎にはスパルタ教育をほどこした。同じことを三度教えても覚えないときには、拳骨が飛んだ。

「十歳までに『四書五経』の素読を終えること」

それが息子に与えた課題だった。大人でさえ難解な『大学』『中庸《ちゅうよう》』『論語』『孟子《もうし》』といった書物に四苦八苦する富五郎の姿は、はたから見ていても痛々しいものであった。

その息子を温かく見守ったのが、母親の菊治だった。菊治は慈悲ぶかく、屋敷で働く身分の低い人たちからも慕われた。


寺子屋で学んでいた富五郎が六つか七つのときである。

草むしりをしていた祖父のかたわらで、彼も草むしりを始めた。いつもは黙々と草をむしる祖父が、次のような話をした。

「この藩の殿さまが、といっても、もう三百年も前のことだが、その殿さまが死んだとき、六人の家臣が殉死された。これが殉死というものの最後で、その後は禁じられてしまった。その殉死された六人の武士の墓は、いまでも日高神社の境内に建てられているが、そのうちの二人が相隣あって住んでおられた。

いよいよ皆が集まって腹を切る日がきた。刻限は夕七つ（午後四時ごろ）と決めてあったが、その時刻まで二人とも庭に出て、なにごともないかのように草をむしっていた。そして、その時刻になると、垣根越しに、釣りにでも誘うような調子で呼びあって、殉死の場所に出かけていかれた。武士というものは、どんな大きなことが起こっても、死ぬ間際でも平常と少しも変わらず、顔色ひとつ変えずに静かに死につくというほどの落ち着きと度胸がなくてはいけない。

この草むしりも、何でもないことのようだが、立派な精神修養のひとつだ。人の心を落ち着かせるものだ……」

この逸話は、實が総理のとき、葉山の別荘で記者に語った逸話として、『アサヒグラフ』（昭和七年八月十七日号「揺籃の日の思い出」）に紹介されている。

實は総理や内大臣になっても、草むしりや庭いじりが好きだった。草をむしるたびに、祖父の言葉を思い出していたというから、難局に陥ったときなど、心を静めて自分と対話していたのだろう。その沈思な一生は、祖父が草むしりに託して語った武士道を貫いた生涯でもあった。

## 後藤新平、山崎為徳とともに

富五郎は、同じ吉小路に住む一歳年上の後藤新平とは、対照的な少年だった。

斎藤實はのちに、「寺子屋に通っていた当時から兵隊ごっこが好きで、寺子屋の仲間を率いる餓鬼大将だった」と回想しているが、同じ餓鬼大将でも、闘争心にあふれた腕白な新平とはちがって、争いを好まない知将タイプだった。

雑魚《ざこ》とりが好きで、夏には新平と水浴びをすることも多かった。水浴びが終わると、新平は乱れた髪を器用に結い直して、何くわぬ顔で自宅に帰ったが、富五郎はどうしてもうまく結い直せないために、川で泳いだことがすぐに見破られ、母親から怒られたという。

木枯らしが吹く季節になると、子供たちは凧あげに興じた。それに飽きると寒風のなかで着物を脱ぎ、相撲が始まったが、富五郎はもっぱら行司役に徹した。木登りが好きで、よく自宅や近所の庭にある柿の木に登っては叱られた。

實は晩年まで、少年時代の思い出を妻の春子に楽しそうに話して聞かせた。いつまでも少年の心を失わなかった實に、春子もまた少女のような心に返って耳を傾けた。

富五郎は十歳にして、『四書五経』の素読を終えた。

慶応四年（一八六八）一月、鳥羽伏見の戦を皮切りに戊辰《ぼしん》戦争が始まった。

留守家は一万六千石にすぎなかったが、伊達家一門として佐幕派の奥羽越列藩同盟《おううえつれっぱんどうめい》にくみし、薩摩藩や長州藩などを主体にした新政府軍（西軍、官軍）と戦うことになった。

父耕平は祖父貞雄とともに水沢から出征し、奥羽諸藩の前線基地にあたる白河（福島県南部）へと出向いた。幸い水沢は戦火に包まれることはなく、飯盛山で自決した会津藩の白虎隊のような悲劇は起こらなかった。

明治二年（一八六九）六月、版籍奉還となり、武士は無用の長物となった。仕える藩主がいなくなった斎藤家は、多くの武家がそうであったように帰農した。

版籍奉還とともに水沢は胆沢県となり、旧城内に県庁が設置された。

新政府からは、権知事《ごんちじ》として武田敬孝《ゆきたか》、大参事として安場保和《やすばやすかず》、少参事として野田豁通《ひろみち》が遣わされ、着任した。

武田は旧宇和島（愛媛）藩士で、安場と野田は旧肥後（熊本）藩士であった。宇和島はもともと伊達氏の城下町で、水沢とも縁がないわけでもなかったが、当時は薩長政府への反感があり、彼らにすれば敵地に乗り込むような心境だった。不測の事態を恐れ、彼らは下っ端の役人にいたるまで、同郷人を連れてきていた。

県庁は、留守家旧館の書院および大広間を使って、民生、聴訟、出納、租税の四局と書記寮に分けられ、監獄は旧本丸の空き地に新築された。役人は地元の地理にうといために、胆沢県の管轄範囲も満足につかめない状態だった。言葉も通じなければ、風俗、習慣も違う。県庁だけがまちから遊離したかたちとなった。

このため県庁では、水沢藩で家老職を務めていた吉田種穂《たなぼ》を補佐役として登用した。吉田は旧士族の少年たちを官吏の書生にするように働きかけた。富五郎にも声がかかった。家族は複雑な思いで富五郎を送りだした。

富五郎は、野田豁通（大造）少参事につくことになった。寡黙な富五郎は、滑脱な熊本弁にめんくらった。野田は明治二十四年（一八九一）に陸軍経理局長となり、日清戦争のとき兵器や糧食を調弁した功で男爵を授けられる。明治三十四年（一九〇一）には貴族院議員に勅選され、大正二年（一九一三）に七十歳で亡くなる。

このとき、権知事の武田敬孝には竹下確三郎という少年がつき、後藤新平は権少属の岡田（のち阿川）光裕《みつひろ》の書生になった。

明治三年（一八七〇）一月、宮城県栗原郡の金成村（現・栗原市金成）に胆沢県の出張所が設けられ、野田が所長として転任することになった。

野田は富五郎を高く買っていた。少年には似つかわしくないほどの高い漢学の素養に加え、茫《ぼう》洋《よう》とした人柄からは将来大物になるのではないかと思わせるものが伝わってくる。

「どうする、ぼうず。ついてくるか？」

富五郎に断る理由はなかった。まだ乳飲み子だが、弟の省吾がいる。自分の身に何かあったら、家督を継いでくれるだろう。

「むろん、お供いたします」

野田は六ヵ月の金成町ぐらしで、富五郎の聡明さに惚れこんだ。八月、水沢にもどった富五郎は、野田から思わぬ誘いをうけた。

「県庁の給士にならんか?」

今回もまた、断る理由がなかった。

県庁に通った富五郎は、やはり給士になっていた後藤新平、山崎為徳《ためのり》(周作)とともに、「郷の三秀才」として一目置かれるようになる。

給士としての月給は一円五十銭から二円ほどであった。当時の給与は、鋳鉄でつくられた粗末なビタ銭の穴に細い縄のさしを通し、百文ずつ束ねられていたものを支給するしくみだった。子供にとっては、どっさり手渡されたゼニの山をもって帰るのがひと苦労である。給料日になると、あちこちで助っ人に運んでもらう光景が見られた。

富五郎や新平もまた、人の手を借りながら、ずっしり重いビタ銭をもって家路についた。その重さが肩にくいこめばくいこむほど家計の助けとなる。

県庁勤めにも慣れた秋、十月四日の晩のことである。突如、市中に半鐘が鳴り響いた。

「火事だ! お城が燃えているぞ」

悲壮感にあふれた声が通りをうねっていく。

寝床からはね起きた富五郎は、家族とともに表に飛びでた。水沢は十一年前の大火で潰滅的な打撃を受けた苦い経験がある。吉小路には不安な形相があふれた。

城の方角を見やると、上空がほんのり赤い。城といっても、水沢城に天守閣があったわけではない。臥牛《がぎゅう》城と呼ばれたように、外濠と内濠に囲まれた敷地内には、本丸、二の丸、三の丸、南の丸といった屋敷が並んでいた。

重要な書類を灰にしてはならない。そう思った富五郎は県庁に向かって疾走した。

火元は、旧本丸の空き地に建てられていた監獄だった。火を消そうとあわてふためく黒い群れが見える。富五郎は書院や大広間のある屋敷の方へ向かった。だが、あたりは暗く、足が闇にすくわれそうになった。

「これじゃ、まずい」

富五郎は構内の蠟燭《ろうそく》に火を灯して歩いた。大小の部屋をそのまま各部署に割りあてただけの県庁は、昼でも薄暗い部屋が多く、夜は明かりがないと身動きできない。

火には火で、という機転であった。このため、遅れて駆けつけた役人たちも文書類をぶじに運びだすことができた。この功労によって、富五郎は十月十二日、武田敬孝権知事から褒賞を与えられた。富五郎の株は一段とあがった。数えで十三歳のときである。

このころから、富五郎は漢学修養のために「立生館」に通った。

立生館は天保十二年（一八四一）、留守家の二十四代藩主、宗衡《むねひら》が創設した藩校だったが、明治二年の版籍奉還後は、武田権知事によって「郷学校」と改称されていた。ただし、地元の人々は看板が変わっても、藩校時代から親しんでいた立生館の名で呼んでいた。

立生館には後藤新平、山崎為徳も通っていた。

彼らは昔であれば元服を済ませ、一人前の男として扱われる年齢にさしかかっていた。そろそろ、進むべき道を見つけなければならない。最初に行動を起こしたのは、後藤新平だった。

明治四年（一八七一）春、大参事の嘉悦氏房《かえつうじふさ》が官命によって上京することになり、後藤は彼についていった。

「東京か……どんなところだろう」

富五郎は、文明開化の進む大都会に思いを馳せた。だが、遊学したくても先立つものがない。明治五年（一八七二）が明け、山崎為徳は少参事の野田豁通に連れられて、野田の故郷にある熊本洋学校に入学した。

山崎は明治八年（一八七五）七月、同洋学校を首席で卒業して上京し、東京帝大の前身だった開成学校に入学する。ところが突然、中途退学を決意し、京都・同志社の新島襄に師事する。

そのころ、東京にいた斎藤は、山崎が寄宿していた本郷弓町の野田豁通邸を訪れている。山崎から散歩に誘われた斎藤は、

「同郷の仲間がみんな心配している。今、退学しても意味がないじゃないか。卒業してからほかの方向に進んでも遅くはない」

と説得したが、山崎は、

「君にはわからん。僕が勉強したいと思う学課は開成校にはないんだよ」

といって、自分の理想を訴えた。

明治十二年（一八七九）、同志社の第一回卒業生として首席で卒業した山崎は、母校で教鞭を執るが、その二年後の十月九日、肺病にかかって他界する。二十四歳という若さだった。山崎はキリスト教（プロテスタント）に基づいた高潔な精神で草創期の同志社を担い、教育者として将来を嘱望されていた。山崎はのちに京都・若王子の新島襄の墓近くに改葬される。

大正二年（一九一三）十月七日、海軍大臣になっていた斎藤は、山崎為徳らの遺徳をしのぶ追悼会で、同志社の同窓生や学生の前で次のように述べている。

「今、諸君とともに、竹馬の友であった亡き友を記念するにあたって、私の心は少年時代に帰っ

て、感慨深いものを覚えます」

竹馬の友と過ごした水沢での少年時代は、何ものにもかえがたい心の糧であった。

## 海軍兵学寮で頭角を現す

若手三羽烏の二人までが水沢から姿を消し、富五郎は船にでも乗り遅れた気分になった。このころ、水沢にかぎらず、青雲の志を抱いた少年たちが続々と東京へと向かっていた。のちに「平民宰相」として知られる原敬も、この時期に盛岡から上京している。

明治五年（一八七二）三月、富五郎は県庁で懇意になっていた杉谷圭三から、東京遊学を勧められた。水沢では前年十二月に胆沢県が廃止され、新たに水沢県が置かれていた。

これにともない、大参事の嘉悦氏房ら多くの役人が廃官になり、東京や故郷に帰ることになった。その一行に加わり、上京すれば都合がいい、というのが杉谷の意見だった。

富五郎は家族と相談のうえ、杉谷の斡旋を受け入れることにした。

県庁を辞職した富五郎は、旅支度を整えると、三月中旬、嘉悦氏房の一行とともに水沢を去った。数えで十五歳、春まだ浅い旅立ちであった。

一行は、嘉悦大参事とその家族七人、これに杉谷圭三、木村一貫、今村幸成らが加わり、富五郎ら数人が従った。川船で北上川を下った一行は、一昼夜かかって石巻に着いた。そこからは、海路で上京することになっていたが、数日待っても東京行きの汽船がやってこない。出航はさらに延びそうな気配だった。今村幸成は一行と別れて陸路をとることにした。

「ご一緒させてください」

富五郎も陸路を選ぶことにした。

三月二十五日、石巻を出発した二人は、松島、仙台、白石、二本松、白河を経、鬼怒川、利根川を川船で下って、東京小網町河岸にたどり着いた。最初、神田区本石町の越前屋治兵衛方に投宿した二人は、数日後にはそこを出て、浜町にあった細川家の邸内などに居住した。

その年の秋、頼りにしていた今村が、福島県に赴任することになった。

「今さら、東京を去るわけにはいかない」

この年、盛岡県は岩手県となり、父親の耕平は岩手県警察官に採用された。だが、薄給とあって学費までは期待できなかった。耕平は栗原郡の若柳（現・栗原市若柳）に巡邏長《じゅんらちょう》（のちの警察署長）として赴任している。

祖父貞雄は家塾を経営していたが、郷学校（立生館）が公立塩釜小学校になったのち、教師に任命されている。とはいえ、高い待遇ではない。実家の仕送りをあてにできない富五郎は、自分で食いぶちを探さないかぎり、路頭に迷うことになる。

幸い、胆沢県庁に務めていた経験を買われ、新しく置かれた水沢県の東京出張所に臨時採用された。等外出仕という、今ならアルバイトのような条件であった。月給は三円五十銭だったが、出張所に住んでいた福島常足と同居したこともあり、それほど生活に困ることはなかった。

さらに富五郎にとって好都合だったのは、福島が数学を得意にしており、個人教授をしてもらえることだった。

「あとは、官費生となることだな」

福島は、ざんぎり頭の富五郎にいった。私塾に通えるゆとりのある者はともかく、地方から出てきた大半の少年にとっては、学費のいらない官立学校に入学するのが当面の目標だった。

十二月三日、太陰暦（旧暦）に変わって太陽暦（新暦）が実施され、この日に明治六年（一八七三）、元旦となった。

二月、陸軍幼年学校の生徒募集が行われた。

これに先立つ明治三年（一八七〇）に陸軍兵学寮と海軍兵学寮が創立されていた。陸軍兵学寮には幼年学舎と青年学舎とがあったが、明治五年に幼年学舎は幼年学校、青年学舎は士官学校と改称された。また、兵部省が廃止され、陸軍省と海軍省が設置された。

「まるで、おまえのために募集したようなものじゃないか。武士ならば軍人になる。これからは日本という、お国に仕えるのだ」

こんなぐあいに、出張所の上司や同郷の友人らが富五郎を励ました。富五郎もまた、侍の血をひく自分の進むべき道は陸軍しかない、と言い聞かせて受験した。

結果は二十一番。陸軍幼年学校の官費生枠は二十人、惜しくも次点となった。

「うーん、だめだったか」

福島は首をかしげた。

「試験は及第点でしたが、採用枠には入れませんでした。官費生の欠員が出るまで、自費でまかなうのであれば、入学を許可するとのことでしたが……」

「自費でまかなうか。それは、弱ったな」

福島は自分のことのように吐息をついた。富五郎は迷っているわけにはいかない。「自費永続の見込みが立たない」ことを理由に入学を辞退した。

それから三ヵ月後、今度は海軍兵学寮予科生徒の募集が行われた。

当時の入学試験は、漢学、英語、数学のなかから得意な科目を選択することができた。東京には、今日の予備校にあたる漢学塾や英語塾が乱立し、官立学校をめざす受験生が鎬《しのぎ》を削っていた。富五郎は塾に通う余裕はなかったが、寺子屋と立生館で鍛えられた漢学の素養があった。

試験は九月に行われ、漢学で挑戦した富五郎は数日後、二週間の通学を命じられた。

「どういうことだ？」

福島が訊《き》いた。

「まずは、仮通学させ、そのうえで最終的に入学者を選定するということです」

「それなら、陸軍幼年学校に決まりだな」

皮肉にも、海軍兵学寮からの通達と同時に、陸軍幼年学校からも書面が届いていた。「今春、自費入学を希望せざりし斎藤なるもの、今なお在京ならば官費生に欠員が生じたるをもって、明日出頭せば入学せしめらるべし」という内容である。

「海軍兵学寮に通ったところで、さらにふるいにかけられる。それよりは、出頭さえすれば入れる陸軍幼年学校の方がいい」

福島に限らず、出張所の役人たちは、陸軍に進むように説いた。

「しかし……」

受験する前、富五郎は陸軍であれ海軍であれ、武人として進む道には大差がないと思っていた。だが、海軍兵学寮の建物に入ったとき、洗練された雰囲気に魅了された。

海軍か、それとも陸軍か。富五郎は岐路に立った。

「俺は海軍にいく」

最終的には周囲の反対を押し切り、海軍兵学寮に通うことにした。

二週間の試験通学をパスした富五郎は、明治六年（一八七三）十月二十七日、正式に海軍兵学寮予科に入学し、幼年生徒としての寄宿舎生活が始まった。数えで十六歳になっていた。

海軍兵学寮は明治三年十一月、前年九月に東京・築地に創設されていた海軍操練所が改称されたもので、歴史は幕府が安政二年（一八五五）、長崎に設けた海軍伝習所までさかのぼる。

幼年生徒の修業年限は、予科二年と本科三年に分かれ、予科は英学（英語）、漢学、数学のほか馬術、体術、水泳など、本科は英学や航海学、砲術、造船学、蒸気機関学、兵学、医学などの専門教育が施されていた。

日本海軍はその制度をイギリスから導入することとし、イギリス海軍省から派遣されたドウグラス少佐以下、三十四人ものエキスパートが専任教師として来日していた。

ドウグラスはのちに海軍大将となる人物である。ほかにも第一線の士官から水夫までひと通りのスタッフが揃っていた。

富五郎は、受験会場で初めてイギリス人と出会ったとき、その颯爽《さっそう》とした姿に圧倒された。

授業では英語のテキストが使用され、本国なみのレベルの高い講義が行われた。教師は生徒と同じ宿舎で寝起きし、日常生活においてもイギリス流のマナーを叩き込んだ。

富五郎にとっては、英語はゼロからのスタートとなった。最初こそアルファベットさえ満足に読めなかったが、クラスメイトが目を見張るほど、みるみる上達していった。

のちに艦隊司令官になる寺垣猪三は、次のように述懐している。

「英人教師はときどき生徒を連れて実習所に出かけるのであったが、宿舎から実習所にいく途中、いろいろ説話しながらいくことが多かった。我々生徒の多くは教室の講義でないから気にもとめずにいたが、斎藤君だけはそんなことも聞き逃さずにチャンとノートに控えておくという調子であった。

あるとき試験に習ったことのない問題を出されたので、生徒一同辟易《へきえき》し、なかには憤慨《ふんがい》するものもあったが、斎藤君はすまして答案を書いて出していた。後で聞くと、そのとき出された問題は、宿舎から実習場までの途中の説話が課されたのであったから、斎藤君以外のうっかり連中は答案を書けなかったのである。

また、斎藤君は少しでも腑《ふ》に落ちないことがあると、ノートを携えて教官の所へ出かけ、言葉の通じない所は手真似で聞いてキチンと調べ上げているのだった。だから、クラスの連中は何かわからないことがあると、斎藤に聞けというように、斎藤君のノートはクラスで有名なもので、私たちはそのノートにかなり厄介になったものである」

富五郎には「奥州無宿の親分」というニックネームがつけられていた。

明治八年(一八七五)、数えで十八歳のときである。構内に繋《つな》がれていた練習艦乾行に乗り込んできた水夫に、同姓同名の少年がいた。あるとき斎藤とその水夫が混同された。

「このままでは、何かと都合がわるい。名前を変えた方がいいだろう」

富五郎に愛着を抱いていた斎藤だったが、上官のアドバイスで「實《まこと》」と改名した。

改名の詳しい日時や語源までは特定できないが、戸籍では「齋藤實」となっている。


八月、海軍兵学寮は海軍兵学校と改称された。

初代校長には松村淳蔵が就《つ》いた。このころの海軍は、前年九月に起きた江華島事件(軍艦雲揚が同島の沿海で演習中、朝鮮側から攻撃され、逆に永宗鎮を占領した)で脚光を浴び、志願者も急増していた。それ以前から、征韓論で敗れた西郷隆盛の動静が気になっていたころであり、朝鮮をめぐる外交問題が何かと話題になっていた。

明治十年(一八七七)二月、西南戦争が勃発し、海軍兵学校の生徒も血気にはやった。

「即刻、我々も参戦すべきだ!」

生徒は参戦派と自重派に二分し、参戦派は政府か西郷かで対立した。

長州の陸軍、薩摩の海軍といわれたように、海軍兵学校には薩摩出身の生徒が多い。彼らにとっては、まさに内臓でもえぐられたような思いだった。

風呂のなかでも激論が交わされた。温厚な斎藤は声を荒らげることはなかったが、一貫して軽率な行動にでるべきではないと説いた。

「戦場にいったところで、陸軍の一兵卒として働くしか道がない。海軍はようやく第一歩を踏みだしたばかりであり、将来を担う我々は、自重してここにとどまるべきだ」

斎藤の説得にもかかわらず、少数の生徒は独断で参戦していった。このとき、海軍は保有していた軍艦のほとんどを西南戦争に投入していたが、あくまでも陸軍の補佐役でしかなかった。

八月三十一日夜、斎藤は家族に長文の手紙をしたためた。

「西南ノ騒動モ大概鎮定ニ相成リ……」

海軍兵学校での近況を伝えたあと、西南戦争が終息に向かっていることを明かしている。警察官の父親を意識するように、「新撰旅団」についての記述もみえる。

政府は徴兵による常備軍だけでは足りず、警視庁巡査の名目で新しい兵員を募集した。応募してきた各地の士族は新撰旅団などに編入され、戦場へと送られていたのである。

斎藤は「南部や津軽あたりより登京の新撰旅団は、たいがい東京に限られ、戦地におもむくことはないらしい」と記している。また、当時全国的に流行していたコレラ禍や「陸軍は士官に富んで兵にとぼしく、警視は兵に富んで士官にとぼしい」という戦地での風評も紹介している。

西南戦争は九月二十四日、西郷の自刃《じじん》で終結する。

## 軍艦での実習が始まった。

明治十一年（一八七八）一月十四日、前年七月に本科を卒業していた斎藤は、同期生とともに練習艦乾行への乗り組みを命じられた。数えで二十一歳のときである。

「海軍兵学校沿革」には「本校卒業生徒斎藤實以下十八名は実地練習のため乾行艦乗組を命ぜらる」とある。入学当初は漢学しか知らなかった少年が、わずか四年ほどで英語に堪能《たんのう》となり、英国海軍のカリキュラムに基づいた高度な知識を修得したのである。当時の海軍兵学校の教育水準の高さとともに、斎藤の頭脳明晰ぶりを知ることができる。

陸から海へ。机上を離れての実地学習である。生徒たちの士気はいやがうえにも高まった。が、乾行はボイラーなどが取り外され、海軍兵学校構内の堀に係留されたままであった。

「早く、動く軍艦に乗ってみたいものだ」

「そのための実習ではないか」

マストの上や甲板で帆をあやつる生徒たちは、静止した軍艦をうらめしそうに見まわした。乾行は、生徒たちから「動かぬ軍艦」と呼ばれていた。

四月、五代目校長として、旧薩摩藩士で海軍大佐の二礼《にれ》景範《かげのり》が就任した。

この二礼こそ、のちに斎藤の岳父《がくふ》となる人物である。

斎藤の妻となる春子は、明治六年（一八七三）三月三十日に東京で生まれていた。二礼が校長として赴任してきたとき、春子は満五歳になったばかりの少女だった。むろん、将来の夫が、父親が校長をしている兵学校にいることなど知るよしもなかった。このころ、春子は母親の寿賀子とともに宮城《きゅうじょう》（現・皇居）への出入りを許され、宮様方の遊び相手になっていた。

## 練習航海でウラジオストクへ

明治十一年（一八七八）六月十八日午前七時半、東京築地の海軍兵学校を出発した斎藤實ら十八人は、世話になった乾行の関係者に別れを告げ、利根丸に乗り込んだ。

利根丸は、東京湾を南下して横須賀港に入り、ドックの脇に着いた。下船した練習生は目を輝かせて造船所の構内を歩いた。

「あれを見ろ。金剛《こんごう》と比叡《ひえい》だ」

「ドックには、今朝入ったばかりの扶桑《ふそう》が見えるぞ」

扶桑の前にさしかかった一行は、その威容に見とれた。

「さすがに、堅牢だな」

斎藤も感嘆の吐息をもらした。

金剛と比叡、扶桑はともに英国で建造された新艦であった。金剛と比叡は姉妹艦で、鉄骨木皮、二千二百八十四トン、速力約十二ノット。扶桑は鉄製鉄帯で三千七百十七トン、十三ノットと、ひとまわり性能が上まわっていた。扶桑を筆頭にした三艦は、明治初期の日本海軍が誇る精鋭艦であった。金剛は四月下旬、海軍兵学校の練習艦と定められていた。

乗組員は金剛の右舷と左弦に九人ずつ配属された。

斎藤のいる右舷側には、のちに海軍大尉として千島探検をする郡司成忠《ぐんじなりただ》、のちに海軍中将となる坂本俊篤《としあつ》らが含まれていた。

斎藤は、金剛の詳細な航海日記を六月十八日からつけている。現存する日記としては最も古いもので、「艦上操練日記」と「浦鹽斯徳（ウラジオストク）遠航日記」とからなっている。

艦上操練のあと八月七日付で沿岸巡航を命じられ、まもなく遠洋航海の命を受けた。

「いよいよ、遠航だ。しかも、ウラジオストクだぞ」

「ロシアか。こりゃあ、最初から縁起がいいや」

生徒たちは小躍りした。

八月十六日、横浜港は朝から小雨に煙っていた。午後零時三十五分、川村純義《すみよし》海軍卿《きょう》（のちの海軍大将）が乗艦すると、祝砲十五発が轟いた。次いで花房義質《はなふさよしもと》外務大書記官（のちに枢密顧問官）が乗り込んできた。午後一時十五分、横浜港を解纜《かいらん》した金剛は、滑るように巨船を移動し始めた。春日から十三発の祝砲が放たれ、金剛も応砲した。

出航した最初の晩は、海が荒れていたわけでもないのに、ひどいシーシック（船酔い）にかかった水兵がいた。翌朝、甲板に出ると、見渡す限り水平線であった。

初めて陸の見えない光景に、斎藤は海軍の一員となったことを実感していた。

生徒にはハンモックをあげるなり、掃除、大砲磨き、大砲操練、天測などの訓練が待っている。しかも新しく徴募した水兵に帆の畳み方や小銃操作なども指導しなくてはならない。

海軍では、シーマンシップの3S精神、つまりスマート（機敏）、スティディ（着実）、サイレント（沈黙）というモットーが育まれていくが、草創期を担った斎藤たちは、その海軍気質を身をもって培っていた。

金剛は太平洋沿岸を北上し、十八日午前七時四十五分、釜石湾に投錨した。

上陸を許された生徒たちは近代的な製鉄所を見にでかけたが、途中の海岸の不潔さには辟易《へきえき》した。斎藤は「臭気の甚だしきは東京裏店あたりの比にあらず」とまで記している。

釜石を離れた金剛は途中、山田港と勘違いして大槌《おおつち》港に入り、漁船から指摘されて湾を出るという失態があったが、夜にはぶじ山田港に錨をおろした。

八月二十日、金剛は函館港に着いた。

港には、アーミド号を旗艦としたフランスの軍艦三隻が停泊していた。午後一時すぎ、北海道開拓使長官の黒田清隆《きよたか》が来艦した。

甲板で迎える生徒らは粛然となった。

旧薩摩藩士の黒田は、官軍の参謀として箱館（函館前の呼称）戦争を勝利に導き、明治七年から開拓使長官を務めていた。黒田参議は川村海軍卿や伊藤艦長らと挨拶を交わすと、わずか五分ほどで退艦した。金剛は礼砲十五発を放った。

「あの温厚な顔からは、とても夫人を斬り殺したとは思えんかったがな」

生徒の一人がいった。酒乱で知られる黒田はこの春、泥酔した勢いで妙齢の妻を斬り殺したとの記事が新聞に載り、悪評を買っていた。

二十一日、この日は右舷の生徒が上陸し、燃料の石炭を積み込んだ。さらに自由行動が許されると、斎藤は郡司成忠、滝川具和とともに馬三頭を借り、五稜郭を見学した。

「新選組の土方歳三《ひじかたとしぞう》も、戦死しなければ、榎本《えのもと》どのと同様、海軍中将になっていたかもな」

「いや、土方は生き恥をさらすより、ここで自害したさ」

三人はしばし英雄談義にふけった。

幕府の海軍副総裁だった榎本武揚《たけあき》は、蝦夷《えぞ》島共和国の総裁として五稜郭に立てこもったが、黒田率いる新政府軍に敗れ、東京の牢獄に幽閉された。その後、黒田が助命に奔走したことから無罪となり、北海道開拓使の高官となった。明治七年一月には特命全権公使（同時に最初の海軍中将）に任命され、樺太問題交渉のためロシアの首府ペテルブルグに赴任する。そして、明治八年五月七日、千島・樺太交換条約の調印にこぎつけていた。

この年（明治十一年）七月二十三日、帰国のためにペテルブルグを出発した榎本は、ウラジオストクをめざしてシベリア街道を馬車で急いでいた。その榎本を迎えるため、黒田参議もまた、金剛でウラジオストクへ向かう手筈になっていた。

八月二十二日には、生徒全員が大森浜で二十発ずつの射撃訓練を行った。帰艦した斎藤は、前日、東京の近衛砲兵大隊竹橋部隊が反乱を起こし、鎮圧されたことを知らされた（のちに首謀者ら五十三人が銃殺刑。竹橋事件）。

二十八日午前十時過ぎ、黒田長官と随員を加えた金剛は函館を離れ、一路ウラジオストクをめざした。甲板にいた斎藤は双眼鏡で松前城やその周辺を眺め、遠ざかってゆく日本の領土を感慨深げに見送った。

函館を発った金剛は三十日、ウラジオストク港に接近した。初の海外寄港とあって、乗組員は緊張のしっぱなしであった。

「速力スロー」

船はスピードをゆるめ、ゴールデン・ホーン・ハーバーの位置に達した。

午後十二時十分、錨をおろすと同時に、祝砲を放った。二十一発の砲声が湾内にとどろき、張りつめていた神経がしだいにやわらいでゆく。港内には、五隻のロシア艦が停泊しており、日本側からの儀礼が終わると、それに応えた砲声がこだました。

　この日は黒田清隆中将、川村純義海軍卿、黒岡帯刀、服部潜蔵の両大尉のみ上陸した。翌三十一日、ロシア側からはアブレック号の艦長や水師提督のエドモンドらが来艦した。エドモンドは艦内をすみずみまで見学すると、甲板に整列した生徒たちとも問答をかわした。

　午後三時すぎ、右舷生徒の上陸が許可された。斎藤は勇んで下船すると、港内を見下ろせる山頂にのぼった。そこには見張番のような家があり、山腹には牛馬が放牧されていた。

「おい、子供だ」

　斎藤は仲間の指さす方向を見やった。たしかに五、六人の子供が、お前が先にいけといったぐあいに、おたがいの身体をつつきあって近づいてくる。

「そうだ、これがあったな」

　斎藤は金米糖《コンペイトー》を見せて手招きした。子供たちは照れ笑いを浮かべながらも、金米糖をもらうと満面に笑みをうかべ、ほおばむ。

　斎藤は英語で話しかけた。子供たちは、領事館に暮らしている高官の息子ではなく、現地の子供だった。当然、通じるはずがない。

「これでも、飲むか?」

　当時から酒豪でならしていた斎藤は、持参していたブランデーを茶碗にわけてさしだした。子供たちは首をすぼめて断った。山頂からおりていく途中、こんどは農夫らしいロシア人がやってきた。同じようにブランデーを勧めると、農夫は目を輝かせて飲み干す。

「ついでに、くれてやったらどうだ」

山内萬寿治がいった。斎藤が瓶ごと与えると、農夫は帽子をとって恐縮する。さらに、立ち去ろうとする山内の手を握り、ロシア語で感謝を述べた。

山をおりると、一行は日本領事館に赴いた。領事館といっても、西洋人の自宅二階を借りたものだった。領事館には黒田参議がいて、打ち合わせをしているようだった。斎藤は世脇という領事に挨拶をすますと、そそくさと表へと出た。

斎藤にとって、初めて見るウラジオストクは思っていたほどには美しい街ではなかった。むしろ日本の場末と変わらない光景と重なり、幻滅した。

領事館の前には粗末な舞台があって、中国人が鼓弓などを使って劇を演じている。

「まるで、田舎の神楽《かぐら》小屋のようだな」

言葉がわからないから、身ぶり手ぶりで喜怒哀楽を知るしかない。薄汚い小屋での芝居を眺めているうちに物哀しくなってきた。

中国人の市場ではあまりの不潔さに鼻をつまみ、それとは対照的なエドモンド水師提督の瀟洒《しょうしゃ》な邸宅を見て、階級社会の現実をまざまざと知らされた。

もっとも、斎藤はけっして物見遊山だけで極東の港湾都市を歩いているわけではなかった。

「エドモンド邸の東、ということは、港口の正面か。そこには大砲五門」

斎藤はメモをとり、地図に書きこんだ。地図には製造所や兵営、水兵屯集所などの軍事関連施設から商店、病院なども記され、どこに何があるか一目でわかるように記号をつけた。

九月一日は終日、大砲操練に励んだ。

翌二日、ふたたび上陸を許された斎藤は、さらに詳しい情報を得るため市中を歩きまわった。東にある病院に着くと、番兵が中を案内してくれた。しかし、蒸風呂室（サウナ）と洗濯室のみで、病室に入ることは許されなかった。

病室の近くを歩いていると、一人のロシア人が斎藤たちに話しかけた。その男は病院担当の海軍士官で、名前をユキフルといった。事情を告げると、ユキフルは病室や薬室までも案内してくれた。

「これは……ひどいな」

ある病室に入ったときだった。思わず、斎藤は目をそむけた。そこには、十五人ほどの婦人が入院していたが、どの患者の顔も醜くただれていた。聞くと、娼妓病室だという。女たちは売春によって梅毒《ばいどく》にかかり、その部屋に押し込められていたのだった。

ユキフルは、青ざめている斎藤らを外に連れ出すと、自宅まで招待した。思いがけなくロシア人の民家に入ることができ、おたがいの煙草を交換して一服できた。だが、斎藤の脳裏には陰鬱《いんうつ》な病室で見た女たちの呪うような視線がこびりついていた。

そんなことは知らず、ユキフルの五人の子供たちは、含み笑いをして日本人を観察している。なかでも、水兵服を着た十三歳ほどの少女は、人形のように愛くるしかった。どん底にいる女たちの姿に心がつぶれた斎藤にとって、その少女の笑顔は救いとなった。

九月三日は、エドモンド水師提督を饗応《きょうおう》することになっていた。このため、斎藤らは朝から準備に追われた。艦内には各国の国旗や信号旗が張られ、デッキでは数百の紅燈（赤いガラス容器を使ったランプ）が山形にかけ連ねられた。

夜になって、艦を彩《いろど》った紅燈が一斉に灯されると、湾内はそこだけ花が咲いたように映えた。市民は港にやってきて、甲板の上と水面に揺れる光の競演を楽しむ。

エドモンド提督も紅燈は初めてらしく、英語を話す妻を通訳に日本側の歓待ぶりに敬意を表した。宴が終わると、生徒らは甲板や艦内の飾りをかたづけ、ハンモックをととのえた。この夜は、特別とあって水夫にまで酒がふるまわれた。

「明日は、いよいよ出港だ」

「まる五日か、あっという間だったな」

斎藤は仲間と酒を飲みながら語りあった。

「どうだ、斎藤、ロシアを負かす自信はあるか」

「ウラジオストクだけなら、存分に戦えるが、ロシアの主力は、はるか西にある。最初は連勝でも、長びけば日本に分はない」

日露戦争（明治三十七〜三十八年）の二十六年前のことである。北方警備を意識していた生徒たちは、ロシアを仮想敵国に両国の戦力の分析を行っていた。思慮ぶかい斎藤は、ウラジオストクには少々幻滅しながらも、大国のもつ不気味な力を嗅《か》ぎとっていた。

九月四日、出港の日がやってきた。

このとき、シベリアの大地を一路、東へ急いでいた榎本武揚の一行は、バイカル湖に近いイルクーツクをすぎ、チタに近づいていた。だが、ウラジオストクに着くのは九月中旬から下旬になりそうだった。

これ以上、滞在できない黒田清隆は、榎本に電報を送った。

「……ハコダテマルハ、キミヲノセテ、キコクスルタメ、ライチャクヲマツ」

午後零時二十五分、抜錨とともにスロー運転に入った金剛は、しだいにスピードをあげ、日本海を東に向かった。

九月六日午後三時二十五分、金剛は小樽港に投錨し、黒田参議や花房大書記官らは札幌を経て室蘭にでるために小艇で上陸した。金剛はその日のうちに小樽港を発ち、翌日函館に着いた。さらに北海道付近を回艦・滞在し、十月十六日、横須賀に入港した。

明治十二年（一八七九）二月六日、斎藤は金剛から筑波への転乗を命じられた。

筑波は明治四年にイギリスから購入した軍艦で、嘉永四年（一八五一）、イギリス領マラッカで建造された木造の装帆艦だった。同じ練習艦とはいえ、近代装備の金剛に乗り込んだ斎藤にとって、自分が生まれる前につくられた筑波は老朽船という印象はぬぐいきれなかった。

斎藤はこの航海のもようも邦文と英語で記している。

三月三日に出港した筑波は、東シナ海、南シナ海を航海し、二十七日午後五時十分、シンガポールに着いた。港に停泊していた軍艦は、筑波と英国軍艦モデスト号のみだった。

そのモデスト号から少尉が来艦した。日本側からも、平山藤次郎中尉が答礼のためモデスト号に出向いた。同時に、海軍兵学校長の仁礼景範大佐に着港の電報を打つため、今井兼昌と鏑木誠《かぶらぎまこと》（のちに少将）が陸にあがった。

四月一日朝、ユリシーズ・シンプソン・グラント将軍を乗せた郵便汽船が入港した。各国の商船は満艦飾で歓迎の意を表した。

グラント将軍は南北戦争で北軍司令官として指揮を執り、一八六九年にはアメリカの第十八代大統領に就任した。二年前に大統領を辞め、このとき（一八七九年）、五十七歳になっていた。斎藤は凱旋する英雄を迎える目で汽船を見やった。

三日、筑波はシンガポールを出発し、翌四日、マラッカ港に投錨した。さらにマラッカ海峡を突っきってペナンまで至ると、ふたたびシンガポールを経て、五月九日午後六時、香港に着いた。

港内には多くのイギリス船が停泊していた。

「まるで、イギリスにやってきたようだな」

斎藤は旧友にでも会うような心境になった。翌日、それが現実になった。前夜入港していたフランスの郵便汽船からウドワルド、ペップレル、すこし遅れてジャイルスの三人が来艦した。

「ハーイ、サイトウ！」

いずれも海軍兵学校で教師をしていたイギリス人である。思いがけず恩師と再会した斎藤は、固い握手を交わした。午後二時には、広東からグラント将軍を乗せたアメリカの軍艦が入港し、筑波からも平尾福三郎中尉が挨拶にでかけた。

二日後、グラント将軍を乗せた軍艦が、日本訪問のため上海に向けて出港した。一行は長崎を経て七月四日に横浜に着くことになる。グラントが出発した日、上陸を許された斎藤は、夕方、海軍兵学校を退職した恩師を食事に招待した。

午後八時、ニュー・ガーデンにおいて花瓦斯《はなガス》が焚かれた。中央には「ようこそ、グラント将軍」という意味の英文が美しく浮きあがった。だが、肝心のグラントはいない。

「あとの祭りとは、まさにこのこと」

斎藤も苦笑した。

「グラント将軍か。いずれ、アメリカをこの目で見てみたいものだ」

斎藤はまだ見ぬアメリカへ思いを馳せた。

# 晴れて海軍少尉に

日本海軍は健全な青年期にあった。

遠洋航海を終えた斎藤實は明治十二年（一八七九）七月三日、海軍兵学校への帰校を命じられ、翌日には生徒部長となった。卒業大試験は七月八日に行われた。斎藤の成績は山内萬寿治、坂本俊篤に次ぐ三番目だった。

八月九日には海軍少尉補に任じられ、仁礼景範校長から卒業証書を授与された。『海軍兵学校出身者（生徒）名簿』（昭和五十三年十二月・同名簿作成委員会発行）によれば、斎藤のクラスは第六期（卒業は十七人）になっている。

斎藤は九月十一日、兵学校試験規則により、もう一期在校を申し付けられた。

明治十三年（一八八〇）二月十三日、在校の処置が解かれた。この間、斎藤は教師として後進の指導に携わった。五月二十七日には、扶桑の乗組を命じられている。

海軍卿はロシアから帰国していた榎本武揚になっていた。六月十一日、その榎本が扶桑を訪れ、艦内を巡視した。

「これなら、天皇陛下もご安心されることだろう。くれぐれも、支障をきたすことのないよう、頼みましたぞ」

天皇睦仁《むつひと》（明治天皇）は、六月中旬から甲府、松本、名古屋、京都などを巡幸し、神戸から海路で横浜へ帰る予定になっていた。扶桑はお召し艦になっており、出発を前に榎本が点検に訪れたのだった。

天皇巡幸の大役を終えた扶桑は八月八日、横浜を出港し、函館、室蘭を回航して、十月八日、宮古に寄港した。翌九日、風呂に入るために上陸した斎藤は、宮古警察署の前を通りかかったところで、聞き覚えのある声に呼びとめられた。

「おー、斎藤でねえが」

見ると、知り合いの巡査だった。

署内に入った斎藤は、警察官の父耕平が黒沢尻警察署に転任になったことを教えられた。さっそく艦にもどると、最上の葡萄酒とベルモット（リキュール）一本ずつを土産として手渡し、このことを書簡にしたためて父親に送った。

その耕平だが、明治十四年（一八八一）三月二十七日、出張先の釜石で急死する。享年四十四。耕平は警察官になってからというもの、転勤続きだったが、やっとのことで水沢署詰めになることができた。その喜びを綴った手紙を受けとった矢先の訃報だった。

「これからというときに……」

海軍に入った以上、親の死に目にあえないと覚悟していたが、それにしてもあまりに早すぎる死だった。順風満帆に歩いてきた斎藤は、心の中のマストがぼっきりと折れた感覚になった。

だが、船からおりるわけにはいかない。

扶桑は五月十八日、天皇の横須賀行幸にあたって、お召し艦迅鯨の護衛艦として供奉《ぐぶ》し、横須賀から神戸港へ回航した。

横須賀にもどった扶桑は、さらに東北・北海道巡幸（七月三十日〜十月十一日）において、青森から小樽まで（八月二十九日〜三十日）のお召し艦として利用された。

明治十五年（一八八二）二月十四日、こんどは祖父貞雄が六十九歳で死去した。またもや、斎藤は肉親の臨終に立ち会うことができなかった。郷里には、母菊治と弟省吾が残されている。水沢がむしょうに恋しかった。少年の日の思い出が去来し、病のように望郷の念にかられた。

「母と弟をひきとるためにも、今は職務に精励するしかない」

そのように自分に言い聞かせた。

九月八日、斎藤は晴れて海軍少尉に任ぜられた。数えで二十五歳になっていた。

明治十五年というと、四月六日、岐阜を遊説中の板垣退助が暴漢に襲われ、重症を負う事件が発生した。このとき愛知医学校長兼愛知県病院長だった後藤新平がかけつけ、治療にあたった。内務省衛生局採用の内命をうけた直後のことである。若くして医師としての名声が高かった後藤は、翌年一月、正式に衛生局に採用され、医学から政界へと活躍の場を移してゆく。

## 春子との出会い

斎藤實は少尉となったのちも、扶桑の員外として乗り込んでいたが、明治十六年（一八八三）三月二日、同艦の正員となった。

三月十二日からは、艦命によって横須賀水雷局において水雷術（学）を修学することになった。水雷局の授業は座学と実習に分かれており、各種電池論、電池接合法、電池試験法、電池組立方、各種信管論など最新の技術を教え込まれた。

六月三日、隅田川において水雷発火の天覧実習が行われた。当日の発火順序を描いた図は「通学日誌」にも記されている。天覧実習は大成功だった。前年にくらべ技術がいちじるしく進歩したとして、臨席した天皇陛下から特別に勅語を賜るほどだった。

斎藤は六月六日、水雷局での課程を終え、卒業となった。

扶桑に帰艦すると、十月二十日から二十五日までの日程で、初の朝鮮回航を命じられた。

明治十七年（一八八四）が明けた。

乗組員は元旦を神戸で迎えた。このときの司令官は、かつて斎藤が海軍兵学校の生徒だったときの校長、仁礼景範《にれかげのり》少将だった。仁礼は艦内での飲酒を許したことから、無礼講となった。斎藤は「快飲前年に比類なし」と日記に記している。

斎藤の左党ぶりはこのころから有名だった。しかもいくら飲んでも乱れることがない。

海軍少尉時代、ある酒席で友人が斎藤の左の耳たぶに嚙みつき、ついには嚙みちぎってしまった。このため、斎藤は生涯小さな左耳をもつことになったが、寛容な斎藤は相手を誹謗《ひぼう》するどころか、反省した友人とその後も親しく交際したという。

このまま艦上生活が続くと思っていた斎藤だったが、意外な辞令が待っていた。

二月八日、官制改革が行われ、海軍省では軍務局が廃止となり、新たに軍事部が置かれた。

斎藤が受け取った同日付の辞令もこれに伴うものだった。

「扶桑艦の乗組を免じ、軍事部への出勤を仰せ付ける……か」

当惑した。軍事部で働くことは陸上勤務を意味している。

いきなり扶桑に別れを告げて海軍省で働けといわれても、心の準備ができていない。翌日、扶桑を退去して東京へでた斎藤は、とりあえず知人の家に寄宿した。その夜、海軍仲間のゆきつけの「湖月」に飲みにでかけた。

日記には、「川浪・加藤・大屋と湖月」と記されている。この加藤こそのちに海軍大将、さらには首相になる加藤友三郎である。斎藤より三歳若く、このとき二十三歳だった。

二月十日、斎藤は軍事部長と次官の私邸を訪れた。

軍事部長は、つい最近まで扶桑の司令官を務めていた仁礼景範である。仁礼は一月二十一日付で軍務局長になっていたが、官制改革とともに軍事部長に任ぜられていた。

仁礼は斎藤のことを海軍兵学校時代から一目置いており、歓待した。

家には、この年四月に私立明倫女学校小学中等科六級を卒業する春子がいた。数えで十三歳。この日は土曜日であり、春子は午後には家にもどっていた。

「春子、お客さんにあいさつしなさい」

利発そうな少女が部屋に入ると、洗練されたしぐさで正座し、深々と頭をさげた。

「春子と申します。どうぞごゆっくりしてくださいませ」

顔をあげた春子と視線が合った。斎藤は涼しい目もとに大人びた雰囲気を感じた。

「娘の春子だ。わしの自慢でな。どうだ。なかなかの美人だろう」

「はい、それはもう……」

斎藤は言葉少なにうなずいた。将来はさぞかし眉目秀麗《びもくしゅうれい》な女性に成長するにちがいない。だが、鹿児島出身でもない自分にとっては縁がない。そのように思った。

斎藤は軍事部第二課と四課を兼務することになった。二月二十七日、思いがけなく海軍中尉に昇進した。この日、中尉に昇進したのは、海軍兵学校卒業試験の上位三人、山内萬寿治、坂本俊篤、斎藤に野口定次郎を加えた四人だった。

「これで、名実ともに青年将校だな」

海軍省で再会した同期生は、誇らしげな顔をつきあわせた。

三月二十日、二人乗りの人力車が、聖坂《ひじりざか》（現・港区三田四丁目）にさしかかったところで横転した。窮屈そうに乗っていた斎藤と、一期上の矢島功は、たちまち路上に投げだされた。矢島の下になった斎藤は、まともに顔面を打ちつけた。

「おい、だいじょうぶか?」

心配する矢島を安心させようと、斎藤は痛みをこらえて顔をあげた。笑おうとすると、ぬるりとした感触が頰を伝わった。ぬぐった手のひらが赤く染まる。

「これはひでぇな。おい、手伝え!」

矢島と車夫の手で人力車に乗せられた斎藤は、すぐさま病院へと担ぎこまれた。

斎藤の顔面には、生涯小さな痣《あざ》のような青黒い斑点がたくさんあった。この痣は、少尉時代、扶桑艦での艦砲射撃の際、砲弾が甲板で炸裂するアクシデントがあり、煙硝(有煙火薬)の細かい破片を顔一面に浴びて血だらけになったためだといわれている。だとしたら、斎藤の顔面はダブルパンチを見舞われたことになる。

翌日、矢島や加藤友三郎らが、下宿先で療養している斎藤を見舞いにやってきた。

「面目ない」

斎藤は照れ臭かった。哀れむような視線を浴びると、よけいに顔面の腫れがうずいた。

三月二十五日、斎藤はふたたび軍事部に出勤した。

四月十九日、斎藤は仁礼景範部長から呼びだされた。

てっきり、軽はずみな怪我をして四日間も休んだことを叱咤《しった》されると思った。案の定、いかめしい顔つきをしている。

「もう、すっかり治ったようじゃな」

おだやかな口調でいった。斎藤は拍子抜けした。

「はっ、おかげさまで」

頬の傷痕がほてった。仁礼は、工芸品の傷でも探すような目つきで斎藤の顔を見つめる。

「おはんは……英語が達者であったな」

ときおり、薩摩弁がはいる。

「いえ、まだまだ、流暢《りゅうちょう》というわけには」

「謙遜せんでもええ。おはんのことはよう知っておる。ところで、突然で悪いが、アメリカへいってもらえんじゃろか」

背筋がふるえた。

「アメリカでございますか？」

「よもや、いやというのではないだろうな」

「いえ、けっしてそんなことは……」

（アメリカか）。説明をうける斎藤は、早くも夢心地になった。

四月二十四日、斎藤は軍事部二課兼四課の勤務を解かれ、正式に米国派遣を命じられた。

それからというもの、斎藤は汽船の都合を問い合わせたり、為替や乗船券の調達などの準備に追われた。

# 第二章――疾風のごとく

## 大陸横断列車事故

明治十七年（一八八四）四月二十七日、出航の日がやってきた。

午前六時四十五分、渡航する一行は新橋駅から汽車に乗り、黒山の人たちに見送られながら出発した。横浜港もまた、見送りの人たちであふれていた。

一行のなかには、英仏に留学する山階宮定麿王殿下《やましなのみやさだまろおう》（のちの東伏見宮依仁親王《ひがしふしみのみやよりひとしんのう》）が含まれていた。山階宮殿下は明治二十三年七月、フランスのブレスト海軍兵学校を卒業して帰国する。

横浜港の沖合には、太平洋汽船会社のオセアニック号（三千トン）が停泊していた。

一行は午前八時、小蒸気船によって本船まで運ばれ、乗船した。甲板には、山階宮殿下送別のため、川村純義海軍卿（明治十四年に再就任）もやってきていた。

身内では、弟の省吾が駆けつけてきた。

「三、四年もしたら帰国すると思う。そのあいだ、くれぐれもおふくろを大切にな」

「はい、そうします」

省吾は慶応二年（一八六六）八月十五日生まれで、實より八歳年下の十七歳であった。

「それでは行ってくる。水沢の親戚や友人にもよろしく伝えておいてくれ」

「兄さまもどうぞ、ごぶじで」

「心配すんな、俺は悪運が強い男らしい」

斎藤はくしゃくしゃになりそうな弟の顔を見て、逆に励ますように明るくいった。

省吾はのちに、写真術研究のためにアメリカへ留学する。だが、明治二十九年（一八九六）四月六日、二十九歳という若さでハワイにおいて客死する。そんな運命が待っていることなど、このときは知るよしもなかった。

午前十時、オセアニック号は錨をあげた。

停泊中の金剛、扶桑、天城から一斉に三発ずつの祝砲が放たれた。山階宮殿下に別意を表すものだったが、金剛、扶桑に乗り込んだことのある斎藤にとって、その砲声は餞《はなむけ》の言葉のように胸の奥底まで響いた。

山階宮殿下には、御付武官海軍少佐の八田裕次郎、家従の松本虎之助が随行していた。

海軍兵学校の同期では、卒業試験で上位三番となった山内萬寿治、坂本俊篤、斎藤のほかに野口定次郎の四人、ほかの学年を合わせ計十三人が抜擢されていた。山内はドイツ、坂本はフランス、斎藤はアメリカ、野口はイギリスへ留学することになっていた。

これとは別に、斎藤にとっても運命的な出会いとなった人物が乗りあわせていた。

陸奥宗光《むつむねみつ》である。和歌山藩士だった陸奥は、幕末に脱藩して坂本龍馬《さかもとりょうま》率いる海援隊で活躍した。新政府では外国事務局御用掛となり、兵庫県令などを歴任した。

だが、明治十年の西南戦争のとき、土佐を拠点としていた立志社の政府転覆計画に加担したとして、翌年に逮捕された。最初は山形監獄に収監されたが、同監獄が焼失したことから、明治十二年には宮城監獄に移されていた。当時、郵便報知新聞社の記者だった原敬は明治十四年九月、元太政官大書記官の渡辺洪基とともに国内を周遊中、監獄にいた陸奥を見かけている。

前年（明治十六年）一月、特赦により出獄した陸奥は、伊藤博文の勧めで外遊することにし、オセアニック号に乗り込んでいた。陸奥はイギリス、ドイツ、オーストリアなどを遊学して明治十九年二月に帰国する。

陸奥は船内で知り合った斎藤の語学力を高く評価し、米国公使館付武官に就けるように政府高官に進言したといわれる。

五月十二日午前六時、太平洋の荒波を乗り切ったオセアニック号は、ほぼ半月の航海を終え、サンフランシスコ（桑港）に着いた。

十四日午後、一行はフェリーで湾をよぎり、オークランド行きの停車場に着いた。

列車に乗り込んだ一行はコンパートメント方式の部屋に驚いた。しかも日中はコンパクトに収容できる錠つきの寝台がついていた。

「これはめずらしい。スリーピング・カーというのか」

例によって、斎藤はアメリカ大陸横断旅行についても英文の日記を残している。その英文からは、いかに英語に堪能であったかがうかがえる。

夜食はサクラメントでとり、ニューキャッスルで初めて寝台に入った。

寝心地は悪くなかった。翌日は、朝食のために停車したルノで、同地方名物の鱒《ます》をたらふく食べた。昼食をとったハムバートでは、インディアン（ネイティブ・アメリカン）の婦人たちが日本人を見ようと集まってきた。

五月十六日早朝、一行はグレートソルト湖に感嘆したが、デンバー・リオグランド線に乗り換えたオグデンでの朝食はまずく、せっかくの壮大な景色も興ざめとなった。ソルトレークに到着すると、斎藤はモルモン教の寺院などを見学した。

大陸横断列車はロッキー山脈中の高地を二両連結の機関車で走破し、十八日夜デンバーに着いた。一行は、ビー・エム・オー及びキュー・アール・アール線に乗り換えた。翌日から食堂車が連結となり、食事は各自食堂車でとることになった。

五月二十日午後二時十五分、列車はシカゴに達した。一行はグランド・パシフィック・ホテルに入り、夜は山階宮殿下や陸奥宗光と晩餐《ばんさん》をともにした。

部屋にもどった斎藤は、同期の坂本らと旅の印象を語り合った。

「それにしても、アメリカはでかすぎる」

「まったくだ。一週間も走り続けて、やっとシカゴとはな」

度肝を抜かれた、というのが仲間の率直な声だった。

五月二十一日、陸奥宗光の一行はシカゴに滞留することになり、海軍からの派遣組だけで出発することになった。

「ニューヨークで会おう。山階宮殿下をよろしくな」

陸奥の言葉に斎藤らは最敬礼で応えた。

午後三時二十一分、シカゴを出発した海軍の一行は半分解放されたような気持ちで、まだ見ぬ瀑布《ばくふ》に期待をふくらませていた。

「何しろ、アメリカとカナダにまたがっている大滝らしいからな」

「これが、一生の見納めとなるかもしれん。しっかりと目の奥にきざんでおくとしよう」

車中では話が弾み、笑いに包まれた。

エリー湖の近くにあるナイアガラの滝は、当時の日本でも知られた有名な観光地で、アメリカを訪れた政府高官や商社マンにとって、大陸横断のハイライトとなっていた。

翌二十二日、バッファローで朝食をとった一行は、午前九時発のワグナー・カーに乗った。

「二十五セント（仙）の臨時料金がかかるのか」

斎藤はしぶしぶ財布をひらいた。

午前十時、ナイアガラの滝に着いた。

「いゃあ、聞きしに勝る絶景だ」

仲間から歓声があがる。怒濤《どとう》となって落下する濁流とその轟音に、斎藤も一瞬たじろぐほどだった。一行は東洋旅客の案内者バッチのガイドで、アメリカ側とカナダ側の滝を見物してまわった。途中で記念撮影に収まり、さらには滝の裏側にもおりて臨場感を味わった。

見物を終わった一行は、まだ耳なりをしているような顔つきで列車に乗った。ただ、予定よりも出費がかさんだ。斎藤は商魂たくましい欧米人のしたたかさにしてやられたと思った。

「滝の裏側にまわるのに一ドル、橋の通過料金三十五セント、エレベーター料五十セントなど、いやでも金をとられる仕組みになっている。油断すると、あっという間に手持ちの金がなくなってしまう。これには、注意が必要だ」

バッファローにもどった一行は、夕食後に繁華街を散策してから、午後九時発のニューヨーク行き特急に乗り込んだ。

「ナイアガラ瀑布も見たし、あとは思い残すことはない。このまま死んでも本望だ」

「馬鹿なことというな。俺たちは物見遊山で欧米に派遣されるわけではない」

「冗談だよ、冗談」

午後十時すぎ、仲間のなごやかな会話を聞きながら、斎藤は眠りに落ちていった。


列車は闇のなかをひた走っていた。

午後十一時三十分頃、夜行列車はロチェスターから五キロほど手前にあるブライトン接続駅を通過しようとしていた。

そのとき、ブライトン駅には、もう一方の線路から貨物列車が猛然と疾走してきていた。ポイントの故障か、それとも駅員の手違いなのか、その貨物列車は本線を通り過ぎようとする大陸横断列車の横腹に激突した。

爆薬でも爆発したかのような炸裂音とともに、列車は凄まじい衝撃を受けた。瓦解《がかい》してゆく不気味な音が闇夜を引き裂いてゆく。客車の何両かは大破し、ほかの車両も転覆したり横倒しになったまま、長々とひきずられた。キーキーともがく列車の音が小さくなると、乗客の悲鳴や絶叫があたりにこだました。

「なんだ、いったい、何があったんだ！」

衝撃で叩き起こされた斎藤は、あわてて目を凝らしたが、真っ暗闇で何も見えない。自分の体がどのような状態にあるのかさえつかめなかった。手探りでまわりを触ってみると、出口がない。渾身《こんしん》の力を込めて押したが、どこをどう押してもびくともしない。

「ちくしょう。閉じこめられてしまったか」

斎藤の寝台は上段だった。寝台は利用しない場合には鍵がかけられ、収納される仕組みになっていた。衝撃によって錠がかかり、斎藤の体を畳み込んでしまったのだった。

斎藤と同様、昼のナイアガラ滝見物で疲れ、ぐっすり寝込んでいた一行は、それぞれに床や壁に投げだされ、全身を強く叩きつけられていた。

特別室にいた山階宮殿下も転覆した際、寝台から投げだされたはずみに帽子掛けに右腕が突き刺さり、重傷を負っていた。

随行の者が駆けつけ、必死になって外へ救出した。命に別状はなかったが、血はなかなかとまらない。あたりは闇に包まれているうえ、冷たい雨が降りしきっていた。

まわりに集まった乗客たちは、寝台車から調達したシーツを包帯代わりにして縛り、毛布や外套を頭のうえからかぶせた。山階宮殿下は素足のまま泥のなかにしゃがみ、凍えていた。

そのころ、転覆した寝台車の中から、やっとのことで抜けだしてきた海軍仲間が、おたがいの名前を呼びあって一ヵ所に整列していた。坂本俊篤が闇をすかすように点呼をとった。

「……まずいな。野口と斎藤がいない」

まわりでは、うめき声や助けを求める叫びが飛び交っている。

寝台の中に密閉された斎藤は、蛹《さなぎ》のような状態だった。外からの空気の補給はない。しだいに呼吸困難に陥ってきた。内側から叩いて助けを乞うのだが、外の様子がつかめない。腕が重くなり、力も尽きてきた。しだいに絶望的な気分になってくる。

「いや、こんなところで、犬死にするわけにはいかん」

意識が遠ざかりそうになるのを、懸命にこらえた。そのときだった。ノックをするような音が伝わってきた。あわてて、音の方向を乱打した。

錠がこじあけられ、殻でもはじけるような音とともに、蓋が一気にひらいた。薄い闇のなかで黒い影がこちらを探っている。

「斎藤か?」

坂本俊篤の声だった。「ああ」と喉の奥から声をふりしぼった。

「おい、いたぞ、こっちだ!」

仲間がやってくる気配がした。

(やれやれ、助かったか)。斎藤の体の中に新鮮な空気が入ってきた。

「野口定次郎も、上段の寝台に閉じこめられていた。これで、全員が揃った」

外ではカンテラの光がいくつも揺れている。救援隊が火でも燃やしているのか、あたりはほんのりと明るくなっていた。坂本の右足に赤いものが見えた。

「お前、足をけがしたのか」

「足だと?」

坂本は右の太股に手をやり、その手を目の前にかざすなり血相をかえた。二ヵ所から出血して、その量も多いようだった。

「これはまずい。どうやら、窓ガラスを破って入るときに、やられたらしい」

一行は山階宮殿下のまわりに集まり、それぞれのけがの状態を確認した。山階宮殿下はじめ、八田裕次郎、森友彦六、関重忠らが重軽傷を負っているのがわかった。

斎藤はまわりの惨劇を見まわし、予想以上に大きな激突事故だったことを知った。

「貨物列車が寝台車を直撃したら、命はなかった。俺たちは幸運な方だ」

足にシーツを巻かれながら、坂本は痛みをこらえながらいう。周囲はもがき苦しむ負傷者の群れで埋まり、容赦《ようしゃ》なく雨が叩きつけていた。

やがて一行は、ほかの負傷者とともに救助車に乗せられ、ロチェスター駅へと運ばれた。腕をもがれたり、足がつぶれたり、顔面血だらけで呻吟《しんぎん》する悲惨な姿を間近に眺めながら、斎藤は戦場での惨状を連想していた。

「阿鼻叫喚《あびきょうかん》とは、まさにこのことだな」

一行はロチェスターにあるブラッケット・ハウスへ運ばれ、アダムスという医師の治療を受けた。ホテル代や治療代など一切は鉄道会社がもち、ロチェスター市も厚遇してくれた。

危機一髪で救出された斎藤は別に負傷したところもなかったため、人口十五万人の洗練された街を散策しては時間を過ごした。

斎藤はのちに、九死に一生を得たこのときの列車衝突事故のことを春子に話す。二人はこの日を「第二の誕生日」として祝うことになる。

## 駐米日本公使館付武官

五月二十六日、一行は特別列車でロチェスターからニューヨークへと向かった。

「みごとな田園だ」

車窓から眺めていた斎藤實は、アメリカの豊かさを農村風景からも実感した。

午後七時、列車はニューヨークの中央停車場へとすべり込んだ。

雑踏のなかを、一行は自分たちを見下ろす白人たちの奇異な視線を浴びながら進んだ。

「危うく窒息死からまぬがれた貴様が、ぴんぴんしていて、助けに入った俺が重傷とはな」

乳母車のような車椅子に載せられた坂本俊篤は、うらめしそうに斎藤を見あげた。

「お前こそ、強運の持ち主ではないか。その刺し傷が少しでもずれていたら、大動脈を破って命がなかったというからな」

「まっ、後年の語り草にはなるけどな」

坂本は悔しまぎれにいった。

ホテル「ウィンゾア」に着いた一行は、そこで待っていた陸奥宗光と再会した。

「山階宮殿下はじめ、重傷を負った方々にはお見舞い申し上げる。まことに災難ではあったが、誰一人、生命を落とさなかったのは、不幸中の幸いであった。皆、大儀であったな」

ねぎらいの言葉をかけられた斎藤は、自分たちには列車事故の責任がないとはいえ、失態を演じたような気がしてばつが悪かった。

翌日、斎藤は早崎源吾大尉とともに、現地に滞在している関係者の案内で駐米日本領事館を訪問し、銀行で二百ドルをひきだした。

ニューヨーク滞在中、一行はブルックリンにある海軍造船所を見学したり、マジソン公園広場の競馬や中央公園でのドライブを楽しんだ。

五月三十一日、早崎大尉、山内萬寿治、大久保保喜造、野口定次郎、伊東義五郎の各中尉、森友彦六少尉機関士の計六人は、アリゾナ・ギュヨン航路の汽船でイギリスに向かった。

斎藤は領事らとともに港で見送った。

この日、伊東祐麿《いとうすけまろ》中将の一行がニューヨークに着く予定だったが、姿を現さなかった。一行が着いたのは、六月二日のことだった。聞くと、乗船していたアラスカ号のピストン故障のため、大幅に遅れたという。

六月七日、治療が長びいていた山階宮殿下ら六人が、イギリスへ渡ることになった。同期生の坂本俊篤ももうじきニューヨークを離れ、フランスへ向かう。

「ブロードウェイを歩いたときは、まだ足をひきずっていたが、だいぶ良くなったようだな」

「ああ、俺は頑強にできてるからな。心配なのは、殿下の方だ」

山階宮殿下の右肘は後遺症が残り、終生、手をあげるのに不自由することになる。

「達者でな。あまり、飲みすぎるな」

坂本は陽気に笑って別れた。

遠ざかる汽船を見やり、斎藤は一抹のわびしさを感じた。

「これで、海軍から派遣された十三人のうち、アメリカに残ったのは、俺一人となったか」

休む間もなく、斎藤は伊東中将の通訳として、ニューヨークにある造船所や海軍の関係施設を視察してまわった。

六月二十日、斎藤は歴史博物館を見学した。日記には、館内にある「ナポレオンの椅子」に座ったと記されている。

翌二十一日、斎藤は夜行列車でニューヨークを発ち、二十二日朝、ワシントンに着いた。オウエン・ハウスに投宿すると、さっそく駐米日本公使館を訪問した。

公使館には、代理公使の内藤類次郎、書記官の鮫島武之助、書記生の大井敬太郎がいて、温かく迎えてくれた。ヨーロッパに向かう陸奥宗光と今村清之助の両氏も滞在していた。

「手紙が届いているぞ」

思いがけなく、書記官から手紙を手渡された。見ると、実家からのものだった。封筒を見ただけで、懐かしい故郷の香りを嗅いだような気がした。

斎藤と入れ代わるように、その夜、陸奥と今村は出発することになっていた。駅まで見送りにいった斎藤は、陸奥から意外なことを告げられた。

「公使館をよろしく頼むぞ」

「かしこまりました」

斎藤はそのように答えたものの、意味がよく飲みこめなかった。

自分は海軍省から派遣された留学生であり、その目的は日本海軍の将来に役立つ知識なり情報なりをアメリカで吸収することにある。公使館はあくまでも外交の拠点であり、海軍と直接的には関係ないはずだ。

腑に落ちないままに海軍省に通ったり、ボストンに出張したりした。この間、水沢にいる母菊治に書簡を出すことも忘れなかった。

九月十九日、斎藤は軍事部次長名で駐米日本公使館付武官に任命された。

「なるほど、陸奥さんがいっていたことは、このことか」

陸奥の残した謎が解けた。イギリス、フランス、ドイツ、ロシアの公使館には早くから武官が置かれていたが、アメリカの公使館にはまだ配属されていなかった。

斎藤は最初の駐米日本公使館付武官となった。

斎藤というと、どうしても晩年の印象が強いせいか、恰幅《かっぷく》のいい体型を連想してしまう。だが、目立って太り始めたのは四十代になってからで、それまでは中肉中背、二十代まではむしろ痩せていた。

ワシントンに滞在中、何とかして太りたいと思った斎藤は、「ビールを飲めば太る」との話を耳にした。さっそくビール会社に頼み、下宿先まで配達してもらうことにした。

牛乳ならまだしも、ビール会社の馬車がアパートの前に横づけするようになって、さすがに女主人は世間体を気にした。

「ミスター・サイトー、ここは酒場じゃないんですよ！」

そんなふうに小言をいわれ、せっかくの苦肉の策も諦《あきら》めざるを得なかった。

また、アメリカ人が颯爽と乗りこなす姿にひかれたのか、自転車に乗る練習もしている。斎藤が必死にペダルをこぐ姿を想像すると、なにやらほほえましい気がする。

十月初めにはフィラデルフィアに出張し、電気博覧会などを見学してまわった。

十月十四日、九鬼隆一《くきりゅういち》特命全権公使の一行がワシントンに到着した。九鬼公使は、森有礼《もりありのり》の後任として赴任したもので、明治二十一年に陸奥宗光と入れ替わるまで滞在する。

二十日には、日本からの書簡が届き、公使館付武官の辞令書を正式に受け取っている。

斎藤にとって幸運だったのは、日本を代表する要人が相次いでアメリカを訪れ、その世話をしたことである。

機転のきいた応対によって、「米国公使館に斎藤あり」との評判が高まっていく。

大物の一番手として、十二月四日、前年（明治十六年）から欧米各国を視察していた大山巌《おおやまいわお》陸軍卿（のち元帥《げんすい》）の一行がやってきた。一行は十人ほどだったが、そのなかには陸軍中将の三浦梧楼《ごろう》、陸軍大佐の川上操六（のち大将）、桂太郎（のち首相）などそうそうたる顔があった。

十二月十日、視察団に加わっていた西郷従理《さいごうじゅうり》が病死した。従理は西郷従道《じゅうどう》（西郷隆盛の実弟・一般にはツグミチ）の長男である。三日後、従理はオーク・ヒルに仮埋葬された。

「西郷隆盛の甥がワシントンで亡くなるとは。人の一生とはわからんものだ」

斎藤は瞑目しながら、若くして亡くなった従理の死を悼んだ。

一行は十二月十七日、ニューヨーク市内の軍事施設を巡視した。

ラファエット要塞では、アメリカ軍の射撃の名手がガラス製の球、数個を空中に投げてもらい、スペンサー式連発銃を使ってことごとく撃ち破った。

これを見た大山巌と野津道貫陸軍少将の二人も同じように連発中で、空中に放られた球を撃ち抜いてみせた。日本陸軍の面目躍如といったところである。

大山陸軍卿の一行は十八日、帰国のためサンフランシスコへ向け出発し、斎藤は二十三日にワシントンにもどった。クリスマスを目前にした街は、熱気にあふれた大統領選挙（十一月四日）のときとは違った、明るいうきうきとした喧噪《けんそう》にあふれていた。

斎藤にとっても目まぐるしかった一八八四年が暮れようとしていた。

## 西郷従道とヨーロッパへ

明治十八年（一八八五）四月、清国と日本との間に「天津条約」が締結された。

このときの天津領事は原敬、北京公使は榎本武揚であった。外交官としての手腕を買われた原は、外務書記官としてパリ公使館勤務を命じられ、十二月二日、パリに着いた。

十二月二十二日、内閣制度が設けられ、初代内閣総理大臣に伊藤博文が就いた。

「海軍大臣は西郷従道、陸軍は大山巌、逓信は榎本武揚どのか」

斎藤實は不思議な気持ちだった。いずれも雲の上のような人物ばかりだが、なぜか身近に感じられた。大山は前年の今ごろ、欧州から帰国のため立ち寄ったときに世話をしており、榎本は天皇巡航の際、扶桑で対面している。西郷従道にはまだ会ったことはなかったが、長男従理の死に立ち会っている。斎藤の到着前に帰国していた前駐米公使の森有礼は文部大臣になっていた。

かつて金剛でウラジオストクまで一緒だった黒田清隆は、入閣拒否のごたごた劇を演じて、いったんは辞表を提出した内閣顧問にとどまった。

黒田は薩摩出身でありながら、西南戦争では西郷隆盛を征伐する羽目となり、心がすさんでいた。大久保利通《おおくぼとしみち》が明治十一年（一八七八）に暗殺されてからは、西郷従道と薩閥の双璧をなしていたが、長州が政治の実権を握ったこともあって、酒乱に拍車がかかっていた。それをなだめるのが西郷従道の役目でもあった。

その二人が、相次いで欧州視察にでかけることになった。

明治十九年（一八八六）三月十八日、参謀本部条例が改正され、参謀本部に陸軍部、海軍部が置かれた。斎藤は七月十三日、大尉となった。

八月三日、西郷従道海軍大臣の一行が一日にサンフランシスコを出発したことを伝える電報が公使館に届いた。斎藤は午後十時にワシントンを出発し、七日朝にシカゴに着いた。いったん市内のホテルで休憩したのち、駅に向かった。西郷の一行は午後二時に着いた。

「ワシントンの公使館にいる斎藤と申します」

「そげん固くならんでもよか。おはんのことは、仁礼（景範）どんから聞いておる」

「はっ、そうでありましたか」

西郷従道は西郷隆盛の実弟である。さぞかし、いかめしい人物だろうと想像していた斎藤は、少々拍子抜けした。気軽に話しかけ、冗談をいう西郷海相の人柄にひかれた。

一行はナイヤガラの滝を見物し、八月十二日、ニューヨークに着いた。

西郷海相一行とともに、仁礼景範中将の長男、景一がアナポリス海軍兵学校に留学するために渡米してきた。

「斎藤大尉は海軍兵学校でも秀才だったそうですね。父が申しておりました」

斎藤は照れた。しばらく会っていない親戚の子供から、お世辞でもいわれた気分だった。

景一の顔を見ていると、仁礼家の一人娘を思い出した。

「君には妹がいたな」

「春子のことでございますか。妹は東洋英和女学校（現・東洋英和女学院）に通っております。英語が好きで、女でありながら、外国にいきたいなどといっております」

「そうか。英語をな」

景一もまた、最近まで同女学校の男子部（のちに独立して麻布中学校）に通っていた。当時、牛乳ぎらいの春子は、景一から「牛乳を飲むと、色が白くなり美人になるよ」といわれて、牛乳を飲むようになった。

景一は春子より四歳年上で、このとき十八歳になっていた。景一にとって、斎藤は年の離れた兄のように頼もしい存在だったが、のちに義兄になるなどとは思ってもいなかったことだろう。

景一はアナポリス兵学校を明治二十四年に卒業し、帰国する。

八月十四日、斎藤は西郷海相とともに、グロバー・クリーブランド大統領に謁見した。

滞在中、一行は海軍省やアナポリス兵学校、さらにはウィルミントンのデュポン火薬製造所、ニューポートの水雷所、水兵練習所、ハーバード大学、ボストン製鉄所などを視察している。

この間、斎藤は西郷一行を世話する一方で、景一の留学手続きの面倒をみている。

「どうだ、斎藤大尉、ついでにヨーロッパまで随行してはくれまいか」

西郷が直々に申し入れた。斎藤にとっては、願ってもない誘いだった。

「喜んで、お供させていただきます」

「では、ニューヨークで待っておる。いそいで支度してくるように」

八月二十九日、ワシントンにもどった斎藤は終日、下宿の片付けに追われた。翌日、景一のことを改めて関係者に依頼すると、夜にはあわだしくニューヨークへとひき返した。


九月四日午前九時半、西郷海相一行を乗せた汽船はニューヨークをあとにした。

汽船は九月十二日朝、リバプールに着いた。

湾内では、海軍兵学校同期生の野口定次郎や先輩の早崎源吾大尉など、太平洋を渡ったときの仲間が、海軍大佐トレーシーの小型汽船に乗って出迎えてくれた。

一行は造船所や開業博覧会などを見学したのち、二日後にリバプールを出発した。四時間半近く汽車に揺られ、ロンドンに着いた。駅には駐英公使の河瀬真孝ら公使館、領事館の関係者が迎えに出ていた。

「おい、斎藤、まさか、こんなに早くロンドンで会えるとは思ってもいなかったぞ」

ここでは海軍兵学校時代の三羽烏の一人、山内萬寿治が歓迎してくれた。

ロンドンを出発した一行は、ニューカッスルのアームストロング会社を見学したのち、グラスゴー、エジンバラ、シェフィールドをまわった。

グラスゴーを散策した斎藤は、底辺で働く人たちの貧しい境遇に驚いている。

十月四日夜、一行はサウサンプトンを経て、フランスのハーブル（ルアーブル）へ向かった。

翌朝、ハーブルに着くと、三羽烏のもう一人である坂本俊篤が待っていた。列車事故の際、斎藤を救出しようして、足に大けがをした男である。

「どうやら、傷は治ったようだな」

「ああ、ご覧のとおり。すっかりよくなった」

坂本は照れ笑いしながらいった。

一行の目的は、ハーブル港に停泊中の巡洋艦畝傍《うねび》を見学することにあった。一行には、畝傍に乗り込む准士官（将校と下士官の間の位）三人も同行していた。

畝傍はフランスで製造された新鋭艦である。すでに出航準備も終えていた。六日、艦内を見学した一行は、畝傍に乗り込む飯牟礼俊位大尉らから日本食をご馳走になった。

「試運転は九月一日、シェルブールまでのあいだで行われたが、そのとき、俺は大砲の発射を担当した。性能はいい。太鼓判を押す」

飯牟礼の宿で、坂本は上機嫌でいった。

十月十八日、畝傍は将校や下士官など日本海軍の関係者約十人と、ルヘーブル艦長はじめフランス人の乗組員百人ほどを乗せて出港した。

この間、西郷海相の一行はリバプールやマンチェスター、ポーツマスなどを巡り、十一月七日には汽船でドーバー海峡を渡り、ブローニュ港に着いた。

列車に乗り換えた一行は、晩秋のフランス平原を眺めながら、一路パリをめざした。

## 原敬に借金を申しこむ

パリの駅に着いた一行は、原敬代理公使の出迎えをうけた。

原は前年（明治十八年）十二月、外務書記官としてパリ公使館に赴任してきた。年が明け、七月に蜂須賀茂韶《はちすかもちあき》公使が帰国したあと、臨時代理公使を務めていた。

斎藤と原は名刺を交換した。このとき、原は三十歳、斎藤は二十八歳だった。明治維新がなかったら、二人は留守家と盛岡家に仕える武士として、一生を終えたにちがいない。それが、今は同じパリの空の下にいる。

「ハラ・タカシ」

ローマ字で記された名刺に目を通した斎藤は、心のなかでつぶやいた。

西郷海相の一行は十一月十一日、ジュール・グレヴィー大統領に謁見した。ただし、斎藤は所用のため同行していない。

翌十二日午後六時半、原敬の招きに応じ、大臣以下が公使館で日本食をご馳走になった。

「ほう、二人とも岩手県の出身とは、これは奇遇だな。二人がもう少し早く生まれていたら、戊辰戦争ではさぞかし、てこずったにちがいない。ははは」

西郷は冗談をいって陽気に笑った。

その後、西郷一行は、海軍省をはじめパリ近郊やシェルブール、ナント、ブレストなどの軍事関係施設を視察した。パリ滞在中、斎藤は親しい仲間と劇場を訪れたり、酒場を探索しては心地よい酔いにひたった。かといって、使える予算は限られていた。

十二月十六日、斎藤は神妙な顔で公使館を訪れた。

「すまんが、お金を借用したい。アメリカに帰る旅費がなくなってしまった」

原は真顔になって腕組みをした。

「西郷海相の洋行費は海軍省から出ています。が、斎藤大尉の分は、たしか参謀本部から出ているはずですが」

「実は便宜上、随員の主計官に預かってもらっていたんだが、私はその……」

「どこへいっても飲んでしまうので、足りなくなってしまった、というわけですか」

「いや、面目ない。片岡という主計官も、もう君とは絶交すると怒りだしてしまって。しかし、どう勘定しても、アメリカへ帰る旅費が足りない。あれこれ思案し、公使館に予備の金があることに気づいたというしだいです」

「いかほど、必要ですか?」

斎藤は目を見開き、身を乗りだした。

「アメリカへ帰る分だけあれば、十分です」

「わかりました。用立てましょう」

「かたじけない。恩に着ます」

このとき、斎藤は六千九百七十フランを借り受けた。

予備費を調達した斎藤は翌十七日、西郷海相の一行とともにパリを発った。

## 黒田清隆を世話する

一行はリヨン、マルセイユを経てツーロンに着くと、そこからは先は斎藤實だけ別のコースをとることになった。西郷従道は息子でも送りだすようにいった。

「ベルリンで待っておるからな。ただし、旅先では、あまり飲みすぎるな」

「はっ、かしこまりました」

まわりから失笑がもれた。斎藤の酒豪ぶりはすっかり有名になっていた。

十二月三十日午前六時半、斎藤はツーロン発の汽車に乗ると、読書したり、地中海沿岸の景観を眺めたりと、一人旅を満喫していた。

「あれがオリーブ園か。リヨンでは大雪だったが、ここはまるで春だ」

かたわらの乗客はフランスの海軍士官らしかった。水雷教授書をめくっては、ときおり海岸線に目をやる。その士官はニースで下車した。旅情にひたっていた斎藤だったが、気がつくと停車駅のようすがおかしい。

「しまった。ここはマントンではないか」

単独行動で気がゆるんだのか、最初の訪問地だったモンテカルロをうっかり通過していた。モンテカルロ駅にひき返すと、構内にいる東洋人の姿が目に入った。その男の方からつかつかと歩み寄ってきた。

「失礼だが、お見受けしたところ、日本人と思われますが」

「そうですが……」

「実は、私は日本に帰る途中でして。お名前をお聞きしてよろしいですかな」

「海軍の斎藤といいます」

急に相手の態度が変わった。

「海軍ですか。で、階級は」

「大尉です」

相手は背筋を伸ばした。

「私は石本といいます。陸軍大尉です」

二人の間にそれまでとは違った空気が流れた。男は石本新六といった。まったく偶然に邂逅《かいこう》した石本は、第二次西園寺内閣で陸軍大臣に抜擢され、三度目の海軍大臣を務める斎藤と顔を合わせる。斎藤は石本に別れを告げると、カジノなどを探訪した。

明治二十年（一八八七）の元旦は、イタリアのラスペチアで迎えた。

さらにローマ、ヴェニス（ベネチア）を経て、一月五日午後十時、吹雪のウィーンにたどり着いた。翌日、公使館を訪れた斎藤は、黒田清隆内閣顧問が滞在していることを知らされた。

「ミトロポール・ホテルですね」

斎藤は確認した。

「はい、しかし、夕方には外出する予定になっております」

棚橋という代理公使がこたえた。

黒田清隆の一行は、前日にウィーンに着いていたが、この日から約二週間の日程で憲法・政治に関する講和を聞くことになっていた。

「今夜は、皆さんを公使館に招いて日本食をご馳走します。斎藤大尉も出席しませんか」

「ええ、喜んで」

いったんホテルに出向いて黒田に挨拶した斎藤は、晩餐の席で黒田と歓談した。

「ところで、貴様は、西郷と一緒と聞いたが？」

「明後日、ベルリンで落ち合う予定になっております」

「そうか。実は、わしに随行している者は、みなフランス語かドイツ語しか話せんでな。貴様がイギリスに一緒に行ってくれれば都合がよいのだが」

手塩にかけた愛弟子でも現れたかのように、黒田は機嫌がよかった。酒の失敗に懲りたのか、がぶ呑みしてはくだを巻くという悪癖も見られない。

黒田は、初代の伊藤内閣に列することができず、病気を理由にヨーロッパに出直し旅に出ていた。食事を済ますと、斎藤は随行の者たち数人と西郷の部屋を訪れた。話は弾み、斎藤が退室したのは夜半すぎだった。

一月七日、斎藤は黒田に別れを告げ、午後九時発の汽車でウィーンを発った。ベルリンに着いたのは、翌八日正午だった。午後には前夜のうちにベルリン入りしていた西郷と再会した。

「ほう、ウィーンで黒田と会ったか。で、どげんようすじゃった」

いかにも悪友の近況が気になるといった調子だった。斎藤は黒田の勤勉ぶりを伝えた。

「そうか。しっかり勉強しちょるか」

九日、西郷海相あてに海軍次官から電報が届いた。電文は、「畝傍艦去十二月三日新嘉坡発ノ後未ダ日本ニ着セズ二艘ノ捜索船ヲ出セリ」との内容だった。

「なに、畝傍がシンガポールを出たあと、行方不明だと！」

西郷は珍しく声を荒らげたが、すぐに押し黙った。落胆すると、トレードマークの太い眉までがしょんぼりと悲しげに見えた。

畝傍は前年十月十八日にルアーブルを発ち、航海を続けていたが、十二月三日、寄港地のシンガポールを出港したのち消息が途絶えた。出港前、西郷一行はわざわざイギリスからルアーブルに渡り、同艦を見学していただけにショックは隠せなかった。

結局、畝傍は多くの謎を残したまま発見されず、明治二十二年（一八八九）には、青山墓地の一角に「畝傍艦碑」が建立《こんりゅう》された。

パリ公使館の代理公使だった原敬は、船員への保険金支払いなど補償問題に苦慮することになる。原にとっても、畝傍艦失踪事件はパリ在任中、最大の難題となった。

ただし、この時点では、まだ二隻の軍艦で捜索中としか伝わらなかったため、西郷海相一行は予定通りベルリンを軸に、キール軍港やメッペンの大砲試撃場などを視察してまわった。

西郷海相はベルリン滞在中、鉄血宰相として名を馳せたビスマルクとも会っている。

二月十四日、斎藤は再び西郷一行に別れを告げると、翌朝、ただ一人ロンドンをめざした。二日後、斎藤はロンドンに着いた。

ロンドンには、九日前から黒田清隆内閣顧問とその随員が滞在していた。斎藤はベルリンでも黒田と会っていたが、そのときには西郷海相の世話に追われていた。

黒田は斎藤の顔を見るなり、援軍でも到着したように明るく迎えた。

「前にもいったように、英語を話せる者がおらず、難儀しておったところだ。貴様がくれば鬼に金棒。ついでにアメリカまで随行してくれ。いいな」

「はっ、かしこまりました」

西郷従道からバトンタッチされたように、イギリスからは黒田の面倒をみることになった。

二月二十六日、リバプールを解纜した汽船は、ニューヨークをめざし西に進路をとった。

三月八日、大西洋を渡った汽船は、ロングアイランド島のわきをすりぬけ、ニューヨーク湾へと侵入していった。

「見えたぞ。あれだ」

「でかいな。まさに女神だ」

デッキに出ていた随員たちは、感嘆の声をあげた。

ベッドロー島(リバティー島)にそびえている「自由の女神」は、アメリカの独立百年を記念してフランスから送られたことは有名だが、建造されたのは前年の明治十九年(一八八六)のことである。

ちなみに、パリにエッフェル塔が建てられるのは、フランス革命百周年記念と銘打った万国博覧会が開催される三年後のことである。

原敬は明治二十二年二月、万博を前に急ピッチで建設が進められていたエッフェル塔を眺めながら、後ろ髪をひかれる思いでパリを去る。

斎藤にとっては、半年ぶりのニューヨークである。女神に出迎えられた斎藤の胸に、初めて大陸を横断したときの熱い息吹《いぶき》がよみがえってきた。

黒田清隆はその後、ワシントンで大統領に謁見し、三月十八日、帰国するためにニューヨークへ向かった。

「斎藤大尉、貴様には世話になった。この恩は忘れん。今度は日本で会おう」

「黒田顧問も大願を成就できますように」

「何だ、総理にでもなれっていうのか。ははは、よかろう。貴様も早く出世しろ」

黒田は豪快に笑って列車の中へと消えた。

一行を見送った斎藤は、ようやく肩の荷をおろしたような気分だった。

だが、その後も日本からやってくる要人の世話に追われる。

五月にはワシントン入りした谷干城《たにたてき》農商務大臣の一行を世話した。谷農相は六月に帰国するが、「裁判管轄条約」に反対の意見書を提出し、七月に辞職する。谷の後任には土方久元が起用されるが、九月十七日には黒田清隆がこれに代わる。

斎藤は、「西郷従道海軍大臣随行雑誌」という報告書を作成した。

随行雑誌は「英国之部」「仏国之部」から成り、イギリスについての記述は百二十六ページ、フランスについては百二十一ページにものぼっていた。随行雑誌は、その年九月に印刷され、海軍省内に配布された。

軍事関連施設だけでなく海・陸軍の教育まで網羅《もうら》したその内容は、海軍始まって以来の優れた海外報告書と評価された。

## 貨物船に乗って帰国

随行雑誌が配布された翌月、今度は海軍次官の樺山資紀《かばやますけのり》が渡米のために横浜を発った。

一行は十一月四日、シカゴに着いた。例によって斎藤實はシカゴまで赴くと、ナイアガラの滝に案内し、ワシントンでは大統領謁見などを斡旋《あっせん》した。

随行の一人に山本権兵衛《やまもとごんべえ》（ゴンノヒョウエとも）がいた。当時、山本は海軍大臣伝令使・海軍少佐という肩書だった。斎藤より六歳年上で、このとき三十五歳になっていた。のちに二人は日本海軍を担う名コンビとなるのだが、このときはむろん知るよしもない。

樺山次官は十二月十日、ヨーロッパへ向かった。

ニューヨークで一行を見送った斎藤は、十二月二十三日にワシントンにもどった。公使館には九鬼隆一公使がぶじ帰朝したことを伝える通知が届いていた。

「そろそろ、自分にも帰国命令が出てもおかしくはないはずだが……」

駐米日本公使館付武官になったのは、明治十七年九月である。

異国で四度目の年の瀬を迎えていた斎藤は、クリスマスで浮かれる街のにぎわいを眺めながら、厳粛でつつましい故郷の年の暮れを思い出していた。

明治二十一年（一八八八）を迎えた。

二月十四日、内閣から「公使館付兼勤被免」の通知があり、五月十四日には海軍省から海軍参謀本部に出仕するように命じられた。

「思えば、長いようで短い滞在だった」

日本では、四月三十日に黒田清隆内閣が成立し、伊藤博文は枢密院の初代議長に就任していた。

六月十五日、後任駐米公使の陸奥宗光がワシントンに到着した。

「しばらくだったな。斎藤大尉、君が綴った西郷従道随行雑誌は、海軍で大変な評判と聞いた。できれば、もう少し長くアメリカにいて、一緒に仕事をしてほしかったが、なにぶん、海軍が君を必要としている。仕方あるまいな」

「私の方こそ、ふたたび、お目にかかれて光栄でございます。公使とともに働きたいのはやまやまですが、あくまでも私は海軍の人間でありますので」

斎藤は慇懃《いんぎん》にこたえた。

「ほに、惜しい逸材よの。君のような男なら、日本を担う政治家となれるのに」

陸奥は心底、斎藤に惚れこんだようすだった。

八月二十七日、斎藤はほぼ四年にわたる公使館勤務から解かれ、ワシントンをあとにした。

列車に乗った斎藤は思い出を刻むように、アメリカでの出来事を思い返していた。

帰国までのコースは、大陸横断列車でサンフランシスコまでいき、大型客船で太平洋を渡るのが普通だが、斎藤の好奇心はそれを許さなかった。

「どうせなら、完成して間もない鉄道に乗ってみたい」

そう決意した斎藤は、カナディアン・パシフィック鉄道に乗ってケベック、モントリオール、オタワ、トロントなどを巡り、バンクーバーへ達した。

この当時、カナダと日本の間では、チャーターされた貨物船が往復し始めたばかりで、定期航路は確立されていなかった。

十月五日、斎藤はバンクーバー発の貨物船バタビア号に乗り込んだ。

さほど大きくない貨物船とあって、荒波に翻弄される。客船のような快適な部屋も設備もサービスもない。斎藤は、かつて太平洋を横断した咸臨丸《かんりんまる》に乗り込んでいたチョンマゲ姿の侍に自分を重ねていた。

「死ぬときは死ぬ。あせってもしようがない」

斎藤は船倉の片隅で、海軍省に提出する資料作成に取り組んだ。

このときまとめた「鉄に関する研究」は、「斎藤大尉の報告書」と呼ばれ、「西郷従道海軍大臣随行雑誌」と同様に高い評価を得る。

貨物船は十月二十五日、横浜に着いた。

斎藤は翌日、文明開化の進む東京の土を踏んだ。東京は、西洋と日本の文化がごった煮のように入り交じり、混沌《こんとん》とした喧噪《けんそう》をかもしだしていた。斎藤は横浜を発って以来、四年半ぶりの東京にたどりついだ。

十月二十九日、斎藤は海軍参謀本部第一局勤務を命じられた。

# 常備艦隊の参謀に

斎藤實は京橋木挽町に下宿していたが、母菊治と弟省吾を迎えるために家を借りた。以前は芝田町と呼ばれていたところで、この年（明治二十一年）五月一日、東京府に東京市が成立したことから、芝区田町（現・港区芝田町）五丁目十六番という住所になっていた。

十二月二十六日、斎藤は私鉄日本鉄道で上野駅を出発した。当時はまだ仙台までしか開通していなかった。鉄道が一関まで延びるのは明治二十三年四月、盛岡まで開通するのは同年十一月になる。仙台からは馬か徒歩で向かうしかなかった。

斎藤は水沢が近づくにつれ、時間が逆行し少年に返っていくような感覚になった。懐かしい町並みに入ると、胸が張り裂けそうになる。

水沢は昔と変わらず気高い孤高のまちだった。

明治二十二年（一八八九）が明けた。

旧家で正月を過ごした斎藤は一月十日、一足先に帰京した。

水沢から、母の菊治と弟の省吾が上京してきたのは、三月九日のことだった。念願の一家団欒《だんらん》が実現し、親子水入らずの生活が始まった。母と息子は、水沢風に味つけした料理を肴に相酌《あいじゃく》を楽しんだ。菊治もまた、息子にひけをとらないほどの愛飲家だった。

とはいえ、斎藤が自宅でのんびり晩酌しながらくつろぐことはまれだった。四月二日から五日まで東京湾で行われた大演習では、審判官陪従として軍艦高千穂に乗り込んでいる。

大演習の余韻もさめない四月十七日、新艦高雄の砲術長兼水雷長・分隊長に任じられた。

この高雄は二代目である。斎藤が横須賀に赴任したときは、まだ航海に必要な装備を整える艤《ぎ》装《そう》が行われている最中だった。

横須賀鎮守府司令長官を務めていたのは仁礼景範中将、艦長心得として艤装を統督していたのは山本権兵衛少佐であった。

「米英海軍の艤装に精通している斎藤大尉にきてもらえれば、ひと安心だ。どうか、国産の高雄を欧米なみに仕上げてもらいたい」

山本はそういって歓迎した。

横須賀にいるあいだ、斎藤や山本はたびたび仁礼司令長官の官舎に招かれた。

官舎には、東洋英和女学校を中退していた春子がいた。しばらく見ないあいだに女らしくなり、一段ときれいになっていた。斎藤は春子を見ているだけで胸が高鳴った。

高雄の艤装が進むなか、七月二十九日になって突然、斎藤は創設されたばかりの常備艦隊参謀を命じられた。大佐の身分で参謀に抜擢されるのは異例のことである。

斎藤は八月十日に横須賀を発ち、十五日、青森港で常備艦隊の旗艦高千穂に乗船した。

常備艦隊は、高千穂を筆頭に扶桑、浪速《なにわ》、葛城《かつらぎ》、大和、武蔵という六隻の巡洋艦からなり、総トン数は約一万五千五百七十トンを誇っていた。

常備艦隊は初の外洋航海に出て、九月二十六日にウラジオストクに着いた。斎藤にとっては懐かしい港町である。十月三日にウラジオストクを発った艦隊は、朝鮮半島の釜山、中国（清国）の上海などに寄港しながら巡航を続けた。途中、清国艦隊と遭遇した。

「水師提督の丁汝昌《ていじょしょう》に敬意を表し、十七発の礼砲を放つように」

斎藤の指示で、海上に砲声が轟いた。

清国と日本は険悪な関係が続いていたが、戦争状態でない以上、海軍としての礼儀はわきまえなくてはいけない。斎藤にとって、国際親善の対象は欧米諸国だけではなかった。

常備艦隊は長崎や鹿児島を経て、十二月二十日、品川湾にもどってきた。

その四日後、黒田清隆に代わり、山県有朋《やまがたありとも》内閣が成立した。

明治二十三年(一八九〇)が明けた。

三月下旬から四月初めにかけ、明治天皇の統監による初の陸海軍連合大演習が挙行された。

演習では、常備艦隊が西軍(司令長官・井上良馨)、臨時編制された演習艦隊が東軍(同・福島敬典)となった。西軍には竣功して間もない高雄も列し、大佐に昇進した山本権兵衛が艦長として指揮を執っていた。

巡洋艦の艦長や東軍参謀が少佐や大佐で占められているなかにあって、大尉で西軍の参謀になっていた斎藤は、ここでも出色であった。四月中旬、神戸港で行われた海軍観兵式(のちに観艦式と呼ばれる)でも、斎藤は常備艦隊参謀として任務を遂行した。

斎藤が肝を潰したのは、八月から行っていた三陸・北海道沿海の巡航のときだった。

常備艦隊は、十月十日までに品川湾に集合するよう命令を受け南下した。ところが、十月五日、艦隊は三陸沖で暴風雨に襲われた。斎藤は列を解いて山田湾(岩手県)に避難するよう指示したが、旗艦の高千穂でさえ寄港するのは困難と思われた。荒波に翻弄されながら、艦隊はちりぢりになったまま、それぞれの裁量で品川湾をめざした。

七日、館山湾に入った高千穂は、そこに停泊している扶桑を発見し、各艦の所在を電報でたしかめた。だが、武蔵に代わって常備艦隊に編入されていた高雄だけは確認できない。

「よもや、山本艦長に限って……」

斎藤の脳裏を山本権兵衛の精悍《せいかん》な顔がよぎった。翌日正午になって、その心配は杞憂《きゆう》に終わった。高雄から「唐丹《とうに》湾にいる」と打電してきたのだった。

十月十三日、佐世保軍港司令官として赴任した艦長の後任として、山本権兵衛が乗艦してきた。艦長と常備艦隊参謀という違いはあれ、二人は晴れて同じ艦内で仕事をすることになった。

明治二十四年（一八九一）七月二十三日、斎藤はほぼ二年間にわたる常備艦隊参謀を免ぜられ、海軍参謀部（明治二十二年三月、参謀本部が廃止され参謀部が置かれた）に出仕となった。

このころ、横須賀鎮守府司令長官だった仁礼景範が、海軍大学校（明治二十一年七月、目黒に創設）の校長として東京に転任することになった。

春子の回想（東郷会発行の機関紙「東郷」掲載の記事を『斎藤實夫妻を偲ぶ』に転載したもの）によれば、仁礼が赴任するとき、春子は軍艦橋立に同乗し、品川港に着いた。斎藤は海軍参謀部参謀だったという。

だが、春子の回想は機関紙の編集者がまとめたものと思われ、勘違いした可能性がある。というのも、仁礼が海軍大学校長の辞令を受けたのは六月十七日である。この時点で斎藤はまだ常備艦隊の参謀だった。さらに橋立はこの年三月に横須賀で進水したばかりで、艤装を終えて竣功するのは明治二十七年のことである。春子が乗船したのは、斎藤が乗り込んでいた高千穂であり、参謀の斎藤が先にタラップをおりて、春子を待っていたのだろう……。

ひときわ眩《まぶ》しい振袖姿の女性がタラップに現れ、ゆっくりとおりてくると、栈橋に整列していた将校たちは色めき立った。

「さすがに、仁礼中将の令嬢だけある」

「ああ、まさに大和撫子だ」

吐息のような会話が伝わってくる。

春子は振袖姿のせいもあって、よちよち歩きをしていている。なんともおぼつかない足どりだった。

斎藤がはらはらしながら見ていると、春子はそれとなく目線を送ったように見えた。笑顔だが、ひきつっているようなつくり笑いに感じられた。

斎藤は春子が助けを求めているような気がして、たまらなくなった。といって、女々しい真似はしたくない。いや、タラップで転倒したら、たいへんなことになる。

気が気でなかった斎藤は意を決して近寄った。

「どうぞ。これに」

海軍兵学校でイギリス人教師からジェントルマンとしての教育を受け、欧米でレディ・ファーストの習慣を身につけていた斎藤は、とっさに手をさしのべていた。

驚いた春子は斎藤を見つめると、くすっと笑って手をのばす。相手の腕にすがるようにして陸に上がった春子は、改めて斎藤を見つめ直した。

「サンキュー。ありがとうございます」

春子はかわいらしい声でいった。斎藤の耳がほてった。頬が赤くなる。

二人を見守るまわりの視線に気づき、全身がポンプになったかのように激しく脈打った。

この話題は、たちまち海軍部内でもちきりとなった。春子自身も「このとき、伸べる手と支える手とがまさか結婚にまでなろうとは……」と述懐している。

これを機に、二人のロマンスは静かに、しかし確実に燃えあがっていった。

## 千島列島探検と三陸沿岸巡視

斎藤實は海軍参謀部に出仕するなり、井上良馨《いのうえよしか》参謀部長、名和又八郎伝令使に随行し、千島列島の探検をしている。斎藤が主に英文で綴った「探検航海日誌」には、住人の暮らしぶりや産業発展の度合、密猟の実態など綿密なデータが網羅されている。

同日誌によれば、一行は汽船薩摩丸で横浜を発ち、八月七日に函館港に着いた。

九日、斎藤は意外な人物と出会った。

「盛岡出身の栃内《とちない》と申します。弟は海軍におります」

「弟……といいますと？」

「曽次郎《そうじろう》といって、札幌農学校予科を終えてから、兵学校に入った変わり者でございます」

男は栃内元吉《もときち》といった。元吉は盛岡の作人館《さくじんかん》、東京の共慣義塾《きょうかんぎじゅく》で原敬とともに学んだが、途中から北海道に渡り、屯田兵《とんでんへい》少佐などを務めていた。

その弟、曽次郎は、海軍兵学校を卒業してから頭角を現し、日露戦争では武蔵と須磨の艦長を務める。曽次郎は、斎藤が海軍大臣のとき事務局長に抜擢され、加藤友三郎海相の下で海軍次官を務める。大正九年、岩手県出身者としては斎藤、山屋他人《やまやたにん》（盛岡出身）に次ぐ三人目の海軍大将となり、第一艦隊司令官に就任する。

札幌に向かう元吉と別れた一行は、出雲丸で函館を発し、十二日に根室に着いた。

その後、色丹《しこたん》、択捉《えとろふ》、得撫《うるっぷ》、新知《しむしる》の各島を中心に千島列島を探検した。この時点では、樺太千島交換条約（明治八年）により、樺太はロシア領、千島は日本領となっていた。樺太の南半分が日本に割譲されるのは日露戦争後である。

探検の一番の目的は、ロシアを意識した国境警備の方策を探るためだった。二年後の明治二十六年秋、斎藤は今度は高雄副長として、樺太のコルサコフや択捉、色丹を視察する。

海軍兵学校で斎藤と同期だった郡司成忠大尉は同年三月、千島探検に出発し、占守島《しゅむしゅとう》に移住して北洋開拓の先鞭をつける。盛岡出身の横川省三も特派員して同行し、探検熱を高めた。

あまり知られていないが、斎藤は占守島まで至らなかったにせよ、郡司よりも早く千島探検を敢行していた。

東北本線はこの年（明治二十四年）九月一日、青森まで全線開通した。

千島探検と北海道の巡視を終えた一行は十九日、全線開通の興奮も覚めやらぬ青森に着いた。さらに一行は野辺地や大湊、八戸など青森県内を巡って盛岡へとたどり着いた。

「斎藤大尉にはご苦労だが、いずれは太平洋側に要港を設けなくてはならん。山田、大船渡、女川《おながわ》のうち、どの港が適しているのか、それを調べてもらいたい」

三陸沿岸の巡視を命じられた斎藤は、九月二十七日、盛岡駅で井上参謀部長を見送った。この年のダイヤ改正で上野までの直行ができ、盛岡からはほぼ十八時間で上京できるようになった。運賃は上野まで三円二十八銭。文明の利器とはいえ、庶民には高嶺の花だった。

市内に宿をとった斎藤は二十九日朝、盛岡を馬で出発した。前夜遅く、隣室に入った酔客が八幡町にでかけていく際に騒ぎ立てた。眠りを破られ、ついついあくびが出てこまった。しかも、昨夜までの大雨のせいで道もぬかるんでいる。

欧米での生活が長かった斎藤は、江戸時代にもどった気分になった。

「これでは、まるで弥次喜多ではないか」

このときの旅程のもようは、『東海道中膝栗毛』になぞらえ、軽い筆致で日記に綴っている。斎藤のユーモア精神がこんなところにもうかがうことができる。

盛岡からは、馬もしくは徒歩で三陸海岸の宮古、山田、大槌を巡り、十月七日、内陸部の花巻に達した。

数日間、郷里の水沢で過ごすと、十三日に一関を離れて、ふたたび三陸海岸に向かい、翌日の夕刻に盛《さかり》に入った。

十月十六日早朝、郡長の板垣政徳が訪れた。

板垣の四男、征四郎《せいしろう》は、昭和になって陸軍大臣となり、盛岡中学の先輩である海軍大臣の米内《よない》光政《みつまさ》と日独伊三国協定などをめぐり激しく対立することになる。もっともこの年、米内は十一歳で下橋高等小学校に入学したばかりであり、征四郎はまだ六歳の子供であった。

大船渡湾の視察を終えた斎藤は、気仙沼、石巻を経て女川湾を調査し、二十一日、仙台から汽車で帰京した。ほぼ三ヵ月ぶりの帰宅である。

十月二十七日、斎藤は国防上の要港として、「山田、大船渡、女川の三港のうち大船渡が最も優れている」旨の復命書を井上参謀部長あてに提出した。

最終的には、青森県の大湊（現・むつ市）が要港として選ばれ、明治三十五年（一九〇二）になって大湊水雷団が開設される。その三年後、鎮守府に次ぐ要港部に格上げされ、北方警備の拠点となる。

# 結婚

海軍参謀部にいた斎藤實は十二月十四日、少佐職務心得となり、第三課員を命じられた。

ある日、仁礼《にれ》景範《かげのり》中将から招待を受けた。私邸を訪れると、いつになく、仁礼はそわそわと落ち着きがない。咳ばらいをして、姿勢をただした。

「突然で恐縮だが、春子をもらってはくれまいか」

気が動転した。まさか、結婚の申し出などと思ってもいなかったのだ。

「春子も気に入っておる。どうだ、ひきうけてくれんか」

斎藤は顔をさげたまま、しばらく無言のままだった。

「どうした。何かいったら、どうだ」

「いえ、それがその……」

「なんだ。君らしくないな。はっきりいってくれ」

仁礼は煮えきらない斎藤の態度に痺《しび》れをきらしたらしく、声高にいった。

斎藤は弱った。心の準備ができていない。頭のなかは真っ白なままである。

「……まことに光栄な話ではありますが、私のような無骨ものが、仁礼家のお嬢さんをもらうわけにはまいりません。どうぞ、この話はなかったことに」

丁重に固辞した。そうするしかないと思った。ただでさえ汗かきの斎藤は、額から流れ落ちる大粒の汗をぬぐうのに懸命だった。

「ほかに約束した女でもおるのか?」

「いいえ、めっそうもありません……」

「そうか、しかし、どうしてもいやだというなら、しかたあるまいな」

仁礼は惜しむようにいった。が、きっぱりと諦めたという態度ではなかった。その口調には別の作戦を思いついたような自信がのぞいている。

案の定、数日後、斎藤は山本権兵衛から呼びだされた。山本は強い調子できりだした。

「斎藤、貴様はいくつになった?」

「三十四(数え)でございます」

「来年は三十五ではないか。いくら仕事熱心といえ、いつまでも独身でいるわけにはいくまい。だいいち、世間体もよくない。ここらで所帯をもってはどうだ」

山本は仁礼から斎藤を説得するよう依頼されたのだった。斎藤はまたしても尻込みした。どう考えても、不釣合な縁談である。

「仁礼家は華族、それに対し、私どもは平民であります」

斎藤家は明治維新後に帰農したため、戸籍上は士族ではなく平民になっていた。

「家柄だと。斎藤ともあろうものが、そんなものを気にするとはおかしいではないか。強情を張らず、仁礼中将の申し出を受けてはどうだ。それとも、仁礼中将の娘では不服というのか」

「いいえ、私にはもったいないと」

「それなら、話はかんたんだ。断る理由はない」

最初は頑として聞き入れなかった斎藤も、しだいに劣勢に立たされてきた。なぜ、自分が反対しているのかさえ、わからなくなってきた。品川港で握った華奢《きゃしゃ》な手の感触がよみがえり、春子の笑顔が眼前に迫ってくる。山本の説得は続き、ついに斎藤は折れた。

「そうまでおっしゃるのであれば、母とご相談のうえ、後日、正式にお答えしたいと存じます。そのときは何とぞ、お力添えをお願いいたします」

「わかった。これで決まったな」

縁談はその後、とんとん拍子で進んだ。

「まさか、春子お嬢さんと一緒になるとは……」

斎藤は胸を熱くしながら運命の不思議を思った。


斎藤と春子の縁談が決まると、海軍部内で大きな反響を呼んだ。なかにはやっかんだり、疑問の声を挟む者まで出てきた。

「仁礼どんはいかなる考えなるや。あげん、よそのもんに、大切なる一粒種の令嬢を嫁にやらるるとは、どげんもんじゃろ」

山本権兵衛に食ってかかる同郷人もいた。

「今日の世の中に、よそのもんなどというのは、耳障りもはなはだしい。どこの出身の者でも将来見込みのある人物ならば、大切な一人娘を嫁にやる気になるのはあたりまえだ。仁礼どんが斎藤大尉を見込まれたのは、一朝一夕のことではなく、少尉補として扶桑艦に乗り組んでいた頃から、将来有為の人物として十分に惚れ込まれたのである。その鑑識には、権兵衛もほとんど感服いたした。自分の見るところにおいても、斎藤はあっぱれの人物で、将来必ず海軍に重きをなす人物であると確信する。決して心配するにおよばぬ」

山本は、不満をもらす相手を一蹴《いっしゅう》した。

薩長出身者が君臨していた当時の政治風土のなかで、山本がこのように進歩的な見識をもつに至ったのは、それまでの境遇と無関係ではない。

山本は明治四年に海軍兵学寮に入学するが、征韓論を唱えていた西郷隆盛が鹿児島に引き揚げると、自分もまた休暇をとって帰郷した。ところが、山本は西郷から「日本海軍の将来のために勉強しろ」と諭され、悄然《しょうぜん》として兵学寮にもどってきた。

西南戦争が起こり、西郷軍が政府陸軍の前に屈したとき、山本は西郷をはじめ日本の将来を担うはずだった優秀な青年たちを見殺しにしたような罪意識にさいなまれた。だが、いつまでも悲嘆してはいられなかった。

長州閥が実権を握る陸軍はドイツに倣《なら》い、その力を増大させている。長州の独走を食いとめるには、イギリスに倣った海軍を増強して対抗するしかない。そのためには薩摩にとどまらず優れた人材を積極的に登用し、実力を蓄えなくてはならない。山本にとって、出身地を気にしているひまなどはなかったのである。

薩摩出身といえば、原敬もまた薩摩出身の中井弘の娘、貞子を最初の妻にしている。くしくも、原と斎藤は薩摩の妻を娶《めと》ることになった。

明治二十五年（一八九二）二月五日、東京府東京市麻布区芝北新門前町（現・東京都港区東麻布）十番地の新居（借家）において、山本権兵衛夫妻の媒酌により、斎藤と春子の結婚式が内輪で執り行われた。

結婚式は、華族である仁礼家の華燭《かしょく》の典《てん》とは思えないほど質素なものだった。

斎藤は「結婚之時ノ事」と記した封筒に、結婚式の次第や宴会の席次などを記した書類を大切に保存している。それらの書類は、当時の結婚式の様子を伝えてくれる。

たとえば、輿入《こしい》れのときの受取書のひな型から、簞笥二個、長持二個、釣台三個が運びこまれたことがわかる。水沢では新夫婦は末席だが、東京（あるいは鹿児島）では上席に座ることになっていた。斎藤は習慣の違いに驚いたらしく、わざわざメモに残している。

結婚式には、新郎新婦、媒酌の山本夫妻、斎藤の母菊治、春子の両親ら十二人が出席した。斎藤の親戚は国元に住んでいたことから、東京在住の数人だけが招かれた。

明治維新がなかったら、永遠に出会うことのなかった新郎新婦は、羨むような視線を浴びながらも、晴れがましい表情をそっと伏せていた。

春子は明治六年三月三十日生まれだから、満年齢だと誕生日前の、十八歳の少女であった。これに対し、斎藤は満年齢で三十四歳になっていた。二人には十六歳の年齢差があるが、原敬にしても最初の妻、貞子とは十三歳、再婚した浅との間には十五歳の開きがある。

火鉢の炭火がはじけるなか、式は山本権兵衛夫妻の媒酌で、手順どおりに進められた。三々九度の杯を飲み干す春子の横顔を見た斎藤は、その可憐な表情に胸が締めつけられた。

（何があったとしても、一生、春子さんを大切にしていかなくては）

おごそかな雰囲気のなかで、そのように誓った。

結婚式が素朴でこぢんまりとした理由のひとつには、質実剛健を旨とした薩摩気質を堅持する仁礼家の家風にあった。春子の母寿賀子は厳格なしつけで知られた婦人であり、薩摩の名門だからと見栄を張ったり、華族だからといって特別な嫁入り支度をすることはなかった。

春子は一人娘だが、四歳年上の長男景一のほか、年下の二男景助、三男景明、四男景雄がいた。仁礼家は代々、「景」という通し字を名前に採っていたことがわかる。

東京で生まれた春子は、二男が誕生すると父、景範の妹のもとで育てられた。赤ん坊のときから虚弱体質で、しかも牛乳が嫌いだったことから水飴で栄養をとる始末だったという。

七歳のころから、盲人で満寿という名の男師匠について琴を習い、日本舞踊の稽古をさせられた。生け花や茶の湯、習字、絵画などの教えも受けている。十五歳ごろになると、ベルダンというフランス人の斡旋で中古のピアノを購入し、遊び友達とレッスンに励んだ。

学校は、芝にあった南海小学校を振出しに、川村女学校、明倫女学校（ただし、どちらの女学校も家塾のようなものだった）を経て、鳥居坂にあった東洋英和女学校に入学した。

同女学校の校長はミス・カートメルというアメリカ人で、女性蔑視や男尊女卑が色濃く残っている当時にあって、画期的な女子教育を施した。

少女から習い続けていた英語は、同女学校時代にみるみる上達した。それ以上に、西洋の新しい考えが春子の目を広い世界に向けさせた。

そうなると、日本人としての伝統的な文化や美徳の大切さを理解しながらも、昔ながらの古い考えにしがみついているありきたりの男たちが色あせて見えてきた。薩摩武士としての誇りが高い親戚や知人、兄弟たちも、まだまだ男性中心の考えから抜けだしていない。

欧米の進歩的な考えを学びながら、一方では武家社会のような生活を送っていた春子にとって、そのギャップは大きかった。

それだけに、欧米のマナーを身につけていた斎藤のスマートな姿は、古い価値観に凝り固まっている男性のなかで、ひときわ際立った存在に映った。

「結婚するなら、この人」

春子は、ひそかにそう決めていた。

何しろ恋愛結婚がタブー視され、親が決めた相手なら、好きであろうとなかろうと一生献身的に尽くすという女性像が尊ばれていた時代である。あこがれの相手と結ばれた春子は、それだけで幸運だと思った。

結婚後も、「国際人としての素養にかかせない」という夫の理解により、英語の勉強が続けられることになった。斎藤はのちにジュネーブ軍縮会議に夫人を同伴するなど、国際舞台での夫妻外交に先鞭をつける。


新居の家賃は十二円だった。立派な門構えの家で、玄関側の二畳のほかに六間あった。敷地内には土蔵もあったというから、借家といってもかなり大きな部類に入る。春子も「私ども夫婦と母との三人暮らしとしては広すぎるほどでした」と回想している。

夫が出かけるとき、良家の子女として厳しいしつけを受けた春子は、三つ指をついて送りだした。また、襖や障子をあけるときは、必ず両膝をついてから両手であけた。

麻布区芝北新門前町の新居から、春子の両親が住む芝区三田綱町まではわずかに四百メートルほどしか離れていなかった。斎藤は毎朝、海軍参謀部に出勤する途中、仁礼家に立ち寄り、律義に挨拶していった。

夫を送りだした新妻が困ったのは、義母の方言だった。東京で生まれ育った春子は、標準語とされた東京の山の手言葉を話していた。もちろん、父母が話す薩摩弁も理解できた。だが、水沢弁は異質の言葉だった。

「春子さん」

と呼ばれて返事をするのはいいのだが、それから先が聞きとれない。

帰宅した斎藤に〝通訳〟してもらってから、「ああ、そういう意味だったのね」と初めて納得するという具合であった。

食事にしても、小食の春子に対して、菊治はおなかがいっぱいになるまで食べた。料理の味付けや食べる好みも違った。食習慣だけでなく作法の違いもまた、春子をとまどわせた。

斎藤は早い時間に帰宅すると、母と一緒に晩酌するのを楽しみにしていた。

二人が水沢弁で楽しそうにしゃべっていると、つい距離を感じてしまう。もっとも、斎藤はすぐに気をつかって、たわいもない話をしていることを説明して安心させた。

新婚早々、海軍の飲み仲間が祝福と称して訪れたことがあった。仁礼家にいたときから、海軍の関係者がひっきりなしに訪れていたから、別に驚くことではなかったが、いつまでたっても帰ろうとせず、かといって泊まろうともしない。

気がつくと、朝になっていた。あわてて居間にいくと、二人はまだ杯を交わしていた。さすがの春子もこれにはあっけにとられた。

新婚のころ、斎藤は妻を呼び捨てにすることができなかった。「お春さん」とか「お春」とか、つい遠慮してしまうのである。

「いいんですのよ。そんなふうに〈お〉をつけなくても。自然に呼んでください」

そういわれて、斎藤は照れてこまった。

斎藤の結婚を電撃的に受けとめたのは、日本を離れていた海軍兵学校の同期生たちだった。しかも相手は、子爵でもある仁礼中将の一人娘である。なかには「してやられた」という気持ちを抱いた同期生もいた。

二人の門出を祝う賀状は、三十通ほど残されている。なかでも香港にいた坂本俊篤からの手紙は、簡潔な文面ながらその驚きぶりが読みとれる。

賀状の日付は三月二十八日、斎藤が九州沿海の演習地に出張した日であった。演習を終えて帰京した五月二十日以降、春子から手渡されたものであろう。

「坂本さんって、おもしろいお方ですね」

春子は口をすぼめて笑う。意味がわからなかった斎藤も、手紙に目を通すなり高笑いした。

文面は、「来月二日当地出発就帰途候　留守中ノ三珍　地震　解散　兄ノ結婚」と三行にわけて綴られていただけだった。

「来月二日に香港を発ち、帰国の途に就く、か。それにしても、俺たちの結婚が地震、国会解散と並ぶ三珍とはな。おそれいった」

地震とは前年十月二十八日、美濃・尾張地方を襲い、潰滅的な被害をもたらした大地震を意味し、解散とは十二月二十六日の第二議会における初の衆議院解散をさす。解散の引き金となったのは、海軍予算をめぐる閣内の軋轢《あつれき》だった。

斎藤が結婚したのは、目前に迫った総選挙（二月十五日）を前に、政府による選挙大干渉がくりひろげられ、高知県など各地で流血の騒ぎが起きていた時期にあたる。

選挙後、政府干渉の責任をとるかたちで、火付け役となった品川弥二郎内相が三月十一日に辞任、五月二日には波乱含みのまま、第三回特別議会が召集されていた。

政府の選挙干渉をめぐって国会が紛糾するなか、斎藤は六月三日、海軍参謀部の職を解かれ、高雄の副長心得となった。

ほぼ十一ヵ月ぶりに陸から海にもどった斎藤は、本来なら水を得た魚《うお》のように職務に専念できたはずだが、なにしろ結婚して四ヵ月しか経っていない。新婚早々の転勤にまごついた。

「どうぞ、家のことは心配なさらず、存分に働いてくださいませ。軍人の妻となった以上、めったに会えないことは承知しております」

そのようにやさしく送りだされた。

斎藤は「さすがは、仁礼中将の娘。すべてわきまえている」と感心したものの、航海の間、家には言葉の通じない嫁と姑しか残らない。お手伝いと人力車夫を一人ずつ雇い入れてはいたが、二人の話相手になるとは思われない。

念願の艦上勤務となったのに、ともすれば新妻の顔がちらついてこまった。

斎藤が品川にもどったのは七月二十六日のことだった。

翌日、樺山海相、高島陸相が辞表を提出し、政局は急変を告げた。七月三十日には松方首相が辞表を奉呈し、選挙干渉問題で揺れ動いていた松方内閣は倒壊した。

八月八日、第二次伊藤内閣が成立し、海軍大臣に仁礼景範が就任した。斎藤と春子が結婚してから半年後のことである。

「斎藤、貴様は運のいい男だな」

そんなふうにいって羨望《せんぼう》する同僚もいたが、斎藤はやはり泰然としていた。

第二次伊藤内閣では、山県有朋（司法）、黒田清隆（逓信）、井上馨（内務）、大山巌（陸軍）、後藤象二郎（農商務）、河野敏鎌（文部）など藩閥の領袖《りょうしゅう》が一同に会し、元勲内閣と呼ばれた。また、陸奥宗光が外務大臣となり不平等条約改正の交渉にとりくむことになる。

仁礼海相は、斎藤が参謀部勤務時代に作成した答申を参考に造艦計画を立案する。

斎藤が高雄副長として海上にあった十一月三十日未明、フランスから回航してきた千島が、瀬戸内海で英国商船ラベンナ号と激突し、乗員七十四人とともに沈没する事故が発生した。

政府はラベンナ号を所有していたピー・オー会社に対し、八十五万ドルの損害賠償請求訴訟を横浜の英国領事裁判所に提訴した。これに対し、ピー・オー会社は千島に責任があるとして十万ドル請求の反訴を行った。

「両国の関係にひびが入らないといいが……」

斎藤は訴訟の行方を気にかけながらも、海上から推移を見守るしかなかった。

明治二十六年（一八九三）が明けた。

松方内閣崩壊の原因となった軍艦新造費は、第四回議会でも猛反対を受け、伊藤内閣は窮地に立たされた。が、停会中の二月十日、天皇は詔勅を下し、一転して予算案は可決された。

議会が閉会すると、政府は詔勅にもとづき臨時行政事務取調委員会を設置し、海軍改革や官吏削減、一割の減俸といった作業に着手した。

三月十一日、仁礼は減俸などの責任を痛感し、西郷従道に海相の椅子を譲った。

「さすがは仁礼どのだ。あれだけの大役をこなしていながら、いさぎよく退くとは」

斎藤は引き際の良さに感服した。春子も安堵の表情を浮かべた。

五月十九日、海軍改革の一環として海軍参謀部が廃止され、海軍司令部が置かれた。

斎藤は六月以降、朝鮮やウラジオストク、樺太、択捉、色丹などを回航し、十一月中旬に横須賀に着く。十二月四日、海軍少佐へと昇進し、海軍省人事課兼軍務局の課僚となった。

翌二十七年（一八九四）三月三十日、斎藤は、難航していた軍艦千島の訴訟事務取扱を命じられた。日本側は一審で勝訴したものの、二審にあたる英国上等裁判所で敗訴していた。斎藤が担当したとき、さらに英国枢密院への上訴の許可を得ていた時期にあたっていた。

斎藤は、さっそく日本側に有利に働くよう争点を洗い出した。斎藤がかかわったのは三ヵ月と短かったが、同訴訟問題は最終的に明治二十八年七月、英国枢密院が日本側に有利な判決を出したことから、一気に示談が成立して落着することになる。

# 第三章――日清戦争

## 東郷平八郎と仁川へ

日清両国は朝鮮半島をめぐって一触即発の状態にあった。

直接的な原因となったのは、東学党の乱（甲午《こうご》農民戦争）である。東学党は、西学である天主教（カトリック）に対抗し、十九世紀初めに生まれた新興宗教であったが、日本人と西洋人を退ける攘夷《じょうい》論を掲げ、過激な行動をとるようになった。

この年（明治二十七年）五月、全羅道の東学党が朝鮮全土を席巻《せっけん》するようになると、閔氏《びんし》政権は袁世凱《えんせいがい》に援軍を求めた。最初はしぶった清国だったが、最終的に出兵を決意した。

これに呼応するように、日本政府は六月五日、陸海軍を統制する大本営を設置し、陸軍と海軍に出動準備を発令した。

ただちに広島の第五師団の一部を動員して混成旅団が編制され、大島圭介公使は横須賀から軍艦八重山に搭乗し、朝鮮半島へ向かった。

清兵は八日以降、牙山に上陸、日本兵は十二日以降、仁川に上陸し、両軍は睨みあうかたちになった。

六月二十二日午後九時五十五分、斎藤實少佐は外務省の加藤増雄、陸軍大尉の青木宣純とともに新橋を発った。一行は神戸で山陽鉄道に乗り換え、二十四日に広島に着いた。

斎藤はその足で宇品港に至り、住ノ江丸で出港した。このとき住ノ江丸だけでなく、熊本丸、酒田丸など八隻の運送船が船団を組み、下関をめざしていた。

翌朝、輸送船団は下関と目と鼻の先の六連島《むつれじま》沖に集合を終えた。

斎藤は端艇《たんてい》（ボート）で、軍艦浪速に乗り移り、すぐさま艦長に対面した。

「軍務局員の斎藤であります。西郷海相より内訓を受け、命令伝達使としてまいりました」

「ごくろうであったな。私が艦長の東郷だ。さっそく、大臣命令を聞こう」

浪速艦長は東郷平八郎大佐であった。東郷はこの年四月に呉鎮守府海兵団長に補されたのち、六月八日付で二度目となる浪速艦長に任ぜられていた。

東郷は斎藤から命令の大要を聞くと、静かにうなずいた。

「いよいよ。決戦か……」

浪速の使命は八隻の運送船を護衛し、ぶじ京城（現・ソウル）に近い仁川港まで航行させることにあった。斎藤は、仁川にいる警備艦や将校への訓令を伝える使命も帯びている。

六月二十五日、浪速を先頭に八隻の運送船が六連島沖を発した。

斎藤はこれまでにも何度か、朝鮮への回航を行っている。だが、今度は違った。いつ戦端が開かれ、実弾が飛んでくるかわからない。

輸送船団は六月二十七日、仁川に着いた。

仁川港には、武蔵、八重島の日本軍艦のほか、フランス、アメリカ、ドイツ、ロシアの船舶も錨をおろし、両国の動きを固唾《かたず》を呑んで見守っていた。さっそく輸送船に乗っていた混成旅団の部隊が上陸を開始した。

斎藤は領事館に赴き、京城の情勢を至急電で伝えるように指示し、陸軍将校と非常通信の方法を協議したうえ、同じ内容を八重島艦長にも通達した。

大臣命令の伝達や情報収集を済ませた斎藤は六月二十九日、浪速に乗り込み、仁川を離れた。午前十時、前方に清国の軍艦鎮遠、平遠を発見した。艦内に緊張が走った。

「戦闘部署につけ！」

東郷艦長は戦闘配置につかせたうえで、礼砲を放った。それに応えて清国側も礼砲を返した。戦闘は回避され、両国の軍艦は何ごともないようにすれちがった。

「あれを見ろ」

「おう、大島ではないか」

通り過ぎた清国軍艦の後方を、日本の軍艦大島が追跡しているのが見えた。

鎮遠艦は七千トン以上、平遠艦は二千トン以上の巨艦だったが、大島はわずか六百四十トンに過ぎない。牙山で清国の動きを偵察していた大島は、二艦が出港するなり、追尾していたのだった。

「さすがは、日本帝国海軍だ」

乗組員の声が弾み、一気に士気があがった。しばし、手旗信号で牙山の状況などを聞きだしたのち、仁川に向かう大島に別れを告げた。

## 高陞号《こうしょうごう》事件の審理を行う

日本政府は七月十六日、治外法権の撤廃を盛りこんだ「日英通商航海条約」（新通商条約）の調印にこぎつけた。ロシアとイギリスは極東政策をめぐって確執があり、朝鮮でもまた、ロシアと親密な閔氏と大院君の一派が政権争いを展開していた。

イギリスの後ろ盾を得た日本は、その余勢をかって七月二十三日、大院君を担ぎだしてクーデターを起こし、閔氏一派を追いだして新政権を樹立させた。

二十五日朝、佐世保から仁川に向かっていた浪速、秋津洲《あきつしま》、吉野の艦隊が、豊島沖で増援兵輸送の護衛に向かう済遠、広乙の北洋艦隊の一部と遭遇した。日本側の発砲によって交戦となり、日清戦争の口火が切って落とされた。

豊島沖の海戦は、日本軍の勝利となった。

が、東郷平八郎艦長の浪速が清国兵士千二百人を乗せたイギリス商船の高陞号《こうしょうごう》を撃沈してしまった。この報を聞いて、伊藤博文首相は狼狽《ろうばい》した。

「とんだことをしてくれたものだ」

イギリスとの友好関係に亀裂が入れば、清国との戦争もおぼつかなくなる。伊藤首相が頭を抱えるのもむりはなかった。

政府は事実関係を調査するため、急遽《きゅうきょ》、高陞号船長らが移送されてきた佐世保で査問会を開くことし、その人選を行った。

七月二十九日、閣議からもどった西郷海相は斎藤を呼び、事情を説明した。

「……というわけで、法制局長官の末松謙澄と君を佐世保に派遣することが決まった。詳しいことは、外務大臣から聞いてくれ」

斎藤は陸奥宗光外相の部屋に赴いた。陸奥は具合が悪く、氷で頭を冷しながら横になっていた。

ワシントン在勤のときから懇意だった斎藤は忌憚《きたん》のない意見を述べた。

「その後の報告で、国際公法には何ら遺憾《いかん》の点はなかったことがわかっております。わざわざ私がいく必要はないと思いますが」

陸奥はしかめ面をする。

「とにかく閣議で決まったことだから、行ってくれ。末松ももうすぐくるはずだから」

斎藤と陸奥が遠慮なく話をしているところに、外務次官の林董《はやしただす》がやってきた。二人の関係を知らない林は、旧友のように親しげに話しこんでいる姿に驚いた。

「どうした」

陸奥が訊《き》いた。

「実は、宣戦布告をどのようにしてやったらいいのか、意見をうかがおうかと」

「わかった。用件を済ませてから聞こう」

末松がやってきた。

「お、きたか。さっそくだが、斎藤と一緒に佐世保にいってくれ」

戦局が気になる斎藤は、こんなときに出張するのは本意ではなかった。

「末松さんだけでじゅうぶん、私はいかなくてもよろしいでしょう」

「いや、僕にはいっこう見当がつかないから、ぜひいってもらわないと困ります」

末松は少々むきになっていた。

「まぁ、とにかく行ってくれ」

陸奥は痺《しび》れがきれたように声高にいった。結局、斎藤と末松、法制局参事官の斯波淳六郎の三人で、その日のうちに出発した。

朝鮮では、仁川から進軍していた日本軍が、成歓と牙山の清国軍に対し、明け方から攻撃を開始していた。勝敗は二時間ほどで決し、清国軍は敗走した。

この勝利の報は、たちまち日本に届けられた。最初の戦闘は四日前の豊島沖海戦だったが、国民には陸軍の戦勝の方が先に伝えられたのである。

勝利に狂喜する民衆の姿は、車中からも見受けられた。

「それにしても、まったく、海軍はむちゃなことを平気でやる。国際公法を無視しては、文明国の一員になることなどできない。それも知らずに」

末松は陸軍を買っているのか、毒づくようにいった。なおも執拗に、浪速の東郷艦長が高陞号を撃沈したのは海軍の失態ときめつけてなじった。温厚な斎藤もさすがにむっとした。

「すべては審理してからです」

語気を強めていった。末松は仏頂面になり、返事もしなかった。

当時はまだ、尾道までしか汽車が走っていなかった。尾道から先は船で門司へと渡り、門司から佐賀まで汽車、佐賀からは人力車で佐世保へ向かった。

佐世保に着いた斎藤は、高陞号のトーマス・ライダル・カルス・ウォルスェー船長や救助した乗組員を移送してきた八重山艦長らから事情聴取した。

斎藤は情景を思い描きながら概要をまとめた。

七月二十五日朝、牙山に向かっていた高陞号は、豊島沖で日本艦隊と清国艦隊の交戦にでくわした。清国の済遠と広乙の二艦は大損傷を受けたため、高陞号は頼みの綱を失った。高陞号を発見した浪速は、信号をもって進行停止を求めた。高陞号船長は随行を承諾したが、清国将官はこれを許さず、再度の警告にもかかわらず従わなかった。

高陞号は、明治十六年(一八八三)に建造された運送船で、ロンドンにあるインドシナ汽船会社代理店ジャーディン・マディソン・カンパニーが所有していたが、このときは清国政府の傭船《ようせん》となっていた。

東郷艦長は、清国の援軍を牙山に上陸させては日本軍の存亡にかかわると判断し、イギリス国旗を掲げてはいたが、あえて攻撃を命じた。

高陞号が沈没したのちボートを出し、船長ら三人の外国乗組員を救助したが、約千二百人の清兵のほとんどは船とともに海中に没し、捕虜になるのを拒んだ兵士たちは蔚島《ウルド》へ向かって泳いだ。蔚島へたどり着いたのは、ドイツ人顧問のハイネッケン少佐など百四十七人にすぎなかった。

斎藤は得意の英語で高陞号の船長らから日本に有利な証言を導きだした。また、関係者に対する審問の結果からも国際法上、特に問題はないと判断された。

「ほう、浪速には落ち度はなかったのか。それはなにより」

東郷艦長の処置に誤りがなかったと知って喜んだのは、それまで海軍をあしざまにけなしていた末松だった。

一行が帰京したのは、宣戦布告から八日後の八月九日だった。

翌日には末松法制局長官の名で、陸奥外相に事件報告書を提出した。幸いイギリス政府はそれ以上責任を追及しなかったため、懸念されたような外交問題に発展することはなかった。

## 大本営での侍従武官

出鼻をくじかれた清国は、態勢を立て直すために平壌に兵力を結集させた。

日本側は、野津道貫中将率いる第五師団と、桂太郎中将率いる第三師団を中心に第一軍を編制、枢密院議長の山県有朋が司令官に任命された。

第一軍は九月八日、広島の宇品港から仁川へ向けて出征した。

これに歩調を合わせるように、同日、「大本営の広島進駐」が発表された。当時、広島は日本を代表する軍事拠点となっていた。江田島《えたじま》には、明治二十一年（一八八八）八月に東京から移転した海軍兵学校があり、呉には翌年七月、佐世保とともに開庁した呉鎮守府があった。

呉軍港では、朝鮮半島との間を往来する艦船がひっきりなしに出入りしていたほか、呉鎮守府の所轄だった宇品港は、陸軍の将兵を戦地に送ったり、前線で負傷した兵士を運び入れる輸送船の発着港になっていた。

大本営の広島進駐を進言したのは、伊藤首相だったという。

その前日のことである。斎藤は信じがたい思いで辞令を手にしていた。

「私のようなものが、侍従武官に抜擢されるとは……。あまりにも畏れ多い」

侍従武官とは天皇陛下の傍らで奉仕する将校を指す。清国との戦争という一大事により、このとき初めて置かれることになった。当初は戦時のみの制度だったが、明治二十九年（一八九六）に改めて設置され、昭和二十年（一九四五）に廃止されるまで存続する。

侍従武官に任じられたのは、陸軍から武官長を含め三人、海軍からは斎藤少佐と川島令次郎大

尉の二人だった。斎藤は三十五歳、少々のことでは動じなかったが、天皇陛下の傍で仕える大任とあって身が縮む思いだった
「春、こうなった以上、一身を捧げてお仕えするつもりだ。万が一のことを考え、しばらく実家に身を寄せてほしい。母にも水沢で暮らしてもらうことにする」

「わかりました。どうぞ、心おきなく職務をまっとうしてくださいませ」

春子はうなずいた。日本は未曾有《みぞう》の戦争を体験している。そのことを知っているだけに、これまで見たこともないほど緊張した表情だった。

この年（明治二十七年）、斎藤一家は麻布龍土町の借家に転居したばかりだった。引っ越しの手続きを済ますと、斎藤は九月十三日、陛下に供奉して東京を出立した。

天皇陛下は十五日、広島城の第五師団司令部に置かれた「広島大本営」に到着した。


そのころ平壌では、未明から攻撃を開始した日本軍とこれを迎え討つ清国軍との間に激戦がくりひろげられていた。勝利した日本軍は九月十六日、平壌に無血入城した。

翌十七日、増援部隊を護衛中の清国北洋艦隊と、日本海軍の連合艦隊（七月十九日に編制）が黄海で遭遇、日清戦争の行方を決定づける大海戦が始まった。

この黄海海戦は、汽船による艦隊どうしの戦闘としては史上初めてのものであり、帆船時代に終止符を打つ歴史的な海戦となった。

連合艦隊（司令長官・伊東祐亨《すけゆき》中将）は、旗艦松島を筆頭に、本隊となる厳島、橋立、扶桑、千代田、比叡、赤城、西京丸と、第一遊撃隊の吉野、高千穂、秋津洲、浪速の十二隻計三万六千七百トン。これに対する清国の北洋艦隊（水師提督・丁汝昌）は、旗艦定遠をはじめ十四隻計三万四

千四百トンだった。

北洋艦隊は巨艦を擁していたため排水量では連合艦隊と拮抗《きっこう》していたが、速度では劣っていた。何より勝敗を分けたのは、火力と戦術の違いであった。清国は重砲では日本より上まわっていたが、小口径の速射砲では日本の六十七門に対し六門とあまりにも少なすぎた。

昼過ぎから始まった海戦では、スピードで勝る連合艦隊が終始単縦陣を敷きながら、単横陣で構えていた北洋艦隊に突撃し、速射砲の雨を浴びせた。

海戦は四時間以上にのぼり、経遠、致遠、超勇の三艦が相次いで撃沈、揚威、広甲は大破し、定遠、鎮遠、済遠も大損害を受けた。東洋の無敵艦隊として君臨していた北洋艦隊は、わずか半日で潰滅状態となり、旅順へと敗走した。

連合艦隊も損傷を受けたものの、一隻の沈没も出さずに済んだ。この勝利により黄海の制海権は日本が握った。

大本営に勝利の報が届いたのは、二日後の九月十九日深夜のことだった。

「いかがいたしましょう?」

電報を受け取った斎藤は、返答にこまった。

就寝中に天皇陛下を起こすことなど前例がない。しかし、今は事情が違う。一刻も早く知らせた方が陛下もお喜びになるに違いない。

広島大本営の建物は原爆で焼失したため、現存していない。文献によると、木造二階建ての質素な建物で、天皇の御座所は二階正面の部屋が充てられ、御湯殿や御召替所、軍議室も設けられていた。御座所は居間と寝室の区別がなく、就寝の時間がくると、侍従がベッドを出してしつらえたという。侍従長と侍従の詰所は二階の端にあった。

天皇陛下は、「斎藤、斎藤」と気軽に呼んで用件を申し付けたという。それだけ斎藤に全幅の信頼を置いていた。

「私からお伝えしよう」

斎藤は意を決し、御座所へと向かった。

戦勝の知らせを聞いた天皇はいたく感激され、将兵慰問使を特派することを決めた。

「斎藤、いってくれるな」

「はっ！　承りました」

斎藤は陸軍の中村覚中佐とともに、出征軍慰問使として連合艦隊へ遣わされることになり、九月二十二日、姫路丸で宇品港を出発した。途中、高陞号の沈没地点にさしかかったとき、檣《ほばしら》が波間に漂っているのが見えた。

二十五日、仁川に着いた斎藤は、連合艦隊が入港するという大同江へ向かい、二十八日、旗艦橋立において、連合艦隊司令長官の伊東祐亨中将に聖旨《せいし》を伝達した。

その後、十月二日まで各艦を巡視し、損傷の度合を検分したり、海戦の模様などを詳細に聞きとった。

明治二十八年（一八九五）が明けた。

一月十日、第二師団が宇品港から出発した。見送りにいった斎藤は、軍人としての一抹《いちまつ》の寂しさを感じながら大本営に帰った。

ある日、非番の斎藤のもとに、侍従武官で陸軍騎兵大尉の広幡忠朝（のちに貴族院の公爵議員）がやってきて、徹夜で呑み明かした。そのまま、大本営に出向いたが、あたりには酒の匂いが漂っていた。天皇は突然、二人に蹴毬《けまり》をするように命じた。

二人は一睡もしていない。毬を蹴るたびに酔いがもどってきて、足元がふらつき、ついには伸びてしまった。天皇はその様子を楽しそうに眺めるだけで、とがめるようなことはしなかった。その後も何度か、斎藤は御前で蹴毬をしている。

そんななか、一月十七日になって、伊藤総理をはじめ、前年九月から陸相を兼任していた西郷海相、陸奥外相、樺山資紀海軍参謀、川上操六陸軍参謀、病気により軍司令官を辞し監軍となっていた山県有朋ら七人による秘密御前会議が開かれた。

斎藤は、いよいよ戦争も終局にさしかかってきたことを知った。これを裏付けるように、二月二日、日本軍は威海衛を占領、十二日には北洋艦隊が降伏し、提督の丁汝昌は自決した。

斎藤は広島で奉仕していたあいだも、仁礼家にいる春子にこまめに手紙を出している。

春子も実家にじっとしていられなかったらしく、母の寿賀子とともに広島に赴き、約半年間、篤志看護婦として働いている。このとき春子が着用した看護服は、斎藤實記念館に保管されている。負傷兵の多くは輸送船で広島に運ばれてくる。斎藤も広島予備病院などを訪れ、平壌の戦いで負傷した将兵を見舞った。

二月二十日、斎藤はほぼ半年間にわたる侍従武官を免ぜられ、和泉副長を命じられた。

「これで、やっと前線に出られる」

新兵のように胸が騒いだ。

この日、下関で講和会議が始まった。

講和会議では、伊藤首相と陸奥外相が全権となり、天津からやってきた清国全権の李鴻章《りこうしょう》と交渉を行った。斎藤は広島を離れ、二十三日に横須賀に着いた。

翌日、李鴻章が講和会議の会場「春帆楼」から宿泊先に帰る途中、日本人に狙撃され顔面を負傷するという事件が発生した。外国からの非難を恐れた日本は、それまでのかたくなな態度を改め、停戦に向けて譲歩を試みる。

その間、斎藤は和泉の装備に追われていた。和泉は、明治十七年にイギリスで建造された鋼鉄巡洋艦（排水量約三千トン）で、チリ国がエスメラルダ号として使用していたものを、日本政府が前年十一月に購入したものであった。和泉は約一ヵ月間にわたる艦内装備や大砲発射などの試験のあと、三月二十一日に西海艦隊に編入され、清国出征を命じられた。

和泉は三十日、広島を初めて訪れた皇后陛下に敬意を表し、満艦飾で宇品に入港した。

斎藤は大本営に赴くと、天皇陛下に和泉の状況を奏上した。

この日、下関では清国との間で停戦条約が成立し、西海艦隊の作戦も中止になった。

四月十七日、日清講和条約（下関条約）が調印され、日本は遼東半島や台湾、台湾に接した澎湖島の割譲に加え、賠償金二億両を手に入れることになった。

だが、日本の威信を砕く外交問題がすぐに発生した。三国干渉である。ロシアはドイツ、フランスとともに、遼東半島を返還するように迫り、ロシアとの戦争に勝ち目がないと判断した日本はこれを受け入れた。

## 台湾で近衛師団を援護

日本にとっての難題は台湾だった。

台湾にすれば、日本への割譲はまさに寝耳に水だった。戦場にもなっていないのに、一夜明ければ清国から日本の領土になっている。そんな理不尽なことを承諾できるはずがなかった。

今度は、台湾での戦争が懸念された。

五月二十一日、斎藤は常備艦隊の参謀に補された。

斎藤は二十三日、宇品港に停泊していた常備艦隊の旗艦松島に乗り込んだ。当時の艦隊司令長官は有地品之允、参謀長は出羽重遠、司令官は東郷平八郎だった。

翌日、艦隊は台湾に向かって出征した。

台湾では五月二十五日、清朝を宗主国とし、唐景松を総統にした「台湾民主国」の設立が宣言された。これに対し、日本政府は樺山資紀大将を台湾総督に就けるとともに、抵抗の構えをみせる清国軍との戦闘に備え、北白川宮能久親王の率いる近衛師団を台湾に派遣した。

常備艦隊の役目は、その近衛師団を援護することにあった。

上陸作戦は二十九日に決行された。斎藤にとって、初めて体験する実戦であった。

近衛師団は破竹の勢いで進み、三日目には基隆《キールン》を占領した。

唐景松総統ら民主国の首脳は大陸に逃走し、日本軍は六月七日、台北に無血入城した。七月二十六日、旗艦が吉野に移され、これに伴って斎藤も転乗した。

清国軍の総崩れによって、台湾平定は順調に進むように思われた。

八月六日には台湾総督府条例も定められている。だが、今度は地元民によるゲリラ攻撃が激化した。事態を重くみた日本政府は、さらに支援部隊を送るが、日本兵はマラリアや食糧不足の追い打ちを受けて苦戦を強いられる。

十月二十二日、台南を占領した日本軍は、一応の平定を終えたとして引き揚げを開始する。

二十八日、吉野艦は、マラリアにかかり危篤《きとく》となった北白川親王近衛師団長を東京湾まで護衛することになり、台湾を離れた。しかし、北白川親王は同日のうちに逝去《せいきょ》していた。

その後も、台湾での抗日運動は続き、植民地政策が軌道に乗るのは、陸軍の児玉源太郎が台湾総督となり、斎藤と竹馬の友だった後藤新平が民政長官に就任してからである。のちに後藤は盛岡出身の新渡戸稲造《にとべいなぞう》を殖産局長として迎え、台湾統治に成果をあげる。

# 第四章——米西戦争

## 戦艦富士を回航する

台湾平定の作戦に加わった常備艦隊は一応の役目を終え、平常の勤務にもどった。

明治二十九年(一八九六)が明けた。

斎藤實は前年末から、芝区三田綱町にあった仁礼邸の一角に仮住いを構えていた。一時、水沢に帰省していた母菊治も上京し、春子とともに一家三人の生活が再開していた。

そんなおり、太平洋の彼方から訃報が届いた。

写真技術を修得するため渡米していた弟の省吾が四月五日、ハワイ島で死去したのである。三十歳(二十九歳八ヵ月)という若さだった。省吾の死因ははっきりしないが、島西端のコナ地方にあるコーヒー園で不慮の死を遂げたといわれる。實と同じように酒豪で、一説には酒をあおり、荒れた生活をしていたとも伝えられている。

「軍人の自分が、異国の地で死ぬのはわかる。あいつは軍人ではない。これからというときに、ハワイに死すとは、よくよく運のないやつだ」

斎藤はまたしても身内の死に目にあうことができなかった。

五月十一日、水沢で葬儀が執り行われ、斎藤は母、春子とともに参列した。

春子にとっては、初めて見る夫の故郷であった。そのとき春子は、よもや水沢が自分の臨終の地になるなどとは考えてもいなかった。

十月二十四日、斎藤は常備艦隊参謀の職を免ぜられ、戦艦富士の回航委員を命じられた。

戦艦富士は、イギリスのテームス・アイアンソークスで、八島とともに建造されていた甲鉄戦艦である。二艦の排水量はいずれも一万二千五百トン。それまで最大を誇っていた主力艦の松島や厳島、橋立とくらべると、一気に三倍近くもスケールアップしたことになる。この年三月に進水し、航海に必要な装備を行う艤装が進められていた。

釜山において常備艦隊旗艦の松島を退艦して帰京した斎藤は、十一月六日に内閣からイギリス出張、十一日には海軍省から富士艦副長を命じられた。

回航委員のうち、委員長の三浦功大尉らは先発隊として一足先に渡英しており、斎藤は副長として総勢二百三十人を引率することになった。

十二月五日午前九時、回航委員は汽車で新橋を発し、横浜に着いた。横浜には、一行を乗せる日本郵船の山口丸が停泊していた。

「それでは、ここで。お手紙を心待ちにしております」

見送りにきた春子は別れを惜しみながらも、きっぱりといった。

二人は海軍でも評判のおしどり夫婦として知られていた。春子の手記によると、この日午後三時頃に帰宅した彼女は、夫のぶじを祈願するため近くの神社を参拝してまわっている。

横浜を抜錨した山口丸は、香港、シンガポールへと寄港した。斎藤が香港に上陸するのは、筑波による練習航海で立ち寄って以来、十七年ぶりのことだった。

香港の発展ぶりに、斎藤は目を見張った。そのときの印象は、シンガポールから春子にあてた手紙で知ることができる。なかでも、ビクトリアピークの斜面を往来するケーブルカーには驚いたらしく、「傾斜鉄道を敷き針金をもって客車を上下させている」と表現している。

愛妻家の斎藤は春子のために、紀行文のように異国の様子を伝えている。

むろん、回航委員の職務を怠っていたわけではない。事務局長の山本権兵衛少将にも寄港地から数通の報告書を送っており、コロンボ港から発信した報告書には、シンガポールでの出来事として、マニラからやってきたスペインの輸送船についても触れている。

その輸送船には、病兵や多数の士官、およびその家族が乗っており、逃げるように本国に向かっていた。斎藤は現地人から説明を受けたが、「スペインはマニラで日本と戦争しつつある」といった、とんちんかんな答えしか返ってこなかった。

実際には、フィリピンでは革命武力闘争が起こっており、三百年以上に及んだスペイン統治に終わりを告げようとしていた。

明治三十年（一八九七）の元旦は、スリランカのコロンボで迎えた。

正月といえば、日本人には特別の思いがあるが、山口丸の船長や機関長など高級船員は外国人であったこともあり、元旦に関係なく、早朝のうちにスエズへ向けて出港した。

これに怒ったのは、山口丸の火夫や、鎌倉丸に乗り込んでいた回航員だった。同船には、やはりイギリスで造船中の郵船会社汽船鎌倉丸を日本に運ぶための船員たちが乗り合わせていた。彼らは酔った勢いで外国人の高級船員にくってかかり、その騒ぎは翌日になってさらにひどくなった。ついには外国人船員が負傷しただけでなく、機関室が破壊されだした。

「こうなっては、仕方あるまいな」

それまで寛大に見守っていた斎藤は、これ以上の騒ぎは航海にさしつかえると判断し、狼藉《ろうぜき》を働いた者たちを取り押さえさせた。

山口丸はスエズ運河を経て、一月十四日、ポートサイドを出港した。斎藤は出発に先立ち、山本軍務局長にこの暴動に関した報告書を送っている。

一月三十日、ロンドンに着いた一行は先発委員の出迎えを受けると、その足でヴィクトリア・ドックの富士を巡視した。まわりから嘆息がもれた。

「まさに、富士の山だ！」

一行はガワー街八十番に下宿し、回航に必要なものを取り揃えて富士の艦内に移した。

ある土曜の午後、ドックにいる富士に散歩姿の紳士が訪ねてきた。紳士はドウグラスと名乗った。斎藤は名前を聞くなり、粛然となった。

「海軍兵学校の大恩人、ドウグラス提督だ。すぐにお通ししろ」

ドウグラスは明治六年七月、斎藤が海軍兵学校に入学する三ヵ月前に、英国人教官のリーダーとして赴任した。当時は少佐だった。

「ドウグラス閣下、おひさしぶりです」

「サイトーか。こんなに立派になって。目を見張ったぞ」

二十四年ぶりの再会に、二人は感極まり、肩を抱きあった。斎藤は得意の英語で日本海軍の発展ぶりを語った。歓待されたドウグラスは、まだ夢心地だった。

「諸君が、このような一万数千トンの軍艦を回航するために、はるばるここ、イギリスまでやってくるとは……。あの頃は夢想さえしなかった」

たくましく成長した教え子を前に、ドウグラス提督は感涙にむせんでいた。

またある日、八十歳を過ぎたと思われる古老がやってきた。応対した野間口兼雄大尉は、半信半疑の顔で斎藤に訊いた。

「イーストウッドとおっしゃる方がお見えになっていますが、ご存じでしょうか?」

即座に斎藤は答えた。

「ああ、その方は、我々があだ名で東森さん、東森さんと呼んでいた准士官だよ」

野間口は斎藤の記憶の良さに驚いた。さらに、ドウグラスと流暢な英語で昔話に花を咲かせる斎藤の姿に接し、胸が熱くなった。

野間口はのちに、斎藤の人柄について次のように回想している。

「若い士官が上陸を願うとき、その許可を受けに副長のところにいくと、たいていの副長は『うん』といって首を縦に振るくらいで許可になるが、斎藤さんは必ず『どうぞ』という挨拶をされる。軍艦旗掲揚の五分前とか、軍事点検五分前とかいうときには、副直士官が副長へ『五分前です』と報告することになっているが、普通は『ハイ』というところを、斎藤さんは必ず『ありがとう』という挨拶をしておられた。私が仕えたどの副長にもこういうことはなかった」

三月に入ると、富士は艤装を終え、テムズ河畔のヴィクトリア・ドックを離れて試運転に入った。二十日には、加藤高明駐英公使(のち首相)が試運転に立ち合っている。

試運転を終えると、下流にあるチルバリー・ドックに移り、仕上げ工事が進められた。

この間、三月三十日には、ヨーク公（のちのジョージ五世）の拝謁があり、四月七日から二日間にわたり、イギリス紳士淑女、陸海軍の将校、在留日本人を招いて艦内公開が開かれた。

このとき、石川五右衛門の芝居など、「バラエティ・エンターティメント」と銘打った余興が、芸達者な乗組員によってくりひろげられ、やんやの喝采を浴びた。

富士での「アット・ホーム」ぶりは、ロンドン中の新聞に掲載され、ちょっとした日本ブームを巻き起こすことになった。

四月十九日に行われた一般公開では、一万五千人もの見学者が訪れる盛況ぶりで、一躍、富士はロンドンの話題をさらった。艦長や士官はロンドン市長夫妻の午餐にも招かれた。メトロポール・ホテルで開かれた日本人協会の晩餐会では、斎藤が来賓代表のスピーチをしている。

六月二十六日、イギリス艦隊大観艦式がポーツマス港近くのスピットヘッドで挙行された。観艦式には外国の軍艦も招待されており、日本の富士をはじめアメリカ、ロシア、フランス、ドイツ、イタリアなど十四ヵ国の代表十四隻が参列することになった。

「まだ、ドックでの大砲工事が終わっておりません。いかがいたしましょう？」

「工事を続けながら、参列するしかあるまい」

幕僚の報告を受けた斎藤は当然のようにいった。斎藤の機転により、ひき続き八十人ほどのエンジニアたちを艦内に寝泊りさせて工事を続行した。

富士はイタリア戦艦レパント（一万五千九百トン）には及ばなかったものの、精鋭艦として外国軍艦のなかでもひときわ目をひいた。

だが、斎藤は日本海軍の現実を鏡に映されたような気分だった。

「イギリス海軍は、一等・二等戦闘艦だけで二十隻。総数は実に百六十五隻。それとて、海峡艦隊と予備艦隊の集合に過ぎない。地中海をはじめ、世界各地の警備艦隊は一隻も参列していないのだからな。日本海軍は清国海軍を破ったといえ、世界のなかでは、まだまだヒヨッコだ」

そのように痛感した。

歴史的な観艦式に参加した富士は八月十七日、すべての工事を終えた。

斎藤率いる後発隊がイギリスに着いてから、はや半年が過ぎていた。この間、斎藤はポーツマスでもポートランドでも、忙しい合間を縫って春子への手紙をしたためている。

「いよいよスエズだ」

乗組員は合言葉のようにスエズを口にした。

従来通り、アフリカ南端の喜望峰を回るコースをとったのでは、経費や日程がかさむ。スエズ運河を経て日本に向かうのは当初からの計画ではあったが、これまで通過した巨艦としてはイギリスのアガメムノンやセンチュリオン、ロシアのリューリック（のちに日露戦争で撃沈）、ニコライ一世（日露戦争後、日本海軍の手にわたり壱岐と改称）など、いずれも一万一千トンに満たないものばかりで、富士クラスが通過した前例はなかった。

山本権兵衛軍務局長はその成功を危ぶんだが、回航委員長の三浦功大佐が加藤公使に依頼して運河会社への照会を行い、通行可能なことがわかった。

斎藤もまた、山口丸でスエズを通過した際、運河は改良されていて富士でも支障がないことを、ポートサイドから報告している。

処女航海の富士はジブラルタル海峡から地中海に入り、九月三日にポートサイドに着いた。

翌四日午前五時半、水先案内人や運河会社副頭スミスを乗せた富士は、曳船《えいせん》に曳航《えいこう》されながら四ないしは五ノットの微速力で進んだ。念には念を入れ、砲弾の積む位置まで計算したほか、首尾のバランスを保つために、前部のバラスト・タンクに約三十トンの水を入れていた。

富士は運河の中ほどにあたるイスメリヤで停泊したのち、九月五日午後三時、ぶじにスエズに到着。当時の新記録を樹立し、航海史のエポックを飾った。

富士はアデン、コロンボ、シンガポール、香港を経て、十月三十一日、横須賀港にたどり着いた。横須賀には母菊治と春子が迎えにきていた。

十一月二十六日、斎藤は天皇陛下に拝謁し、富士の写真二十二枚を献上した。

## 秋津洲《あきつしま》艦長としてマニラへ

富士の回航を終えた斎藤實は十二月一日、海軍中佐に任ぜられ、一ヵ月も経たない二十七日には大佐へと昇進した。これは官制改正に伴う特別措置で、少佐が長かったことからその期間を通算し、大佐へと駆けあがったのだった。

同時に、秋津洲《あきつしま》艦長を命ぜられた。初の艦長である。

明治三十一年（一八九八）を迎えた。

新年の挨拶を済ませた斎藤は、五日には横須賀へ赴き、富士から秋津洲へと移った。

秋津洲は、日清戦争のために生まれたような巡洋艦（約三千百五十トン）だった。横須賀造船所で竣功した四ヵ月後には、吉野、浪速の二艦とともに豊島沖海戦で奮戦し、黄海海戦でも活躍した。台湾征討では、斎藤が参謀として乗り込んだ松島と共同作戦をとっている。

三月下旬、横須賀から神戸に着くなり、斎藤は、伊豆諸島で難破した漁船幸亭丸、栄徳丸の船員を救助する命令を受けた。鳥島に急行した秋津洲は船員を収容し、小笠原諸島の父島を経由して横須賀にもどった。

秋津洲艦長としての最初の任務が人命救助、というのは、いかにも人間味あふれた斎藤にふさわしい逸話である。

四月に入ると、キューバの覇権をめぐって衝突していたアメリカとスペインは、ついに砲火を交え、戦闘はフィリピン諸島にも波及した。

米西戦争である。この戦争はスペインの植民地を舞台としたものだったが、世界の勢力地図を塗り替える象徴的な戦争となる。

早くから両国の関係悪化を知っていた斎藤は、戦争が始まる前に現地に着きたいと願い、待機先の佐世保で準備を整えていた。四月三十日、在留保護のために、松島、浪速、秋津洲の三艦が南方へ派遣されることになった。

だが、五月一日には、アメリカ東洋艦隊がマニラ湾に攻め入り、スペイン艦隊を潰滅状態に陥れた。斎藤は翌日夜、この報に接した。

「やはり、スペインは敗れたか。これをきっかけに、アメリカは世界のリーダー格へとのしあがっていくことだろう。それにしても、もう少し早く出航命令が出ていれば……」

植民地支配の実権を争うスペインとアメリカの戦いは、日本海軍にとっても格好の研究材料になるはずである。それだけに、斎藤は一刻も早く現地へと駆けつけたかった。

五月三日午後三時、斎藤は常備艦隊の司令官、河原要一少将から訓示を受けた。

「秋津洲はマニラ、浪速は香港、松島は澎湖島へ向かうように」

斎藤は内心しめたとほくそ笑んだ。

「よし、わが艦が一番乗りだ」

午後六時、秋津洲ら三艦は佐世保を発した。三艦はそれぞれの目的地に到着したあとは、一定の期間を置いて交互にマニラ付近を警護することになった。

二艦と別れた秋津洲は南下を続け、途中、便乗していた神戸の写真技師によって記念撮影をした。八日には、酷暑が厳しくなったため総員白服に着替えた。この日はまた、スペイン国旗を掲げたスクーナー（西洋式帆船）四隻を見かけている。


五月九日午前、スービック湾からバターン半島沖を通航していたところで、海戦の名残《なごり》をとどめるマストなどが浮遊しているのを発見した。その日の午後、マニラ湾口にさしかかった秋津洲は、とりあえず情報収集のため、コレヒドール島と目と鼻の先のマリヴェレスに入港した。

斎藤にもたらされた情報は、意外なものだった。

「マニラ市街とコレヒドール島は、今なおスペイン側の手中にある……だと。マニラはまだ、完全にはアメリカ軍に掌握されていないのか」

海戦は終わったものの、陸上では両軍の睨みあいが続いていた。

「今夜は非常警戒で臨むように」

斎藤はただちに命令を発した。

秋津洲は不気味に静まり返った南国の港で、身を潜めるようにじっと朝を待った。

十日、秋津洲は警戒態勢をとったまま、マニラ湾へと入っていった。

湾内には米国艦隊の旗艦オリンピアをはじめ、ボルティモア、ボストンといった五千トン級の巡洋艦などが停泊していた。アメリカの艦隊以外にも、フランスやイギリス、ドイツなどの軍艦が確認できた。

斎藤はさっそく艦長としてそれぞれの軍艦を表敬訪問することにした。アメリカ艦隊はカヴィーテに集結していたため、小蒸汽船でオリンピアまで赴き、司令官ジョージ・デュウェー少将に面会し、日本海軍の意図は在留邦人の保護であると説明した。

翌十一日には、スペイン艦隊の司令長官を訪問し、同様に在留邦人保護の協力を仰いだうえ、十二日にはスペイン側の臨時野戦病院を見舞った。

日本領事館で昼食をとった斎藤は、領事からマニラにおける日本人の居留民は数十人と意外に少ないことを知らされ、安堵した。

五月十八日午前、国籍不明の軍艦が近づいているとの情報が入ってきた。

秋津洲に緊張が走った。

「全員、戦闘配備につけ！」

斎藤は命じた。正午になり、湾口に黒煙が見えた。アメリカのボストンは直ちに抜錨し、迎撃の態勢で湾を突っきった。

やがて、その軍艦は浪速であることがわかった。

浪速は秋津洲と任務を交替するために、五月十三日に香港を発ってきたのだった。浪速はカヴィーテ沖で礼砲を発し、午後四時前、マニラ沖に投錨した。

斎藤は浪速に出向き、情勢の推移を報告した。

いったん、マニラ市内に赴いた斎藤は、スペイン艦隊司令長官や市長、知事に告別の名刺を置くと、士官を連れて和泉屋で写真を撮った。

各国領事や各艦長から郵便物や手荷物を託された秋津洲は二十一日朝、二週間近く滞在したマニラを離れ、三日後、香港に着いた。

ただし、香港には二日間滞在しただけでマニラへひき返した。二十九日午前、マニラに入港するなり、斎藤は浪速艦長と打ち合わせを済ませ、夕刻には慌《あわただ》しく台湾方面へと向かった。

六月一日、秋津洲は台湾近くにある澎湖島の馬公港に入った。その後、福州を往復したのち、馬公でさらに一週間ほど停泊した。


秋津洲が三度目にマニラに着いたのは、六月二十四日のことだった。前回までの静寂は一変し、近郊からは砲声がやまない。

「ついに、総攻撃が始まったのか」

砲声の聞こえる方角に目を凝らした。その砲声は、アメリカ軍とスペイン軍との戦闘ではなく、スペインとフィリピン革命軍との間に交わされていたものだった。

米西戦争が勃発する前までは、アギナルド率いる革命軍がスペイン軍と果敢に戦っていた。アメリカ軍は、革命軍を支援することで膠着《こうちゃく》状態を打開しようとした。

勢いを得た革命軍は優勢のうちに戦闘を展開し、六月十二日には、「独立宣言」を発した。斎藤がマニラに着いたのは、それから十二日後のことで、激戦の最中だった。

港には、避難してきたスペイン商船数隻が、欧米各国の軍艦に取り囲まれるようにして、日章旗など第三国の国旗を掲げて留まっていた。

七月十一日夕刻、ドイツ艦隊の先任参謀ヒンツェが来艦した。

ヒンツェは斎藤に会うなり、鋭い口調でいった。

「交戦国軍艦が中立国軍艦に対して臨検を行うことは不可と信じるが、アメリカ艦隊はドイツ艦の入港に際してこれを行った。貴艦の入港に際しても同様の行為があったものと思われるが、これに対するご意見をうかがいたい。同意するのであれば、この覚書に署名をお願いしたい」

斎藤はさしだされた英文の書面に目を通した。

その趣旨は、「中立国の軍艦の入港に際し、交戦国の軍艦が臨検を行うのは国際公法に反する行為と認め、抗議する」というものだった。

アメリカとドイツの不仲を知っていた斎藤は即答を避け、翌十二日朝、ドイツ旗艦カイゼルを訪れた。司令長官のディートリッヒは上陸して不在だったため、参謀ヒンツェに面会した。

斎藤は書面での回答を拒絶し、口頭で日本海軍としての立場を表明した。

「中立国の軍艦および公用船舶は、商船と同じく臨検捜査を受けるものではないことは、もとより異論はありませんが、現在のマニラ港湾のように、武力占領直後、初めて入港する艦船に対し、安全なる航路および錨地を指定する場合などに、占領国の海軍官憲が士官を送ったときには、中立国軍艦は投錨前といえども、これを受けることは臨検行為ではなく、好意的な訪問とみなすべきだと考えます」

斎藤はアメリカ海軍のとった行動は正当であると告げた。

ヒンツェが唇をゆがめたことはいうまでもない。

斎藤は生涯、親米英の立場を貫くが、その考えを米西戦争のさなかに、よりによってドイツ海軍に告げることになろうとは思ってもいなかった。

七月十七日午後、浪速が香港から到着した。前日から激しくなった砲声は、その日になってマニラ市全域で轟《とどろ》いていた。斎藤にすれば、戦争が山場を迎えたこの時点で、マニラを去るのは不本意だったが、従わざるを得ない。

浪速は郵便物も運んできた。そのなかには春子からの手紙も入っていた。

行く先々で斎藤が春子に手紙を出したように、春子も斎藤へ宛てて思いのたけを綴った。

春子が斎藤に手紙を出すとき、宛名は「こひしきまこと様御許へ」と記され、〝with my best love H.S〟と添えられていた。

結婚してから七年目。春子は二十五歳、實は四十歳になろうとしていたが、日頃会う機会が少ないせいもあってか、二人はまるで恋人気分でも味わうように、海を越えたラブレターのやりとりをしていたのである。

十九日、出港を前にして、アギナルドの使者というフィリピン人（混血人）が訪れ、香港まで一人を便乗させてくれるように求めてきた。戦争が終結していないこの時点でアギナルドの申し出を受け入れた場合、あとでもめごとが起きるとも限らない。

「残念だが、外人客は日本領事の許可を得なければ乗艦できないことになっている」

斎藤は艦長の判断で便乗を断った。

秋津洲は香港を経て、七月二十七日に澎湖島に着くと、射撃演習などで日を送った。

八月十八日、斎藤はマニラからやってきた浪速から、スペイン軍が二日前に降伏したことを知らされた。かつて大航海時代に無敵艦隊として名を馳せたスペイン海軍もまた、米西戦争で敗北し、歴史の表舞台から退くことになる。

「これでスペインの時代は終わった。これからはアメリカの時代になる」

斎藤はそのことを実感した。

秋津洲は、さらに一ヵ月ほど澎湖島で過ごすと、九月十一日に松島とともに出港し、四日後、佐世保に入港した。引き続き夏期演習を行い、長崎に入った斎藤は十月一日、厳島艦長を命じる電報を受け取った。

パリ講和会議（十二月十日調印）の結果、アメリカはプエルトリコやグアム、フィリピン諸島を獲得し、南洋諸島はドイツが購入した。

これに対し、独立宣言を発していた革命軍は翌年一月、フィリピン共和国を宣言し、アギナルドが初代大統領に就く。が、アメリカはこれを無視し、一九〇一年三月、最後まで抵抗していたアギナルドを捕え、翌月にはアメリカの支配下に入れる。結果的に、フィリピンはスペインから解放されたのもつかのま、今度はアメリカの植民地になった。

# 第五章——日露戦争

## 海軍次官に抜擢される



しのつく雨が容赦なく街路を叩きつけていた。あたりは晩秋の気配が色濃い。

「ひどい雨。まるで、参列者にいじわるしているみたい」

春子はすねるようにつぶやいた。

「空をうらんでも始まらない。それより、足元に気をつけた方がいい」

斎藤實は愛妻をかばうようにして、建物の中に入った。

明治三十一年（一八九八）年十一月三日、天長節のこの日は、朝から激しい雨が降りしきっていた。その夜、夫妻は帝国ホテルで開かれた大隈重信の天長節奉祝夜会に出席した。

大隈は六月三十日、念願の総理に就任したが、尾崎行雄文相が共和演説事件で辞任するなど内閣の不統一を招き、十月三十一日に辞表を提出していた。わずか四ヵ月という短期政権だった。

その晩は、辞表提出直後とあって、参加者は腫物に触れるような顔つきで臨んでいた。

「今度もまた、海軍大臣には西郷さんがお就きになるのかしら」

「それは、総理しだいさ」

家路についた夫妻は、そんな会話を交わしていた。

十一月八日、第二次山県有朋内閣が成立した。それまで海軍大臣に就いていた西郷従道は内務大臣となり、海軍大臣には爵位のない山本権兵衛中将が大抜擢された。

「よもや、軍務局長が大臣とは」

斎藤は驚いた。十日朝、電報が自宅に配達された。差出人は秘書官となっており、至急本省に赴くようにうながす内容だった。

「また、本省務めになるのでしょうか」

斎藤は、デスクワークよりも艦上勤務の方が好きだった。そのことを知っている春子は、喜んでいいのか慰めていいのかわからず、慎重な言いまわしで訊いた。

「たぶん、そういうことだろうな」

ただちに内閣を訪れ、山本に面会した。

「大臣就任、おめでとうございます」

「堅苦しい挨拶はなしだ。君にも協力してもらわなくてはならんからな」

「はっ、どうぞ、何なりと」

「そういってもらえれば、心強い。さっそくだが、君には海軍次官に就いてもらう」

息がとまった。山本大臣のもとで働くことに異論はないが、次官といえば大臣に次ぐ権限をもつ。かろうじて息を吐くように言葉をつむいだ。

「それは……無理でございます。とても自分のようなものが次官など」

「もう決めたことだ。君しかおらん」

斎藤は固辞しようとした。

「大佐の分際で、次官になった前例はありません」

「その通りだ。おそらく君が最初で最後になるだろうな」

山本は平然としていた。斎藤はなおも渋った。

「何でもいいからなれ。わかったな」

業を煮やした山本は一喝した。

斎藤は背中にずっしりと重荷を背負った姿勢でひきさがった。午後には厳島を訪れ、副長に事情を説明した。

「この船とは、たった一ヵ月の付き合いだったが、いずれ、また帰ってくるさ。自分には艦上勤務が性に合っている」

その願いもむなしく、斎藤は二度と艦上にもどることはなかった。

斎藤の次官抜擢は、山本の海軍大臣就任以上に、世間をあっといわせた。歴代の次官はいずれも少将で就いている。佐官（少佐・中佐・大佐）で次官になるのは、前代未聞のことだった。しかも、斎藤の場合は大佐になってまだ一年も経っていない。

海軍省では、斎藤は若輩である。にもかかわらず、並み居る先輩の将校をだしぬき、次官の椅子を射止めたのである。このとき山本は四十六歳、斎藤は四十歳になったばかりだった。新進気鋭の大臣・次官コンビの誕生である。薩摩出身の山本はともかく、岩手出身の斎藤を次官に登用したことは、それまでの藩閥政治に新風を吹き込む画期的な人事を意味していた。

明治三十三年（一九〇〇）五月二十日、海軍省の新官制が公布され、次官は総務長官と名称が変わったうえ、総務長官は中・少将に限ると定められた（明治三十六年十二月五日、総務長官の名称はふたたび次官にもどる）。

斎藤は同日付で総務長官に任命され、少将に昇進した。これにより、佐官で次官に就いたのは斎藤が最初で最後になった。

このころ、清国では義和団による暴動が深刻化し、北京にある各国公使館が包囲される事態となった。北清事変（義和団の乱）である。

通報に接した斎藤は、横須賀にいる東郷平八郎に、すぐに派遣できる艦名を電報で問い合わせた。東郷は佐世保鎮守府司令長官から常備艦隊司令長官に就いたばかりだった。

欧米各国は孤立した居留民保護のため、天津に停泊中の軍艦から陸戦隊を北京へと派遣した。日本もまた、現地にいた砲艦愛宕《あたご》から兵士を出し、列国と歩調をとることになった。

だが、義和団は紅巾や黄巾を身につけ、刀や鉄砲でも死なないという拳法を信奉して突撃したため、陸戦隊は苦戦を強いられた。

六月に入ると、義和団だけでなく清国正規軍までが戦闘に加わったため、日・英・米・露・独・仏・伊・墺の八ヵ国による連合軍は苦境に立たされた。

速やかに援軍を送り出せるのは日本しかなかった。政府は各国の賛同を得て、六月十五日の閣議で陸軍部隊の派遣を決定した。

日本軍の到着で体制を整えた連合軍は、七月に天津、八月に北京を陥落させた。連合軍は寄せ集めだったこともあって、好き勝手な行動に走り、掠奪の限りをつくしたが、このときの日本軍は規律の高さで、列国の模範となった。

北清事変が一段落していた九月十五日、立憲政友会が結成され、初代総裁の伊藤博文は十月十九日、山県有朋に代わり、四度目の内閣を成立させた。第四次伊藤内閣でも、山本権兵衛が海相に留任したことから、斎藤も引き続き総務長官（次官）に留まった。外相には駐英公使だった加藤高明が就いた。

十一月二十二日、春から病臥していた仁礼景範が逝去した。享年七十。

「きっと、黒田様がさびしがってお連れになったのかもしれませんわ」

春子は悲しみをこらえながらいった。

「そうかもしれんな」

その年の八月、薩閥の筆頭だった黒田清隆が亡くなっていた。

十二月二十二日、東京市疑獄事件の責任をとって逓信《ていしん》大臣を辞任していた星亨《ほしとおる》の後任に、盛岡出身の原敬が就任した。原は大阪毎日新聞社社長を辞め、政友会の初代幹事長を務めていた。

「あのときの男だ」

西郷従道一行と欧州を巡遊したとき、斎藤はパリ公使館で原と出会い、旅費を工面してもらったことがあった。

「ただものではないと思ってはいたが、まさか東北から初の大臣とはな」

彗星のように登場した原に、斎藤は「さもありなん」と思った。

明治三十四年（一九〇一）が明けた。

伊藤内閣は、増税案でもめた第十五議会を天皇の詔勅で乗りきったものの、渡辺国武蔵相が財政計画に反対したことから、伊藤は五月二日、辞表を奉呈した。身内の反乱で自壊した伊藤内閣にかわり、六月二日、第一次桂太郎内閣が成立した。

桂内閣でも山本が海相に留任したため、斎藤は第二次山県、第四次伊藤、第一次桂と三内閣で海軍次官を務めることになった。

## 秋山真之からの手紙

秋山真之《あきやまさねゆき》といえば、日本海軍きっての戦略家として知られる。日露戦争では、東郷平八郎連合艦隊司令長官の参謀として作戦のほとんどを立案する。

その秋山が明治三十四年（一九〇一）八月二十七日付で斎藤實次官（このときは総務長官の名称）に宛てた手紙が、奥州市の斎藤實記念館に保管されている。

秋山は慶応四年（一八六八）三月二十日（新暦四月十二日）、愛媛県松山に生まれた。この年の九月八日には明治と改元されている。秋山は明治とともに生まれたといってもいいだろう。旧制松山中学（現・県立松山東高校）を経て、明治十九年（一八八六）海軍兵学校に第十七期生として入学、明治二十三年七月に卒業した。

明治三十年（一八九七）六月、アメリカ留学を命じられ、八月にワシントンの日本公使館に着任した。アメリカ滞在中、古今東西の兵術、戦略などを学び、明治三十一年の米西戦争では、戦場のひとつになったキューバのサンチャゴ海戦を視察している。

このときは、常備艦隊の幕僚として、前月に有馬新一少将の後任として着任した諸岡頼之司令官（少将、のち中将）を支えていた。

原文はカタカナまじりの漢文体で、真之の性格を表すかのように自由闊達《かったつ》な筆致で綴られている。簡略すれば、次のような内容になる。

「拝啓、炎暑のみぎり、閣下においては清康のことと存じます。御恵送の米国新聞を拝受しました。過去、サンチャゴ海戦におけるスライ将軍（アメリカ海軍の提督ウィンフィールド・スコット・シレイ）の勇怯に関する官民の輿論など、すこぶる面白く拝見しました。

さて、小官もおかげさまで、艦隊に乗艦以来、諸種の実地計画などに参与し、研得したところが少なくなく、千万感謝いたします。しかるところ、自家研究の外はこれと申して格別の御用もつかまつらず、ただただ汗顔の至極です。

もとより小官とても、従来の所信に基づき、一艦の内事内規から艦隊の操縦統率の方法などに至るまでなお、改良したいことがあり、試験を行いたいと思っていながら、何分にも今日は位置が許さず、分不相応に出すぎてはよろしからずと思い、自育自習の外は進んで事に当たるのを避けているところです。

ただし、我国の艦隊は外国のものに比較し、いかなるところに弱点をもち、いかなる事情がその練磨の発達を妨げているのかという点については、もはや十分に看破しているつもりであります。とにかくこれら真正の下情を上達することが、軍政上最も必要と思い、後日、拝顔できる時節があったときに、直接言上したいと思っております。

軍事ますます多端、将来のために御自重してくださいませ。

草々敬具

秋山真之

八月廿七日　軍艦吾妻

斎藤少将閣下

」

文面からは、斎藤に寄せる信頼感や期待感が伝わってくる。秋山は上官だろうが、司令官だろうが、鋭い洞察力と慧眼《けいがん》でもって、その地位にふさわしくない人物に対しては辛辣《しんらつ》に批判している。その秋山の眼にも、斎藤は海軍の将来を背負って立つにふさわしい人物と映っていた。

斎藤もまた、秋山に着目していた。斎藤は最初の駐米日本公使館付武官を務めたが、秋山もまた公使館付武官として、米西戦争ではサンチャゴ海戦に関する詳細な分析報告などを行い、海軍部内でも斎藤以来の逸材として高く評価されていた。

秋山は十月一日、大尉から少佐に進級した。

## 新鋭艦二隻を購入

明治三十五年（一九〇二）一月三十日、ロンドンにおいて、日英同盟が調印された。

「これでやっと、日本は列国と対等に付き合うことができるようになった」

斎藤は感無量だった。海軍兵学寮に入学した当時を思うと、まさに隔世の感があった。

日英同盟は、満州問題で日本と対立を深めていたロシアを刺激した。

折しもこの時期、シベリア鉄道が完成し、大量の兵士や兵器を極東まで運搬できる体制を整えていた。そして、列国の要求にもかかわらず、ロシアは北清事変を口実に出兵したまま、相変わらず満州を占領し続けていた。

日英同盟で後ろ盾を得た日本は、駐清公使を務めていた小村寿太郎外相が中心になって清国政府に圧力をかけた。四月になると、ロシアはしぶしぶ「満州還付に関する露清協定」に調印し、六ヵ月ごと三期にわけて撤兵を行うと表明した。

明治三十六年（一九〇三）二月六日、斎藤はロシア公使夫妻主催の晩餐会に招待された。

この晩餐会は、太平洋艦隊司令長官のために開かれたものだった。公使はのちにポーツマス講和会議に列席するローゼン、司令長官は日露開戦時の長官となるスタルク中将であった。

斎藤の心中は複雑であったが、ポーカーフェイスで臨み、何ごともないように歓談した。

四月になって、さらに緊迫の度を増す事態が発生した。

ロシアは清国と締結した満州還付協約に従い、六ヵ月ごとに三段階にわけて撤兵することを約束し、前年十月に第一期撤兵を実施したが、この月に予定していた第二期撤兵を見合わせたのである。日本政府は早急に撤兵を行うように勧告したが、ロシア側は無視する態度をとった。

四月二十八日、斎藤は山本海相から呼びだされた。

「すまんが、また鎮守府をまわってきてくれんか」

斎藤は三月に佐世保・呉両鎮守府などを巡視してきたばかりだった。

「ただし、今回は釘をさしてきてほしい」

山本はいつになく厳しい口調でいった。

翌二十九日、海軍省の将官に対し、山本海相から特別訓令が言い渡された。

四月三十日朝、斎藤はこの大臣訓令を各鎮守府に伝えるため、東京を離れた。佐世保、呉と巡回し、五月五日には、舞鶴鎮守府で東郷平八郎司令長官に会った。舞鶴鎮守府は、日本海側の警備を固めるために二年前に開庁した新しい鎮守府で、東郷は初代司令長官を務めていた。

斎藤は東郷に対し、ロシアとの戦争に備えて訓練を怠ることなく、日本海の警備になお一層力を入れるように告げた。

六月十二日、極東の視察に訪れたロシアのクロパトキン陸相が、ウラジオストクで軍隊を検閲したのち、東京を訪問した。

翌日、斎藤は山本海相の代理として、クロパトキンを答訪した。クロパトキンは、日露戦争で極東軍総司令官として指揮を執るが、奉天《ほうてん》会戦で敗軍の将となる。

クロパトキンが東京を去ったあとの二十三日、最初の御前会議が開かれた。

御前会議では、ロシアとの交渉にあたり「満州においては多少譲歩をしてもよいが、韓国についてはいかなる事情があっても譲与しない」という基本方針を固めた。

日露協商の交渉は、小村外相と駐日露公使ローゼンが全権となり東京で進められた。が、両国の主張はかみあわず、平行線をたどった。

この間、ロシア東洋艦隊は朝鮮海峡で大演習を行うなどの示威行動をくりひろげていた。

日本側も十月十九日、東郷平八郎を常備艦隊司令長官に抜擢し、猛訓練に励んだ。

十二月五日、官制改正によって総務長官はふたたび次官となった。

五日後、開会中の第十九回通常議会で、衆議院議長の河野広中が朗読した政府弾劾の奉答文が決議されるという珍事（奉答文問題）があり、衆議院が解散になった。

解散中、イギリス駐在日本公使館付武官から電報が入った。斎藤はさっそく山本海相に電文の内容を示した。

「アルゼンチンの軍艦二隻が売りに出ていて、年内に完成するとのことですが」

「現時点では、大臣の立場で訓令するわけにはいかんな」

「それでは、あくまでも私の名前で」

「悪いが、そうしてくれるか」

あとで問題が起こったとしても、次官の勇み足ということで責任をとればいい。斎藤は内密に交渉を進めるよう武官に指示した。暮れになって、いよいよ交渉が熟した。

「何とかしたいが、大蔵大臣の内諾を得ないことにはな。お前、行ってくれんか」

斎藤は山本海相に命じられ、曾禰《そね》荒助《こうすけ》蔵相を訪れた。

曾禰蔵相は盲腸炎にかかり、病床であえいでいた。患部にあてている氷嚢《ひょうのう》も痛々しい。

「ぜひ、お話したいことがある」

「なりません」

秘書官は斎藤の前に立ちふさがった。

「どんなに苦しんでおられても、ぜひ、お会いしなければならない重大用件である」

押し問答がわずらわしいのか、曾禰蔵相は苦痛をこらえながらいった。

「ここへくるなら、会ってもよろしい」

枕元まで歩み寄った斎藤は、軍艦購入についての了解を求めた。

「海軍じゃ、今は軍艦が不要といって、この前、チリのを断ったばかりではないか」

頭ごなしに一喝された。斎藤は、前回とは事情が異なることを訴えた。曾禰蔵相は頑として聞き入れようとしなかった。それどころか、

「なんだ。海軍は戦をする決心か」

と突っ込んでくる。斎藤もひらき直った。

「それはどうかわかりませんが、適当なものがあって、ぜひそれだけの勢力を加える必要があるとなったら、何をおいてもやらねばなりません」

曾禰蔵相は眉を曇らせた。

斎藤はなおも時局の重大性を説いた。最初、相手にしなかった曾禰蔵相も、しだいに斎藤の言

い分に傾いてきた。

「今、ちょうど荒井（賢太郎）主計局長がきている。おい、荒井を呼んでくれないか」

部屋に入ってきた荒井もまた、事情を聞くなり険しい表情になった。

「難しい話ですね。そんな金は大蔵省だけでは足りますまい。日銀はどうかわかりませんが」

「それじゃ、貴様、行って調べてこい」

荒井を待つあいだも、曾禰は苦患の皺を眉間に刻んでいた。

しばらくしてもどってきた荒井は、曾禰に耳打ちした。曾禰は斎藤を見上げた。

「ぜひ、やらなくちゃならんというのなら、何とかしよう」

斎藤は最敬礼して、その場を離れた。

お墨付をもらった斎藤は、ロンドン駐在の武官に交渉を急ぐように指示した。

十二月二十八日、緊急支出の勅令が公布され、三十日に売買契約が成立した。

このとき購入したアルゼンチン軍艦二隻は、イタリアで建造されていた一等巡洋艦（七千七百トン）で、購入費、回航費、保険料を合わせた約千六百万円の予算額が認められた。

この日、常備艦隊が解かれ、第一艦隊、第二艦隊、第三艦隊に再編制された。さらに第一、第二艦隊とで連合艦隊が編制され、東郷が司令長官として総指揮を執ることになった。

山本海相は、斎藤を連合艦隊司令長官に就けることも考えたが、本省には欠かせないことから、歴戦の勇士のうえ「運が強い」東郷に命運を賭けることにした。

艦隊は佐世保に集結し、万一の事態に備えた。

軍艦購入とともに、燃料の確保が海軍の緊急課題になっていた。当時の燃料は石炭である。ところが、日本炭の多くは煙が多く火力で劣るという弱点があり、有事には向かなかった。斎藤は英炭の購入を進める一方で、国内にある無煙炭の確保にも努めた。

ローゼン公使と小村寿太郎外相との交渉はいよいよ暗礁《あんしょう》に乗りあげ、決裂寸前に達した。

## 開戦

戦雲が色濃く漂うなか、明治三十七年（一九〇四）を迎えた。

元日、アルゼンチンから購入した軍艦二隻の日本名が発表された。新艦は春日（旧名リバダビア）、日進（同・モレノ）と命名された。

この二艦をいかに安全に速やかに、建造地のイタリアから日本まで回航するか、それが新たな問題となった。前年暮れ、山本海相はドイツにいた鈴木貫太郎中佐や、パリにいた竹内平太郎大佐らに、春日と日進の回航を命じる極秘の電報を送っていた。

このとき、回航委員を努めた鈴木貫太郎は、昭和十一年（一九三六）の「二・二六事件」で一命をとりとめ、昭和二十年には、首相として太平洋戦争を終結に導く。

春日、日進の回航は、宣戦布告の時機とも関係していた。

海軍首脳部は、日本の命運を託す思いで二艦のぶじを祈った。

極秘指令を受けた鈴木は、ドイツ人の知人に「フランス旅行をしてくる」と告げ、二艦が建造されているイタリアのジェノバ（ジェノア）に向かった。

一月四日、ジェノバに着くと、軍艦には大砲が据えられていたが、電線の敷設工事などはまだ終わりそうもなかった。しかも、甲板はイギリス人、機関はイタリア人という具合に、担当によって国籍がまちまちで、下級員に至っては烏合の衆という印象をうけた。日本人は、フランスに滞在していた三人が日進、ドイツにいた四人が春日に乗ることになっていた。

同じ宿にはローマからやってきたロシア公使が泊まって日本側の動きを監視していた。最悪の場合、ロシアは、軍艦二隻を増加したことを口実に、拿捕《だほ》や戦闘行為にでるかもしれない。それより何より、航海の途中で開戦となった場合には、みすみすチュニス近くのビゼルトに集結しているロシア艦隊の餌食になることは目に見えていた。

一刻の猶予もならない。工事は出航後も続けることとし、とにもかくにも弾丸や火薬などを積載し、出港できる手筈を整えた。新聞には、イギリス人から「二十日出港」と発表させ、八日夜、ひそかにジェノバを後にした。

斎藤は九日の日記に「日進・春日ゼノアヲ発シ本邦ニ向フ」と記した。

案の定、ロシア艦隊は先まわりをして地中海で待ち構えていた。幸い、マルタ島を通過したころから、イギリスの巡洋艦キングアルフレッド号が、前を航行するロシア艦隊の後ろにつき、日本艦を先導した。乗組員は、日英同盟の威力をまざまざと知った。

途中、春日が故障するアクシデントがあり、一時間遅れでポートサイドに着いた。しかし、イギリスの会社が石炭の積み込みに際し、先に到着していたロシア艦隊を後まわしにしたため、日本艦の方が優先的にスエズ運河に入ることができた。紅海を出る頃には、もう追いつけないと知ったロシア艦隊はフランスの軍港に寄ったあと、スエズへともどっていった。

国内では一月十二日に開かれた御前会議で最後通牒《つうちょう》を行うことを決め、翌日、政府は満州からの撤兵をうながす最終の修正案をロシア政府に送った。

「日進、春日は、今どこにいる」

山本海相は、寄港地に向けて続けざまに電報を送らせた。

日進と春日は一月二十七日、相次いでコロンボに着いた。シンガポールには、日進が二月一日に入港し、三日遅れで春日がたどり着いた。ところが、石炭人夫のストライキという思わぬ事態に遭遇して、足どめを食うことになった。

船長は桟橋で積むようにせきたてたが、沖積みを主張して譲らない業者側と対立し、しびれをきらした人夫たちが帰ってしまったのである。

「なに！　まだ、シンガポールを出ていないだと。何をのらくらやってるんだ」

山本海相は激怒した。怒りは竹内大佐への手厳しい電報となった。

「石炭積み緩慢なり、鈴木にも伝えよ」

小村寿太郎外相も、「四日の夜半まではどんなことがあっても積み終えよ」と督促の電報を送った。ようやく業者と折りあいがつき、石炭を積み込むと、どうにか四日午後六時にシンガポールを出航することができた。

同じ二月四日、宮中表御座所で御前会議が開かれ、宣戦の聖断がくだった。

その夜、海軍省で重大な会議があった。

山本海相から出席するように告げられた斎藤は、思案げにいった。

「いや、実は今夜、ウッドから招かれていまして、私が参らないと、変にとられはしないかと心配であります。さしつかえないかぎり、行った方がいいと思われますが」

山本海相はうなずいた。

「それもそうだな。会議は聞いておいてやるから、行ったらよかろう」

斎藤は何くわぬ顔で、アメリカ陸軍武官ウッドの晩餐会に出向いた。赤坂葵町のウッド邸に集まった各国の駐在武官は、日露開戦の時機をめぐって議論を交わしていた。

「今夜、斎藤次官がくるかこないかで、戦いが切迫しているかどうかの見分けがつく」

その意見でまとまっていた。

くるか、こないか……。しかけた罠にやってくる獲物でも待つような雰囲気のなかに、斎藤が春子夫人を伴って到着した。斎藤は相変わらず飄々《ひょうひょう》とした態度で、温厚な笑顔をふりまいた。春子もまた、にこやかにほほ笑み、英語で談笑した。

「まだまだ、開戦は先のことか」

誰もがそう思いこんでしまった。

春子はもうすぐ三十一歳になろうとしていたが、欧米人の目には少女のように可憐《かれん》に映った。初めて夫妻の姿に接した要人のなかには、娘でも連れてきたと早合点する者もいた。

たちまち、緊迫したムードがほぐれ、晩餐会は一気にはなやいだ。

斎藤にすれば、機密を保持しただけだったが、各国の駐在武官からはのちに、「あの晩は、すっかり君にしてやられた」と愚痴をこぼされる。


二月五日、政府は協商の交渉中止と、独立自衛のために自由行動をとることを決め、第一軍に動員令、連合艦隊に進発命令をくだした。翌六日、ロシア政府に日本政府の決定を通告、ここに至って両国の国交は断絶した。

この日、連合艦隊は佐世保を出港した。

朝鮮半島の仁川沖では、軍艦千代田がただ一隻、ロシア軍艦二隻と睨みあっていた。

ただちに千代田は仁川を出て黄海に向かってきた連合艦隊と合流した。八日から九日にかけて、仁川沖のロシア巡洋艦ワリヤーグ、コレーエッツと砲火を交え、二隻を撃沈した。

旅順に向かった艦隊もまた、八日から攻撃を開始し、レトウィザン、ツェザレウィッチの二戦艦と巡洋艦パルラダに大損害を与えた。

この先制攻撃によって、旅順の太平洋艦隊は港にたてこもってしまった。仁川、旅順の海戦によって、日露戦争の火ぶたは切られた。

二月十日、二日遅れで宣戦が布告され、翌三日、宮中に大本営が設置された。

連合艦隊は、旅順港に立てこもった太平洋艦隊を封じ込めるため、二月から五月にかけ、三度にわたって閉塞《へいそく》作戦を実施した。閉塞とは、石やセメントなどを詰め込んだ老朽船を港口に沈めることで敵軍艦の出入れを阻止する戦術である。

閉塞作戦は、小回りがきく敵の水雷艇や巡洋艦の攻撃にあって苦戦を強いられた。

二回目の閉塞の際には、広瀬武夫少佐ら二人が戦死を遂げた。広瀬（死後、中佐に特進）は中堅将校としては初めての戦死者だったこともあり、軍神として崇《あが》められた。

緒戦で戦果をあげた海軍だったが、五月十四日午前零時過ぎ、旅順沖を笠置、千歳、吉野、春日、富士の順で航行していた出羽艦隊は、濃霧のため戦艦の位置を見失った。やがて春日と吉野が激突し、吉野はひとたまりもなく沈没してしまった。

イタリアから日進とともに回航されてきた春日は、二月十六日に横須賀に着き、訓練を終えて四月初めに艦隊に配属されていた。二艦はともに四月十三日の第七次旅順口攻撃で初陣を飾り、新鋭艦としての威力を発揮していた。その矢先の事故である。

悪天候による味方同士の衝突事故に加え、明け方になって、主力戦艦である初瀬、八島が敵のしかけた機雷に触れ、相次いで沈没した。

それらの悲報は一日遅れで大本営に達した。大本営のショックは大きかった。

「主力艦六隻のうち、一気に二艦も失うとは」

斎藤は愕然《がくぜん》となった。しかも初瀬には、春子の兄景一少佐が分隊長として乗り込んでいた。

「いや、まだ、戦死と決まったわけではない。何としても、生きていてくれ」

斎藤は一縷《いちる》の望みを抱きながら、五月十六日、上野精養軒で開かれた仙石貢（のちの鉄道大臣）の結婚披露宴に、春子とともに出席した。祝辞を述べる斎藤の心情は複雑だった。

夜になって会場を出た夫妻は、提灯《ちょうちん》行列の波にでくわした。それは、大陸で快進撃を続ける陸軍の連勝を祝うものだった。

「兄がぶじでありますように」

春子はそっと両手を合わせた。

斎藤は提灯の明かりに照らされながら、重苦しい気分で戦勝に酔いしれる民衆を眺めていた。春子はまだ、兄の乗った軍艦が沈没していることを知らない。提灯行列に手を合わせるけなげな姿は、斎藤の目に残酷な光景に映った。

翌十七日、初瀬の生存者の姓名が電報で伝えられた。

「やはり、駄目だったか」

五月十九日、初瀬、吉野の沈没が公示された。

夕刻、斎藤は春子を呼び、景一の戦死を明かした。

「……覚悟はしていましたが、さぞかし無念であったことでしょう……」

あとは言葉にならなかった。気丈《きじょう》な春子も嗚咽《おえつ》を抑えることはできなかった。

午後七時半、夫妻は仁礼家に赴き、訃報を伝えた。

海軍が旅順港攻めに手間取っている頃、陸軍の第一軍は鴨緑江を突破して南満州へと進軍し、遼東半島に上陸していた第二軍も破竹の勢いで北上を続け、ロシア陸軍が集結している遼陽をめざしていた。

旅順攻撃を目的にした第三軍は六月六日、遼東半島に上陸した。

同日付で、司令官の乃木希典《のぎまれすけ》は陸軍大将、山本海相と東郷平八郎司令長官は海軍大将、斎藤は海軍中将に昇進した（数えで四十七歳）。

八月十日、旅順港に立てこもっていたロシア太平洋第一艦隊は、朝から掃海艇をくりだし、機雷の除去作業を続けていた。

監視艇から「敵艦隊出港の動きあり」との連絡を受けた連合艦隊は、旗艦三笠を先頭に旅順へ向かった。午後零時半、戦闘開始を告げる軍艦旗が三笠に掲げられた。

ロシア太平洋艦隊は、旗艦ツェザレウィッチを含む戦艦六隻、巡洋艦四隻、駆逐艦八隻、病院船の順で黄海へと出てきた。日本の封鎖網を強行突破して、ウラジオストクへ移動しようという作戦である。

最初に砲撃を開始したのは、イタリア生まれの春日だった。春日には二万メートル先まで砲弾が届く最新式の砲が据えられており、一万二千メートルまで近づいたところで砲門を開いた。戦闘距離に入ったほかの艦も相次いで攻撃に移った。

黄海海戦である。両国の旗艦がまず大きな損傷を受けた。

明暗を分けたのは、太平洋艦隊の旗艦に乗っていた司令長官ウイトゲフト少将の戦死だった。司令長官を失った太平洋艦隊は陣列を乱し、旅順にひき返したり、ウラジオストク、さらには上海などへちりぢりになって逃走を始めた。

「敵艦隊は潰走し、現在、駆逐艦や水雷艇がこれを追跡中とのことです」

連絡を受けた大本営は沸き返った。

八月十四日には、上村彦之丞《かみむらひこのじょう》中将率いる第二艦隊がウラジオストク艦隊と蔚山《ウルサン》沖で激突し、リューリックを撃沈するなど大きな損害を与えた（蔚山沖海戦）。

これにより、黄海と日本海の制海権は日本海軍が握った。

呼応するように、第三軍は八月十九日、旅順要塞に対する第一回の総攻撃を行った。が、突撃した日本兵は、堅牢な近代要塞に据えられた機関銃の餌食となって、いたずらに屍《しかばね》の山を築いていった。二十四日までの総攻撃に参加した約五万人の将兵のうち、実に三分の一近い約一万五千人もの死傷者を出してしまう。

満州軍（第一軍、第二軍、第四軍）もまた、八月二十八日に遼陽への総攻撃を開始した。

結果的に日本軍はロシア軍の撤退というかたちで勝利するが、この遼陽会戦でも、日本側は参加将兵約十三万五千人のうち約二万四千人もの死傷者（ロシアは二十二万五千人のうち死傷者約二万人）を出していた。

乃木率いる第三軍は、九月から十月にかけて第二回総攻撃を行ったが、前回同様、犠牲者を増やすだけだった。なかでも「二〇三高地」は酸鼻《さんび》をきわめた。

第三回総攻撃は十一月二十六日から開始された。

一進一退の死闘をくりひろげたうえ、十二月五日になって二〇三高地を占領、山頂からの観測によって各砲兵部隊に正確な距離が伝えられた。翌日から一斉に旅順港への山越え砲撃が加えられ、太平洋艦隊は潰滅状態になった。

## 日本海海戦の勝利

明治三十八年（一九〇五）が明けた。

元旦と同時に、ロシアのステッセル将軍が旅順の開城と降伏を申し出、一月五日には水師営で乃木希典《まれすけ》大将との会見が行われた。

満州軍は甚大な損害を出しながらも、奉天《ほうてん》（現・瀋陽《しんよう》）の大会戦で勝利し、三月十日に奉天を占領した。しかし、戦力は限界に達していた。

いつどこで戦争を終わらせ、講和を有利にもっていくか。そのカギは海軍が握っていた。

「日本の命運は、バルチック艦隊との決戦にかかっている」

海軍首脳部もその見解で一致していた。

バルチック艦隊の正式名称は、ロシア第二太平洋艦隊という。ロシア海軍省がバルチック艦隊の編制を発表したのは、前年四月のことで、予定では七月に出港することになっていた。だが、第二太平洋艦隊が、実際にバルト海（バルチック）のリバウ港を出発したのは、十月に入ってからだった。

この艦隊は急ごしらえとあって、乗組員の質も悪く、士気も劣っていた。端的な例が、ドッガー・バンク事件である。デンマーク沖の北海を航行していた艦隊は、イギリスの漁船団を日本の水雷艇だと勘違いして一斉攻撃し、一隻を撃沈させてしまったのである。

イギリスは地中海艦隊に出動準備を命じるなど、ロシアとの対決も辞さない態度をとった。この問題はロシア側が賠償金を支払うことで決着するが、一時的とはいえ、あやうく日露戦争は世界大戦の引金になりかねない局面を迎えた。

バルチック艦隊は喜望峰を経由する本隊と、スエズ運河を経由する支隊にわかれ、一月初めにインド洋のマダガスカル島で合流した。

ここで乗組員は、旅順が陥落し太平洋第一艦隊が潰滅したことを知らされる。

このため、艦隊は二月中旬にリバウ港を出航した第三艦隊（ネボガトフ司令官）の到着を待つことになった。慣れない南国で足どめを食った乗組員たちの不満は一気に高まった。満足な食事を与えられなかったこともあり、マラリアや赤痢、腸チフスなどの病気が蔓延した。風紀は乱れ士気は著《いちじる》しく低下した。ついには、巡洋艦ナヒモフで水兵の反乱まで発生した。

マダガスカルにあった第二太平洋艦隊は三月中旬、第三艦隊の到着を待たずに出港した。

斎藤の四月八日付の日記には、「敵の第二艦隊新嘉坡（シンガポール）沖ヲ通過ス」と記されている。現地の情報員からは大本営へ逐一、バルチック艦隊の動きが打電されていた。

四月十四日、艦隊は仏領インドシナのカムラン湾に入った。五月九日には第三艦隊が合流し、バルチック艦隊は五十隻ほどにふくれあがった。五日後、大艦隊はカムラン湾を出航した。


「対馬海峡か、それとも津軽海峡か……」

迎え撃つ連合艦隊にとって、バルチック艦隊がどちらのコースをとるかが最大の問題だった。大本営も情報の収集と分析に追われた。

四月二十日過ぎ、バルチック艦隊は台湾付近に迫っていることが明らかになった。

東郷司令官からは、「二十六日正午までに敵影を見なければ、連合艦隊は夕刻より北海方面に移動し、朝鮮海峡には残部を留め置く」との方針が伝えられてきた。

まんじりともせずに、四月二十六日の朝を迎えた。

「次官、上海からの至急報です」

斎藤はもぎとるように飛電を手にした。

四月二十五日午後十時五十五分上海発の電報には、「義勇艦隊五艘、石炭船三艘」が上海の呉《ウー》淞《スン》に到着したことが記されてあった。

斎藤の鼓動が高鳴った。

「まちがいない。バルチック艦隊は対馬海峡にやってくる！」

斎藤は頬を紅潮させながら、山本海相や伊東祐亨《すけゆき》軍令部長らに電文を示した。たちまち軍令部は勝鬨《かちどき》でもあげるように興奮の渦となった。ただちに、連合艦隊に「対馬海峡で待ち構えよ」と打電された。

バルチック艦隊敗北の理由はさまざまにあげられているが、輸送船や仮装巡洋艦を上海に寄港させたことは致命的な失態となった。

かりに太平洋コースをとった場合、途中で石炭船による補給が必要になる。ウラジオストクまで補給なしで航海するには対馬海峡を通るしかない。ロジェストウェンスキー司令長官は、みすみす日本側に艦隊の進路を教えてしまったのである。

五月二十七日朝、日本海は霧に包まれていた。

バルチック艦隊は対馬海峡にさしかかっており、連合艦隊司令部にも、「敵艦隊見ゆ」の知らせが入っていた。午前六時半、鎮海湾にいた旗艦三笠率いる主力部隊も出撃し、東郷平八郎司令長官は大本営に次のように打電した。電文は作戦参謀の秋山真之中佐が作成した。

「敵艦見ゆとの警報に接し、連合艦隊は直に出動し之を撃滅せんとす、本日天気晴朗なれども浪高し」

午後一時三十九分、連合艦隊は黒煙を吐くバルチック艦隊と遭遇した。同五十五分、三笠のマストに信号旗「Z旗」が掲げられ、強風に翻った。

「皇国の興廃此の一戦にあり、各員一層奮励努力せよ」

単縦陣で向かってきた連合艦隊は敵前八千メートルで左回りにターンした。

これを見たロジェストウェンスキー司令長官は午後二時八分、一斉砲撃を命じた。

日本海海戦の火蓋は切られた。

集中砲火を浴びた三笠は多くの敵弾を受けたが、致命的な損傷には至らなかった。

もしもバルチック艦隊が正確に照準を合わせていたら、連合艦隊は全滅していたかもしれない。回頭を済ませた三笠がまず応戦し、相次いでターンした艦隊の砲が火を噴いた。バルチック艦隊の頭を押えるように陣列を敷いた連合艦隊は、一気に戦局を有利に導いた。

勝敗は最初のほぼ三十分ほどで決した。

旗艦スワロフはじめ、主力艦が相次いで大損傷を受け不能に陥った。夕闇に包まれるころには、ロシア戦艦五隻のうち四隻までが撃沈されていた。

午後七時半、東郷司令長官は主力艦の砲撃中止を命じ、かわって駆逐艦や水雷艇の出撃を指示した。この襲撃に加わった電《いなずま》（第一艦隊第二駆逐隊）には、盛岡出身で二十五歳になる中尉が乗り込んでいた。のちに岩手出身者として三人目の首相になる米内光政である。

五月二十八日、バルチック艦隊は降伏し、重傷を負って駆逐艦ベドウイで逃走をはかっていたロジェストウェンスキー司令長官は捕虜になった。

ロシア側は三十八隻のうち二十一隻が撃沈もしくは自沈し、戦艦ニコライ一世やアリョールなど六隻が捕獲された。残りは上海やマニラに逃げこみ、清国や米国によって武装解除された。ウラジオストクまでたどりついたのは、巡洋艦と駆逐艦合わせて三隻のみだった。

連合艦隊もまた損傷を受けてはいたが、撃沈されたのは水雷艇三隻だけだった。

日本海海戦の勝利は、トップニュースとして世界中をかけめぐった。

## ポーツマス講和条約

六月九日、ルーズベルト大統領から正式に日露両国政府に対し、講和交渉開始の勧告文が手渡された。日本側は四月二十一日の閣議で日露講和条件を決定しており、六月三十日にはさらにその内容を修正した。

日本軍は講和交渉を有利に進めるために、七月七日、防衛の手薄な樺太への上陸作戦を決行し、三十一日には全土を占領した。

講和会議は八月十日、アメリカ・ニューハンプシャー州のポーツマスで始まった。

全権委員は、日本側が小村寿太郎外相と高平小五郎《たかひらこごろう》駐米公使（岩手県一関市出身）、ロシア側が前蔵相のウィッテと駐米大使に赴任したばかりの前駐日公使ローゼンだった。

会談は十七回にも及んだ。交渉は難航し、一時は決裂寸前となった。

両国の主張が真っ向から対立したのは、樺太割譲と賠償金問題だった。交渉が暗礁に乗り上げた時点で、政府は戦争を続行すべきかどうかを論議したが、最終的にこれ以上、日本側に戦う力はないとの判断をくだした。

二十九日、両国は、日本が賠償金支払いの要求を放棄するかわりに、ロシアが樺太の南半分を日本に割譲することで妥協をみた。

九月五日、両国全権が講和条約（ポーツマス条約）に署名し、戦争に終止符が打たれた。

これに対し、戦勝国でありながら賠償金もとれないと知った国民が怒った。

同日、日比谷公園で開かれた講和反対国民大会では、民衆の抗議行動がエスカレートし、内務大臣官邸や警察署、交番、教会、電車などを次々と焼き払い、東京は無政府状態に陥った。日比谷焼き打ち事件である。

翌日、政府は東京府内に戒厳令を敷き、軍隊を出動させた。

講和会議後、小村外相は病気で寝込み、かわって随員の政務局長が仏文原本と英文謄本をもって一足早く帰朝することになった。

政務局長が帰国する数日前、斎藤次官のもとに珍田捨巳《ちんだすてみ》外務次官が訪れた。

話が済むと、斎藤は野間口兼雄秘書官を呼んだ。

「軍艦扶桑を横浜に回航するよう、横須賀鎮守府に訓令してもらいたい」

野間口は何のことかわからないままに指示に従った。

政務局長が横浜に着いた当日、斎藤は野間口に山本海相に会いにいくように命じた。

野間口が山本に会うと、山本はあたりをはばかるようにいった。

「これから家へ帰って晩めしを済ませたら、水交社（海軍士官の社交場）へいってもらいたい。外務省の石井（菊次郎）が条約の書類を持って、横浜から扶桑の小蒸気で水交社にくるはずだから、それを外務省まで護衛していってもらいたい。軍服では目立つから商人服がよかろう」

講和条約に反対する右翼らは、政府高官の生命だけでなく、条約原本そのものまで狙うのではないかと懸念されていた。

不穏な空気のなか、水交社で落ち合った野間口と石井は人力車に乗り、憲兵の警戒している道はわざと避け、数寄屋橋、日比谷公園を通り、外務省へとたどり着いた。

条約原本が横浜から外務省に届けられた陰には、斎藤と珍田両次官が立てた綿密な連携プレーがあったのである。

講和条約は十月十五日をもって正式に公布され、翌日、平和克復の詔勅が発せられた。

# 第六章——海軍大臣



## 西園寺内閣で海相に

海が海に見えない。高台にあがった市民は、海上を埋めた艦艇を眺めて、言葉を失った。

十月二十三日、横浜沖で凱旋観艦式が挙行された。

観艦式は、準備委員長を命じられた斎藤實の演出により、連合艦隊だけでなくイギリスやアメリカの艦船も加わり、百六十隻以上という空前絶後の規模でくりひろげられた。斎藤實はお召し艦となった浅間の艦上で、山本権兵衛海相や東郷平八郎司令長官らとともに供奉《ぐぶ》した。

「壮観であるな」

天皇陛下も満足そうだった、
十二月二十日、大本営は二年ごしに解散され、翌日、横須賀に停泊中の旗艦朝日で連合艦隊の解散式が行われた。

この日、桂首相はポーツマス講和条約の責任をとるかたちで辞表を奉呈し、後任には政友会総裁の西園寺公望《さいおんじきんもち》を推挙していた。

山本権兵衛は斎藤に辞意をもらした。

「……ついては、君に大臣をやってもらう」

山本は、さもそれが当然といわんばかりに告げた。山本は斎藤より六歳年上である。五十代半ばにさしかかるこれからが、むしろ軍政家として油の乗りきった時期にあたる。

斎藤はあせった。聞き違いではないかと思った。

「何をおっしゃいます。私のような若輩が海軍を率いることなど、とうていできません。せめて次期内閣だけでも留任していただきたいと存じます」

「いや、わしは辞める」

山本の意志は固かった。後任となると、山本海相のもとで七年二ヵ月も次官を務めてきた斎藤をおいてほかにはいない。結局、斎藤はここでも断りきれなかった。

明治三十九年（一九〇六）が明けた。

一月六日、西園寺公望に組閣の大命が下り、翌七日、西園寺内閣が成立した。

斎藤は午後三時過ぎ、ほかの閣僚とともに参内し、晴れて海軍大臣に就任した。

大臣の椅子はひとたび政局に波風が立つと、海上に浮かぶ小舟のようにいつ転覆してもおかしくない代物である。次官でいるうちは補佐役に徹していればよかったが、大臣となるとそうはいかない。斎藤は義父の轍《てつ》を踏むことのないようにと自分に言い聞かせた。

西園寺内閣には、原敬が内務大臣として二度目の入閣を果たしていた。

斎藤はかつて政府要人の通訳代わりとして欧州を巡遊中、パリ公使館で代理公使をしていた原から借金したことがある。二人はしばしば昔談義に花を咲かせた。

「ごらんのように、すっかり白髪頭になってしまってな」

「いや、わしこそ、このように腹が突きでてしまった」

顔を合わせた二人は、おたがいの体型に時の流れを感じた。

斎藤は八日に事務引き継ぎを行い、住み慣れた次官室から大臣室に移った。

後任の次官には、日本海海戦で参謀長を務めた加藤友三郎を抜擢した。加藤は広島出身で、斎藤より三歳年下だった。山本前海相は軍事参議官に任命された。


斎藤は大臣就任とともに官舎に移り住んだが、このころに高輪に私宅を定めている。

斎藤夫妻は、原敬夫妻がそうであったように子宝に恵まれなかった。

子供好きの夫妻は養子縁組を考えていたが、年が明けてから豊川良平の五男、斉《ひとし》をもらいうける話がとんとん拍子でまとまった。

三月二十日には、養子披露宴が官舎で開かれた。

豊川良平は、岩崎弥太郎の親戚（ともに土佐出身）で、三菱の大番頭として手腕をふるった人物である。斉はこのとき九歳で暁星小学校に通っていた。


西園寺内閣は、政友会と薩長藩閥との呉越同舟の色合いが濃かった。このため、日露戦争での祝賀ムードが落ち着くと、寄合所帯の弊害が出てきた。

それが顕著になったのは、第二十二議会だった。

政府は桂内閣の約束に従い、鉄道国有法案を提出したが、加藤高明外相がこれに反対した。原内相の説得にもかかわらず、加藤は三月三日に辞任した。

三菱と姻戚関係がある加藤は、九州鉄道を経営している三菱の肩をもたなければならない事情があったのである。同法案は貴族院で修正が加えられ成立するが、身内のごたごたを招いたことで、新内閣の脆弱《ぜいじやく》さを印象づけた。

斎藤は海相の立場から、陸軍との融和を図ろうと努めていた。

五月一日には、陸海軍の将校ら二百五十人ほどを水交社に招き、晩餐会を開いている。

さらに、陸海軍の親睦や協和を深める「陸海軍集会所倶楽部《くらぶ》」の設置を提唱した。十二月には具体案を作成し、寺内正毅《てらうちまさたけ》陸相にも協力を求めた。明治天皇はこの案を御嘉納《ごかのう》（進言を喜んで受け入れること）したが、諸般の事情によって実現しなかった。

西園寺内閣にとって最大の懸案事項は、日露戦争後の満州（中国東北部）経営にあった。

ポーツマス講和条約により、日本は樺太南半分の割譲、韓国における権益の承認、旅順や大連など遼東半島南西端の租借権《そしやくけん》、長春・旅順間の鉄道の譲渡を受けた。

旅順や大連は関東州と呼ばれ、長春・旅順間を中心とする鉄道は満鉄（南満州鉄道株式会社）として整備されてゆく。

西園寺首相は議会終了後に満州を視察し、満鉄の創立委員長に児玉源太郎《こだまげんたろう》を挙げた。児玉は満州軍総参謀長を務め、戦後は陸軍参謀総長になっていた。

ところが、児玉は台湾総督府で民政長官を務めている後藤新平を推挙した。

「植民地政策に精通した後藤が適任だろう」

というのが、その理由だった。

後藤は満州経営に関し、満鉄中心の文装的武備を提唱し、各方面から注目されていた。

原内相は電報を打ち、後藤を帰国させた。ところが、西園寺首相から総裁就任を依頼された後藤の答えは、「見込み違いではないか」とすげなかった。

このため、児玉自ら説得に乗りだしたが、後藤がためらっているうちに、児玉は脳卒中で急逝《きゅうせい》してしまった。後藤は恩人の遺志に応えるため、八月一日に原を訪れ、満鉄総裁の椅子に座ることを承諾した。もっとも、それ以降も人事をめぐるトラブルがあり、後藤が正式に初代総裁に就任したのは十一月十四日である。


海軍にとっては、日露戦争で失った戦力の補充が早急の課題だった。日本海海戦でこそ被害が少なかったものの、全体では初瀬、八島の戦艦など約四万五千トンもの艦船を失っていた。

斎藤は次官当時から進めていた苦肉の策を続行せざるを得なかった。その策とは、沈没したロシアの軍艦を引き揚げ、日本の戦力として再利用することである。

明治四十一年（一九〇八）六月、呉に立ち寄った斎藤は、故障続きの軍艦石見《いわみ》を巡視した。石見とは、日本海海戦で降伏したロシア戦艦アリヨールの日本名である。

いかめしい顔を予期していた乗組員たちは、目をまるくした。

「大臣自ら、そんな恰好《かっこう》をなさるとは……」

驚いたことに、斎藤は掃除服姿で現れた。最初は面食らった乗組員たちは、すぐに目から鱗でも落ちたように粛然となった。巡視を終えた斎藤は、服装と同じように飾らない口調で、「大砲や水雷は撃てなくても、艦は早く動けるように」と訓示した。

それから一ヵ月もしない七月四日、西園寺内閣は総辞職に追い込まれた。

この総辞職については、当時さまざまな憶測が飛び交ったが、のちに公開された『原敬日記』によって、真相は赤旗事件にあることが明らかになった。同事件は六月二十二日、神田錦輝館で社会主義者の集会が開かれた際、参加者と警官とが乱闘になり、数名が拘引されたというものである。扇動したのは警察のスパイであったという説もある。

原内相は社会党の結成を認めるなど、社会主義運動に寛大な態度をとっていたが、官僚派を牛耳っている山県有朋からは「社会主義者の取り締まりが手ぬるい」として反感を買っていた。西園寺は山県による露骨な内閣潰しに嫌気がさしたといわれる。

## 竹馬の友、後藤新平が初入閣

七月十三日、斎藤實は桂太郎の邸宅に呼ばれた。桂は単刀直入にいった。

「陸軍大臣は、引き続き寺内正毅にやってもらう。ついては、君にも留任してもらいたい」

斎藤は慎重な言いまわしで訊いた。

「新閣僚の顔ぶれをお聞かせ願いますか？」

「よかろう」

桂から明かされた閣僚のなかに、後藤新平の名前があった。

「やはり、噂は本当であったか。あの腕白な新平と内閣に列するとは……」

とたんに胸が熱くなった。

翌日、長州閥系官僚で占められた第二次桂内閣が成立した。

初代満鉄総裁だった後藤新平は、逓信《ていしん》大臣に就任した。

これにより、原敬、斎藤の岩手コンビに続いて、今度は竹馬の友である水沢コンビが誕生した。

このとき、後藤は五十二歳（数え）になっていた。

後藤、斎藤は一躍、時の人としてもてはやされ、出身地の水沢は喜びにわいた。

二度目の政権担当となった桂内閣は十月十三日、国民に勤倹をもとめる「戊申詔書《ぼしんしょうしょ》」を発布した。これは日露戦争後の人心が浮華に流れ、世相が軽佻浮薄になっているとして、国民の引き締めをはかるものだった。

戊申詔書案が閣議に提出されたとき、斎藤は国際情勢に精通する小村寿太郎外相とともに、「その詔書は天皇陛下を煩《わずら》わすだけであり、不必要ではないか」と主張したが、結局は押し切られてしまった。

十月十八日、旗艦コネチカット以下十六隻の戦艦からなるアメリカ大西洋艦隊が東京湾に入ってきた。大西洋艦隊は前年（明治四十年）十二月、バージニア州のハンプトン・ローズを出航したのち、南米大陸のマゼラン海峡を回り、アメリカの西海岸、ハワイ、オーストラリア、フィリピンを経て、世界一周の途上にあった。

この世界一周はルーズベルト大統領の発案によるものだった。ルーズベルト大統領はポーツマス講和条約の立役者としてノーベル平和賞を受賞していたが、アメリカ国内では太平洋における日本海軍の脅威論などもあり、アメリカの海軍力を世界に示す必要があると考えた。

大西洋艦隊は白い大艦隊（グレート・ホワイト・フリート）の別称をもつ。欧米諸国のマスコミのなかには、ロシアのバルチック艦隊になぞらえ、日米戦争は避けられないといった論調で報じるところもあった。日本政府は前年、帝国防衛方針でアメリカを仮想敵国としており、このころからアメリカを強く意識していた。

だが、斎藤は大西洋艦隊の寄港は日米親善をアピールする絶好の機会ととらえた。

帝国ホテルで開かれた晩餐会で挨拶に立ったオブライエン大使は、

「五十五年前来朝したペリー提督は何らの歓迎も受けず、むしろ日本国民から嫌忌《けんき》をこうむったが、合衆国の真意は、その当時も今日も同じく平和の確立にあることに変わりはない」

と述べ、喝采を浴びた。艦隊は幕末の黒船に対し、白船とも呼ばれた。

十月二十日、斎藤海相の主催による晩餐会が、築地の水交社で開かれた。

席上、斎藤は日米両国関係の永続を願う挨拶を行った。翌二十一日、新宿御苑で開かれた東郷平八郎軍令部長主催の園遊会では、春子も接待役として参加し、日米親善に一役買っている。

このとき戦艦カンザスには、のちの太平洋戦争で第三艦隊司令長官として指揮を執るウィリアム・ハルゼー少尉が乗っていた。ハルゼーは尊敬する東郷平八郎と会って感激している。

大西洋艦隊は二十五日に横浜を発ち、歴史的な日米交歓は終わった。

翌日、かつて幕府の海軍副総裁を努めた榎本武揚が逝去した。享年七十二。海軍の草創期を担った榎本の死は、ひとつの時代が終わったことを告げる象徴的な死となった。


明治四十二年（一九〇九）十月二十六日、その日は榎本武揚の一周忌でもあった。閣議が終わった斎藤は午後、私邸にいる山本権兵衛を訪ねた。

午後三時、三井の原浩一から電話があった。

「大臣、一大事です。伊藤公爵がハルビンにおいて暗殺されました」

「なに、暗殺されただと！」

斎藤は山本邸を辞して三田にいる桂首相に急行した。

日露戦争直後、第二次日韓協約によって朝鮮は日本の保護国となり、韓国統監府が設置された。

伊藤博文は初代統監として朝鮮に赴任したが、この年六月に統監を退き、枢密院議長となっていた。韓国併合を目論んでいた桂首相は、伊藤に満州視察とロシア訪問を口実に、ロシア蔵相のココフツェフとハルビンで会談するように要請していた。

会見を斡旋したのは、満鉄総裁のときココフツェフと親しかった後藤新平逓相だった。

十月二十六日、東清鉄道の特別貴賓車でハルビンに降り立った伊藤はその直後、韓国の民族独立運動家である安重根《アンジュングン》の銃弾に倒れたのである。享年六十八。

悲報を聞いた後藤は、しばし呆然となった。

閣僚の協議は外務省に移して行われた。その結果、斎藤は、佐世保第一予備艦の磐手《いわて》に出航準備、大連を出発していた秋津洲《あきつしま》には至急大連にひき返すように命じた。

十一月一日、伊藤の遺骸を乗せた秋津洲が横須賀に着いた。

斎藤は横須賀に赴いて遺骸を迎え、特別列車に同乗して帰京した。遺骸は霊南坂の官邸に運ばれた。三日後、伊藤の国葬が日比谷公園で挙行され、斎藤はほかの閣僚とともに会葬した。

伊藤暗殺は、韓国併合に口実を与えることになった。

明治四十三年（一九一〇）五月、桂首相は第二代統監の曽禰荒助を更迭し、寺内正毅陸相を兼任させた。六月には韓国の警察事務を統監府に移し、強力な憲兵警察網を張り巡らした。

八月二十九日、韓国併合条約が交付され、韓国は朝鮮と改称された。

十月一日には、朝鮮総督府が開設され、初代総督には寺内正毅が就いた。朝鮮では日本に対する憎悪を募らせ、排日・独立運動を激化させていく。

斎藤は原内閣が成立したあと、原首相に懇願され朝鮮総督に就くことになる。海軍一筋に歩んできた斎藤は、よりによって朝鮮人の憎しみの対象になっている総督になるなどとは、考えてもいなかった。

第二次桂内閣では韓国併合とともに、歴史に汚点を残す大事件を引き起こしている。大逆事件である。発端は五月二十五日、信州の明科製材所の職工長、宮下太吉が爆弾を製造していたとして検挙された明科事件にまでさかのぼる。この事件をきっかけに、政府は湯河原にいた幸徳秋水を逮捕するなど、全国的な規模で社会主義者の摘発をくりひろげた。

詳しい経緯は省くが、明治四十四年（一九一一）一月十八日、現在の最高裁判所にあたる大審院は、二十四人の被告に死刑（翌日、十二人は無期懲役に減刑）を言い渡し、二十四日に幸徳ら十一人が、翌日には管野スガが死刑に処された。

強硬路線をとってきた桂内閣だったが、さすがに国家権力を乱用した大逆事件によって足元がぐらつく。野党から責任を追及された桂首相は、政権授受を確約した「情意投合」によって、いったんは政友会との提携にこぎつけ、内閣の延命をはかる。

だが、大逆事件に加え、第二十七議会開会中にもちあがった「南北朝正閏《せいじゅん》問題」（南北朝どちらの天皇が正統かという論議）などで追い詰められ、辞職を決意した。

この間、斎藤は軍艦の進水式列席を兼ねて呉や佐世保、神戸などを視察している。

興味深いのは、斎藤は海軍大臣として初めて潜水艇と飛行機に接していることである。

潜水艇は日露戦争後半、アメリカから輸入された五隻が組み立てられ、部隊も編制されていたが、実戦に投入される前に戦争が終わっていた。

斎藤が潜水艇を最初に見たのは前年の明治四十三年七月、神戸に立ち寄ったときだったが、この年（明治四十四年）三月二十九日には、呉鎮守府と江田島海軍兵学校を視察したついでに、体験試乗まで行っている。

飛行機もまた、揺籃期《ようらんき》を迎えていた。

前年十月には、陸軍の徳川好敏《とくがわよしとし》（工兵大尉）と日野熊蔵（歩兵大尉）が、代々木錬兵場で国内初の飛行に成功し、その後も試験飛行が続けられていた。斎藤が試験飛行を初めて見たのは、この年四月二十九日朝、日本初の飛行場として完成していた所沢においてである。

エンジンをうならせ天空を舞う飛行機の姿に、斎藤は目を見張った。

「このようすだと、飛行機が実戦に登場するのも、そう遠いことではないな」

斎藤は潜水艇や飛行機が次の戦争で使われることを確信していた。

## 明治から大正へ

八月二十五日、桂内閣は総辞職し、桂は後任に西園寺公望を推挙した。

このころ健康を害していた斎藤實は、今度こそ海軍大臣の椅子を去ろうと決意していた。二日後には、住み慣れた大臣官舎を離れ、四谷仲町に建造してあった邸宅で移転開きを行った。

四谷の私邸は、明治四十二年秋ごろには竣功していたが、斎藤自身は官舎住まいが続いていたため、たまに顔をだす程度だった。斎藤はこれ以降、朝鮮総督として赴任した期間を除き、昭和十一年二月二十六日に暗殺されるまでここに住むことになる。

移転開きを行った斎藤は、ようやく肩の荷をおろしたような気分で、千葉県一宮にある別邸へとでかけた。このころから斎藤はリューマチを患っており、長期静養をしようと思っていたのである。だが、二十九日、斎藤は西園寺に会見を申し込まれ、一番列車で上京した。

駿河台で会った西園寺は、開口一番、留任を求めた。

「陛下もご希望しておられる」

「健康がすぐれず、また、ここらで新進を登用すべきであると存じます」

そういって辞任を願ったが、最後には西園寺の説得に応ぜざるを得なかった。

翌三十日、第二次西園寺内閣が成立した。この内閣を実質的に仕切っていたのは、内務大臣に返り咲いた原敬であった。

桂太郎と親しい後藤新平は逓相のポストを追われ、翌日には後藤が務めていた鉄道院総裁も原が兼任することとなった。

後藤は満鉄、鉄道院ともに初代総裁を務め、国内の線路の幅を大陸並みに広げる「広軌《こうき》」を主張していたが、緊縮財政と鉄道普及優先の考えから「狭軌《きょうき》やむなし」の立場をとっていた原とは意見が合わなかった。

陸相は、初代朝鮮総督に就いた寺内正毅にかわって石本新六が抜擢された。

「はて……」

斎藤はその顔に見覚えはあったが、すぐには気がつかなかった。実は斎藤が西郷従道（当時は海相）とともにヨーロッパを巡遊していたとき、モンテカルロ駅で話しかけてきた男がいた。

それが石本であった。

「あれは明治十九年の暮れ、お互いにまだ大尉のときだったな」

斎藤は不思議な縁を感じた。

第二次西園寺内閣で、斎藤が最初に直面したのは、辛亥《しんがい》のこの年、中国を席巻していた辛亥革命であった。

「清国に暴動あり」

斎藤は連絡を受けるなり、海軍次官のときに起こった北清事変（義和団の乱）を思い浮かべた。陸軍は各国と歩調をとる関係から戦時体制で派兵したが、海軍では人民保護の延長として平時編制で対処した経緯がある。

「よもや、戦争にはならないと思うが……」

このとき中国方面の警備にあたっていたのは、川島令次郎少将率いる第三艦隊だった。

斎藤は川島と連絡をとりあいながら、居留民の保護を優先させることにした。

政府としては、清国政府、革命軍のどちらにも加わらず、事態の進行を見守ることにした。ただし、陸軍は十一月になって北京、天津に四中隊、十二月に二中隊を派遣し、それまで駐屯していた三中隊合わせて九個中隊が警備にあたることになった。

この重要な時期に、外交一筋に生きてきた小村寿太郎が逝去した。斎藤と小村はおたがいの手腕を高く買っていた。斎藤は友人に先立たれたような寂しい気分になった。

明治四十五年（一九一二）が明けた。

一月一日、革命軍は孫文を大総統とする仮政府を南京に樹立した。清国政府は、退官していた袁世凱《えんせいがい》を総理大臣に復権させて起死回生をはかるが、逆に袁世凱は革命党と妥協をはかり、二月十日には孫文にかわって中華民国の初代大総統に就任した。

幼い宣統帝《せんとうてい》は退位し、清国は滅亡した。「ラスト・エンペラー」となったこの宣統帝（姓は愛新覚羅）こそ、のちに満州国の首班として担ぎ出される溥儀《ふぎ》である。溥儀は皇帝の座を追われたのち、天津の日本租界《そかい》で傷心の日々を送る。

ことに安堵した。

斎藤は、清国倒壊という歴史的事件にもかかわらず、日本が戦闘に加担することなく収拾した

四月初め、石本新六陸相が病死した。石本の死は、斎藤だけでなく西園寺内閣にとっても、大きな痛手となる。後任の上原勇作は山県有朋の息がかかっており、やがて内閣崩壊の引き金となる二個師団増設問題をもちだす。

この年は、訃報が相次いだ。

六月二十日午前九時、登庁していた斎藤に電話があった。

「お母様が危篤です」

たちまち、目の前が真っ暗になった。

母菊治は、斎藤がアメリカから帰国した翌年に水沢から上京して以来、日清戦争で帰郷した時期はあったものの、二十年以上にわたって東京暮らしが続いていた。

息子との晩酌を何より楽しみにしていたが、斎藤が海軍次官に就いたころから腎臓を患うようになり、さらに心臓も弱っていた。

この年三月にも体調を崩したが、その後もち直し、二日前の六月十八日には看護婦を伴って近所を散歩するまでに回復していた。そんな矢先の急報だった。

あわてて帰宅した斎藤だったが、母はすでに事切れていた。享年七十三。

「遅かったか……」

斎藤は重心を失ったように、その場にしゃがみこんだ。

母の臨終だけには立ち会いたい。そう願っていながら、海軍大臣としての職務に就いていたば

かりに、わずかの差で間に合わなかった。

葬儀は六月二十三日、水沢で執り行われた。


七月二十日、斎藤は横須賀の機関学校へ赴き、卒業証書を授与した。

卒業式が終わるなり、宮中にいる財部彪《たからべたけし》次官から電話が入った。当日の朝、新橋駅を発つとき、斎藤は天皇陛下のご病気を知らされたため、急きょ財部次官を宮中に伺わせていた。

「容易ならざるご容体とは……よもや……」

驚いた斎藤は予定を変更して帰京するなり、天機伺いのため参内した。

天皇陛下は七月十日には東京帝国大学の卒業式に臨席したが、その後体調を崩し、十九日夜から意識が朦朧《もうろう》となっていた。二十日になっても熱がさがらず、同日夜、官報号外で「天皇陛下が尿毒症に罹《かか》り、ご重体である」旨が発表された。

さらに斎藤を悩ますように、養子の斉（当時十五歳）までが高熱を発した。斎藤は宮中に参内する合間をみて、斉を赤十字病院に入院させた。それからというもの、斉の容体を心配しながら、宮中に詰める日が続いた。

秘書官の山梨勝之進（のちの海軍大将）はあるとき、侍従から話しかけられた。

「各大臣は、連日睡眠の暇もなしに宮中に詰めていて、いずれも相当の疲れを見せているのに、斎藤さんだけは平気でいらっしゃいます。海軍大臣の強いのには驚きます。徹夜を続けながら欠《あく》伸《び》もされないのですから」

山梨はそのことを斎藤に告げた。

「いや、昔は一週間寝なくても平気だった。今でも三日は寝なくてもだいじょうぶだがね」

斎藤は目を細めたが、すぐに自戒するように口元から笑みを消した。

七月二十九日午前十一時、各国務大臣は病床にある天皇への拝謁を仰せつけられた。原内相らとともに御寝所に赴いた斎藤は、昏睡している陛下の顔を拝し、胸が痛んだ。

午後十一時四十三分、治療のかいもなく天皇睦仁が崩御《ほうぎょ》した。享年六十一。皇族会議の結果、崩御の時間は三十日午前零時四十三分として発表することとなり、斎藤は、同五十分から正殿で行われた新帝の新器渡御の式に参列した。

式が終わると、崩御ならびに践祚《せんそ》の告示が発せられた。午後五時、枢密院会議が内閣で開かれ、新年号として「天興」「興化」「大正」の三案が奏上されたが、最終的に「大正」とすることで一致、ただちに改元の詔勅が発せられた。

この日、七月三十日から大正元年が始まった。

明治天皇の御大喪は九月十三日から、青山葬場殿で始まった。この日、乃木希典陸軍大将夫妻の殉死があり、世間を驚かせた。

斎藤は、京都・桃山で御埋葬の儀が終わる十五日まで海軍代表陪柩員の任を務めた。

翌日、上京した斎藤は乃木大将夫妻の遺骸を拝し、武人としての最期に深い感慨を覚えた。

## 長州閥と薩摩閥

天皇崩御という一大事を乗りきった第二次西園寺内閣だったが、この転換期に乗じるように倒閣の動きが激しくなってきた。

黒幕は、政党政治に不信を抱いていた山県有朋だった。山県は上原陸相を通し、西園寺が進めていた行財政整理に真っ向から対立する二個師団増設という無理難題を押しつけさせた。

上原陸相が正式に提案したのは、十一月二十二日の閣議の席上だった。

このとき、斎藤はリューマチに加え、つい一週間前に発した腎臓結石のために寝込んでいた。

十月十六日に海軍大将に任ぜられていた斎藤だったが、病には勝てなかった。

政府と陸軍との正面衝突は続き、上原陸相は十二月二日に至って辞表を奉呈した。

陸軍の協力が得られない西園寺内閣は五日、総辞職に踏みきった。

斎藤が進めてきた海軍充実計画は、一部とはいえようやく日の目を見ようとしていたが、その矢先、またしても振出しにもどされた。

西園寺内閣が倒れたのち、元老会議は誰を後継にするかでもめた。結局は、無難なところで、桂太郎を担ぎだすことでまとまった。十二月十七日、桂太郎に組閣の大命が降下した。

「また、藩閥政府か」

国民の大半は、そんな反応だった。

大正という新しい時代を迎えていながら、政治だけは明治と変わらない古い体質にしがみついている。これでいいのか。そのような声が、藩閥打倒の世論へと高まった。

一週間前から一宮別邸に引きこもっていた斎藤の周囲もにわかにあわただしくなった。その日のうちに上京した斎藤は、翌日には伊集院五郎軍令部長らと対応を練った。

正午過ぎにやってきた桂は、例によって留任を求めた。斎藤は即答を避けた。

「ご返答は書面で出させていただきたい」

「それはごもっとも」

西園寺内閣を倒壊に追い込んだのは陸軍である。陸軍は、行政整理で浮いた財源が海軍の充実費に充てられるのを知って、陸相による閣内クーデターを起こした。陸軍に権限をもつ桂は、すんなりと海軍の了承を得られるとは思ってはいなかった。

斎藤は書面でもって答えた。

「病軀《びょうく》を顧《かえり》みず押して就職したいところだが、海軍充実案が大正二年度より実行されない場合には、到底《とうてい》留任することはできない」

要請をはねつけられた桂は翌十九日、再び説得にやってきた。

「御上（天皇のこと）は御若年にわたらせられる。どんなにか御軫念《ごしんねん》遊ばしておいでだろう。私としても、何も好き好んでやるのではないのだから、そこを察して協力してもらいたい」

桂は、恐懼《きょうく》しながら大正天皇のために留任してほしいと泣きついた。斎藤は皇太子の時分から大正天皇の寵遇《ちょうぐう》を受けていた。大正天皇にとって最初の議会も迫っている。

「弱ったな」

斎藤は頭を抱えた。午後九時、桂邸に赴いた斎藤は、苦患の表情を浮かべながら海軍充実計画の延期と留任を承諾した。

この日、歌舞伎座では、「閥族打破、憲法擁護」をスローガンにした憲政擁護演説会が開催されていた。政友会からは尾崎行雄や岡崎邦輔、国民党からは犬養毅《いぬかいつよし》らが名を連ねていた。

いったんは留任を承諾した斎藤だったが、海軍内部には異論があった。

「海軍充実計画が容認されない以上、あくまでも留任を拒絶するべきだ」

との強硬論である。

その背景には、長州閥の陸軍に対する海軍の根強い不信感があった。この機会を利用して陸軍の横暴を牽制してはどうか、そのような声が強まった。十二月二十日、斎藤は海軍首脳部と協議した結果、前日の言を翻し、一転して留任拒否にでた。

いわゆる海軍ストである。

これを受けた桂は窮余の一策にでた。桂はこのとき内大臣（内大臣府は明治四十一年一月に設置）兼侍従長を務めており、宮中に権限をもっていた。

二十一日午前十時、御召により参内した斎藤は、勅語を賜り留任を仰せ付けられた。優諚《ゆうじょう》である以上、断るわけにはいかなかった。三十分後、宮中御座所において新内閣の親任式が行われ、第三次桂内閣が成立した。

第三次でも、後藤新平は逓信大臣（兼鉄道院総裁・拓殖局総裁）に起用され、再び斎藤とともに閣僚に名を連ねることになった。

桂が天皇を利用して首相に就いただけでなく、海相を留任させるにあたっても詔勅を利用したことから、国民の怒りは爆発寸前となった。いったん火がついた憲政擁護運動（第一次護憲運動）は、桂内閣打倒に向かって先鋭化する。

大正二年（一九一三）年を迎えた。

一月十七日、憲政擁護全国同志記者大会が東京・築地精養軒で開催され、桂内閣退陣を要求して気勢をあげた。大正政変の幕開けである。

追い詰められた桂はその三日後、新政党組織計画を発表し、民衆の矛先《ほこさき》をかわそうとした。しかし、いったんまわりだした時代の歯車は、もとにはもどらなかった。

二月五日、休会していた第三十議会が再開され、政友会と国民両党は内閣不信任決議案を提出した。このとき登壇した政友会の尾崎行雄は、「玉座を以て胸壁となし、詔勅を以て弾丸に代えて政敵を倒さんとする……」との演説を行い、天皇制を私物化している桂を弾劾《だんがい》した。

ただちに議会は五日間の停会となった。第三十議会は一月二十一日から十五日間の停会があったばかりで、今度が二度目の停会となった。

斎藤は病を押して桂首相とかけあい、やっとのことで海軍充実費の一部内定にこぎつけていた。だが、その海軍充実費も議会で審議されないことには成立しない。

二月十日、議会再開の朝、山本権兵衛は桂邸に出向いた。

「山県とあなたとは新帝を擁し、勢威をもてあそんで天下の禍《わざわい》をひきおこした」

そのように罵倒《ばとう》して辞職を迫ると、政友会本部に西園寺を訪ね、政府糾弾を激励した。海軍大将が政党の本部に激励に訪れることなど、前代未聞のことだった。

議会再開を控え、警視庁では五千人近い警察官を議事堂のまわりに配置させ、警戒を敷いていた。これに対し、護憲派の民衆は議事堂周辺にぞくぞく集結した。

議会は再開されたが、すぐに三日間の停会となった。

これを知った群衆の一部が暴徒化し、新聞社や交番などを襲撃した。夜になっても騒動は治まらず、東京は無政府状態となった。

翌十一日、満身創痍《まんしんそうい》の桂内閣は総辞職した。わずか五十日余の短命内閣であった。

その日のうちに宮中で元老会議が開かれ、最初に推された西園寺は病気を理由に辞退し、山本権兵衛を推挙した。山本は政友会の協力を仰ぐことを条件に組閣を承諾した。

二月十二日、山本に組閣の大命が下った。直ちに斎藤は、官舎において山本に会見した。

「今回だけ留任して、わしを助けてくれ」

斎藤は返答に窮した。かつて海軍大臣、海軍次官として絶妙のコンビを組んだ間柄ではあるが、政治は大局的な観点から見る必要がある。翌日、「今回の内閣辞任は尋常の更迭《こうてつ》と同視することはできない。新内閣の成立によって人心の融和、局面の転回をうながすべきであり、新しい適任者を挙げることが必要である」

という内容の書簡を送り、島村速雄《しまむらはやお》中将を後任に推薦した。

斎藤が危惧《きぐ》していたように、桂内閣を倒壊して意気あがる護憲派は、

「桂から山本への首のすげかえは、長州閥から薩摩閥に変わるだけにすぎない」

として、今度は山本を新たな標的にしていた。

山本との提携を知った政友会でも、これを支持する原敬らと、あくまでも閥族打破を唱えて反対する尾崎行雄らとが対立した。

山本の組閣は完全に宙に浮いた。

最大のネックは海軍と政党が手を結ぶというやっかいな構図にあった。

海軍と政友会。そこには薩摩というキーワードが存在する。原は早くから薩摩の指導者たちと接し、その考え方や気質などを知悉《ちしつ》していた。藩閥打倒をめざしていた原だったが、その過程で政党政治に一定の理解を示す海軍と結びつく必要性を認識していたのである。

「今、山本内閣の擁立に失敗すれば、再び山県の息がかかった官僚派内閣が出現することになる。これは政党政治の確立のために必要なのだ」

そのように原は説いたが、閥族打破に凝り固まった尾崎行雄は耳を傾けなかった。

原自身は、「世間の誤解を招く」として山本内閣に加わる気はなかった。事実、山本にその旨を伝えた。が、「君がならないのなら、自分もやめる」と強く説得されたため、「一段落した時点で辞める」ことを条件に承諾した。

斎藤もまた、政友会との提携を理解していたが、護憲を叫ぶ民衆運動に応えるためにも、一線から退き、後任に椅子を譲るべきとの考えを崩さなかった。が、結果的には、原と同じように山本の再三の説得を受けて留任を決意する。

二月二十日、第一次山本内閣が成立した。

親任式と同時に高橋是清《これきよ》、奥田義人、山本達雄の三人が政友会に入党したため、閣僚のほとんどが政友会で占められた。ここに、政友会閣僚の上に海軍大将が首相に就くというきわめて特異な内閣が船出した。

## シーメンス（ジーメンス）事件

「いずれ、時機を見て退任するとしよう」

斎藤實は、第一次西園寺内閣で海軍大臣に就いてから、第二次桂、第二次西園寺、第三次桂と留任を続けてきていた。四十七歳で大抜擢された少壮大臣も、今では五十四歳になっていた。大禍なく務めてきた斎藤も、ここらが潮時だとわきまえていた。

大正政変の真っ只中、火中の栗を拾うようにして誕生した第一次山本内閣だったが、世情が落ち着くに従って、しだいに国民の信頼を高めていった。

十一月五日朝、斎藤は横須賀へと赴いた。

この日、海軍がイギリスのビッカース社に発注していた巡洋艦金剛（二万七千五百トン）が回航されてきたからである。艦内を巡視した斎藤は、最新鋭の設備に満足した。

十一月二十七日、海軍の軍備補充費を協議する閣議が開かれた。

閣議では、財政難を理由に原案の三億五千万円は認められず、一億五千四百万円を第三十一議会に追加要求することでまとまった。当初の要望は実現しなかったものの、斎藤は緊縮財政のなかで、これだけの予算がついたことに一応の理解を示した。

この軍備補充費は、二個師団増設を先送りされている陸軍を刺激した。

第三十一議会は、十二月二十四日に召集された。

内閣誕生時には過半数を割った政友会だったが、離党していた議員が続々と復党したため、ふたたび絶対多数を得ていた。これに対し立憲同志会は九十三人、犬養毅率いる国民党は四十人、中正会は三十七人の代議士しか抱えていなかった。三党が束になってかかっても、政友会にはそれをはねのけるだけの余裕があった。

大正三年（一九一四）が明けた。

一月二十一日、休会明けの議場で、山本首相、高橋蔵相、牧野外相の施政方針演説が行われ、翌日からは衆議院予算委員会が開かれた。

「いよいよ、海軍充実費の追加予算が審議の俎上《そじょう》にのぼる」

斎藤は気をひきしめた。いやがうえにも緊張感が高まる。

一月二十三日を迎えた。朝刊に目を通した人々は、耳慣れない「シーメンス」という会社名と「贈賄事件発覚」という文字が紙上に躍っていることに驚いた。最も大々的に報じていたのは、「時事新報」であった。この記事を見て「してやったり」と小躍りしたのは野党議員である。

新聞記事は、イギリス・ロイター通信社が発した電報に基づくものであった。時事新報社以外にも同通信社と契約していた新聞社はあったが、いずれも軽く扱っていた。

電文は次のようなものだった。

社「ベルリンの報道によれば、カール・リヒテルという者、シーメンス・エンド・シュッケルト会社東京支店より書類を窃取せる罪で、二ヵ年の懲役を申し渡されたが、同人は審問の際、同会社が注文を取るため日本の海軍将校に贈賄した旨を申し立てた。

リヒテルの弁護士の言によれば、リヒテルが窃取した書類は、シーメンス会社がすべての海軍に関する注文に付いては三割五分、無線電信に関する請負については一割五分のコンミッション（手数料）を贈与せんことを、日本海軍省の官憲に申し込んだことを示すもののようだが、法廷において朗読された唯一の書類は被告よりシーメンス会社重役にあてた書簡にて、該書簡には、窃取せる書類より引用せる文句若干あり……」

電文には、ロイター通信社員の推測も少なくなかった。だが、海軍と政友会の粗探しをしていた野党にとっては、そんなことはどうでもよかった。

同日午後、衆議院予算委員会で、立憲同志会の島田三郎は時事新報を手に登壇し、長々と時事新報の記事を引用したのち、

「……これは実に重大な事件で、現在、国民は海軍がにわかに艦隊を増すということについて、いかなる目をもって見るか。海軍の軍紀を大いに疑わざるを得ない。不幸にして私は現在、政府の御方といっては悪いが政府のある御方は信じない。一般の事について言及すれば、このような事を取り締まる責任のある警保局長が、二度までも原内務大臣の下に信任されて官に就いていたのであります」

と語気を荒らげて語り、いつしか質問は海軍への不信感と原内相に対する誹謗《ひぼう》へと変わっていた。さらに島田は、海軍が信用できないと連発したうえ、

「しかも、陸軍が切迫して国防の欠乏を訴えればこれは緩やかであるという。急の急なるものは

国防の欠乏である。今日予算を見ると、海軍に至っては昨日来の問答において明白である。さらに陸軍の方の支出を見れば国防の緩の部に入れている……」

と、海軍攻撃・陸軍擁護の態度を鮮明に示した。もともと、同志会は桂太郎の提唱によって結成された性格上、陸軍や長州閥官僚派をバックボーンにしていた。

斎藤は次のように答弁した。

「ただ今、島田君より長くお述べになりましたが、私も今日、新聞を一読しまして驚いたしだいであります。約二ヵ月ばかり前、シーメンス・シュッケルトの支配人たるヘルマンが、総領事館のヒュールという人と同道いたして私に会見を求め、海軍省において会いました。ヘルマンの言うには、会社の秘密書類を盗まれ、それがある新聞の通信員の手に渡って、金を出すならばこれを公にしないと脅迫されているということでありました。

それがいかなる秘密のものであるか知りませんが、それが新聞記者の手に渡って新聞に出ようがどうしようが一向にさしつかえない。海軍においてはそのような曲事がないとかたく信じている。しかしながら、そのような曲事があれば、それをただすのが私の職責であるから一向に構わない、新聞に出させてさしつかえない。そのように申したのであります」

斎藤は誤解を招かないよう経緯をありのままに述べ、前年十一月の時点で官憲にも調査を依頼していたことを明らかにした。

島田は契約の方式についてただした。

斎藤は少しもあわてずに、「契約の書面の写しは検査院に出してあり、いつでもお目にかけることはさしつかえない」と答弁したうえ、コミッションはあくまでも外国企業における本社と代理店の商行為の慣習であり、海軍とは関係がないと述べた。

だが、この問題が山本内閣打倒の切札になると判断した野党の追及が、斎藤の答弁ぐらいでゆるむことはなかった。

議会はさながら「シーメンス国会」の様相を呈した。

一月二十六日、リヒテルは東京代理店の支配人ヘルマンを脅迫するために秘密書類を盗み、東京在勤のロイター通信社員プーレーに売りつけ、リヒテルにかわってプーレーがヘルマンを脅迫、ヘルマンは二十五万円でその秘密書類を買いもどしたという事実が明らかになった。

島田は、「ヘルマンがプーレーから秘密書類を買いもどしたのは、海軍贈賄の暴露を恐れたため」として厳しく追及したうえ、原内相や牧野外相に対しても、警察当局の取り締まりが生ぬるいとして辛辣に批判した。このため、海軍では二十八日、出羽重遠《でわしげとお》大将を委員長とする査問委員会を設け、本格的な調査に乗りだした。

翌朝、警視庁は赤坂霊南坂の自宅にいるプーレーを検挙し、東京監獄に収容した。

同日の衆議院本会議では、中正会の花井卓蔵が海軍問題顛末《てんまつ》報告を求める緊急動議を提出し、成立した。山本首相に次いで答弁に立った斎藤は、

「シーメンス会社支配人のヘルマンとドイツ総領事館のヒュールが訪れたのは、前年十一月十七日のこと」

として、より詳細な経過報告を行った。

さらに要求に基づき、ドイツ裁判所から電報で届けられた判決文、同社社員が持参したヘルマンからの書面、前日に届いたシーメンス本社からの電報全文を紹介した。書面や電報には、「日本海軍士官にコンミッションを支払ったことがない」旨が綴られていた。

緊急動議による顛末報告は終わったが、院外では、新聞報道の多くが海軍の腐敗を暴く論調に

なっていたこともあり、山本内閣打倒の民衆運動が起こっていた。

二月六日には、政府弾劾の演説会が両国国技館で開かれた。

世間には山本首相に対する憶測が先行し、噂が噂を呼んでいた。政府内部からも山本首相に疑惑を抱く者が出てきた。原内相は八日、山本首相に面会した。

「賄賂によって巨万の富を蓄えているとの風評が流れているが、事実かどうかうかがいたい」

「けっして心配するには及ばない。財産は質素に生活した結果、多少はあるものの、例えば邸宅を例にとっても、もとは安価に買い入れたものが、今日の時価で相当の価格となったものであって、心配するような財産はない」

原も山本の清廉潔白な性格を知っており、その言葉を額面通りに受けとった。

政府の責任追及は、衆議院予算分科会においても蒸し返され、九日には海軍予算に関する修正意見が出され、戦艦一隻分の建造費三千万円が削減されることになった。

二月十日を迎えた。前年のこの日、憲政擁護運動がピークに達し、議会を包囲した群衆が交番や政府系新聞社を焼き打ちし、桂内閣を辞職に追い込んでいる。

「あれから一年か……」

斎藤もいやな予感がしていた。

護憲運動では、長州閥（陸軍）政権を倒すことに成功していたが、今回は政友会と薩摩閥（海軍）が攻撃の標的とされていた。

日比谷公園では内閣弾劾国民大会が開かれ、内閣弾劾を決議した群衆は続々と議院の周囲に詰めかけた。その数は三万人にものぼった。

午後一時、衆議院本会議が開かれ、同志会、国民党、中正会の三派有志による内閣弾劾決議案が提出された。院外で怒号が飛び交うなか、決議案は多数を占める政友会によって否決された。決議案否決の知らせによって、民衆の怒りは頂点に達した。

「今、退院すれば袋叩きに遭う」

閣僚や政友会議員は、興奮した民衆の罵声に萎縮した。出るに出られない、と知った与党議員たちは籠城を余儀なくされた。

山本首相も斎藤海相も口を真一文字に結んだままだった。まさか、海軍に応援を求めるわけにはいかない。原内相はあらかじめ、このような不測の事態に備え、万が一の場合は麻布兵営から出兵してもらうことで陸軍側の了解を得ていた。

「こうなれば、陸軍に出動してもらうしかあるまいな」

原内相はただちに陸軍に対し、兵を出すように要請した。

急報がありしだい三、四十分で到着すると確約していた陸軍側だったが、いくら待っても現れるようすはない。原は楠瀬幸彦陸相に「これは何事か」と詰め寄った。

「私から直接、師団に命令を出すことはできない。これは何かのまちがいと思うが、調べてみないことにはわからない」

楠瀬も当惑していた。警保局の属官が連隊に問い合わせても、一向に埒《らち》があかない。

時計の針は午後五時をさしていた。夜になれば暴動に発展するかもしれない。

「強行突破しかないか」

原内相は警視総監に命じ、巡査を正門に集中させ、右折する道沿いに血路を開かせた。閣僚や議員たちはその道を通ってかろうじて脱出した。

「こんなかたちで逃げだすとは、情けない」

斎藤は戦線から離脱するような後ろめたい気分になった。陸軍と海軍の代理戦争と化している議会に対する失望、真実を知らずに扇動されて騒ぎたてる群衆への複雑な思いも重なる。

議院がもぬけのからとなって数時間後、麻布第三連隊から一個大隊が到着した。

二日後、予算案は喧噪のうちに衆議院を通過し、二月十四日からは貴族院本会議で審議が始まった。シーメンス問題の経過報告を求められた斎藤は、悲壮な顔つきをしていた。

「……実は、現役将校のなかに犯罪事実明らかなる者があって、軍法会議に付して取り調べ中であります」

煮え湯を呑まされた思いで、事実関係を明らかにした。

取り調べられていたのは、沢崎寛猛海軍大佐と藤井光五郎海軍機関少将の二人で、いずれも収賄容疑であった。

議会が騒然としているなか、検察当局はシーメンス事件の捜査の過程で、これとは別に三井物産会社と海軍との収賄事件を突きとめていた。

二月中旬には同社の帳簿を調査したうえ、同社重役で陸海軍御用達担任の岩原謙三から事情を聴取した。さらに同社顧問で海軍予備役将校の松尾鶴太郎、呉鎮守府司令長官の松本和の自宅や官舎などの捜査に踏みきった。

野党議員の大半は、これらの捜索はシーメンス事件の延長としてとらえ、シーメンス以外の外国企業と三井物産がかかわる新しい事件だとは思ってもいなかった。

三月二日からは、貴族院予算分科会において海軍予算の審議が開始された。

貴族院は山県有朋や桂太郎によって築かれた官僚派の牙城となっている。予想されていたこととはいえ、海軍への風当たりは衆議院以上に激烈なものとなった。

「陸軍をないがしろにして、海軍だけが拡張するのはおかしい」

衆議院で削減された三千万円に加え、さらに四千万円を削減すべきであると、シーメンス事件の弱みにつけこむように、海軍予算削減の大合唱となった。貴族院は、第二十八議会において海軍充実希望の付帯決議をしていた。今回の削減要求は明らかにその決議と矛盾する。

斎藤は海軍大臣として正念場を迎えた。

「これ以上の削減は、将来の国防力を危うくするものであります」

必死になって説いたが、結果的には海軍補充費原案より合計七千万円削減の修正案が可決され、三月九日からの予算委員会に報告された。

予算委員会でも、山本首相は「収賄問題と予算審議とは分離してほしい」と訴え、斎藤は特別に発言を求め、「削減は衆議院の修正案の範囲にとどめてほしい」と協力を求めた。

だが、倒閣闘争と化したこの時点では、山本や斎藤の訴えも空しかった。

予算委員会は海軍充実費四千万円の削減を大差で認めた。三月十三日、貴族院本会議が開かれ、修正予算が上程された。本会議では、またしても収賄問題をめぐる政府の責任をめぐって論戦が展開された。採決の結果、本会議では予算委員会の修正案を圧倒的多数で可決した。

シーメンス事件の裏には、薩摩と長州、海軍と陸軍といった対立構図のほかにも、三井と三菱という二大財閥の思惑もあった。

翌日、貴族院で可決された海軍充実費の修正案が衆議院に回されると、奇妙な現象が起こった。それまで政友会の施策に異議を唱えてきた国民党の犬養毅は、院議尊重に同意して貴族院案に反対したのである。これにより両院協議会が設立された。

世間では犬養の変心に疑問を抱き、三菱との関係をとりざたするようになった。憲政擁護会が犬養を除名する動きに出ると、犬養は同志会や中正会とともに内閣弾劾決議案の上程に踏み切り、自ら提案説明にあたった。

三菱とさらに関係が深かったのは、同志会総裁の加藤高明である。加藤は東京帝国大学を卒業後、三菱に入社し、三菱財閥の創業者である岩崎弥太郎の娘春路と結婚しており、三菱の婿と呼ばれていた。三井は海軍や政友会と関係が深く、三菱は同志会のスポンサーでもあった。

三月十九日、衆議院と貴族院の意見を調整する両院協議会が開かれた。

さらに衆議院では、引導を渡すように犬養毅ら五人（国民党、同志会、中正会所属議員）によって内閣弾劾上奏案が提出された。

「もはや、これまで……」

山本首相は覚悟を決めた。

三月二十四日、前日からの雨はなお降りやまない。斎藤は沈鬱《ちんうつ》な面持ちで閣議に出向いた。

「よもや、このようなかたちで海軍大臣を退くことになろうとは」

やり場のない怒りや失望、無力感が交錯した。閣議は午前十時から始まった。山本首相はこれまでの経緯を説明し、

「海軍収賄問題の裁判決定まで留任したかったが、ここに至ってはやむをえない」

と述べ、辞職について同意を求めた。

山本首相は長文の奏上文をしたためると、斎藤や原など全閣僚の辞表をとりまとめた。辞表を奉呈した山本は、陛下から「誰が後任に宜《よろ》しきや」と尋ねられ、「原に命ぜらるるの外なし」と

言上した。

大正政変のあとを受けて誕生した山本内閣だったが、シーメンス事件に端を発した一連の倒閣運動によって、一年一ヵ月で総辞職を余儀なくされた。

翌日には、斎藤は在京の将官や各部長、班長ら六十一人を官舎に招き、訓示した。

「本年一月、衆議院において予算会議の開かれた際、ドイツ電報によりシーメンス問題突発し、反対党及びその一派は、新聞に演説にこの問題を利用して海軍および政府を攻撃し、現政府を困らせようと努めたり。不幸にしてわが海軍部内にその不正事実の反応を認めるに至るは、はなはだ遺憾なり。しかれども、問題はある局部にとどまり、全海軍の問題にはあらず。

この海軍局部罪悪の問題をとらえて全政府を攻撃する材料とし、捏造《ねつぞう》したること、想像でもって総理大臣を攻撃するごときは、遺憾なりというべし。国防の予算に関する貴族院の審査においては、この汚職問題と関連させ、陸軍の増師問題と結びつけ、不条理なる理由のもとに（衆議院で削減された三千万円に加え）さらに四千万円の削減を行い、衆議院との確執に至り、ついに予算の不成立を見るに至れり。国家のため憂慮に堪えざるしだいなり」

斎藤はシーメンス事件が将来の日本に禍根を残す結果にならなければいいがと懸念した。

## 予備役に編入される

山本権兵衛は後任として原敬を上奏していたが、元老会議において山県有朋が反対したため、あっさりと葬られた。原は幻の総理に終わった。

三月二十九日、貴族院議長の徳川家達に組閣の大命が下ったが、徳川は三十日、親族会議の結果として組閣の大命を拝辞する。

その日、枢密顧問官の清浦奎吾《きようらけいご》が、斎藤實の私宅を訪れた。

清浦は嬉々としていた。清浦は明治十九年、当時内相だった山県の下で警保局長に抜擢され、貴族院議員を経て第二次山県、第一次桂内閣で法相を務めた。世渡り上手な性格で、世間には灰色の人物として知れ渡っていた。

「大命が降下したおりには、何としてもご協力願いたい」

斎藤は有頂天になっている清浦を冷ややかな目で眺めていた。

翌三十一日、清浦に組閣の大命が下った。清浦はさっそく、官僚出身の新人を中心に入閣交渉を進めた。四月初めには、海軍大臣の椅子だけを残して全閣僚の内定を得るまでにこぎつけた。

次期海相と目された松本和は、軍法会議にかけられている最中である。

後任には、第一艦隊司令長官の加藤友三郎が浮上していた。

加藤中将は四月四日、斎藤らと相談のうえ、「臨時議会を召集して海軍補充計画を貫徹する。それが無理な場合は年度分の補充費（戦艦建造費九百五十万円）を政府の責任で支出する」ことを入閣の条件として提示した。

あせった清浦は、「内閣成立後に誠意をもって海軍補充計画の実現に努める」として説得を試みたが、海軍にも意地があった。六日午後三時、加藤は清浦に対し、正式に辞退を告げた。

その三十分後、清浦は斎藤とかけあうためにやってきた。

「加藤にかわる候補を斡旋してほしい」

清浦は必死だった。権力の座に固執する清浦に、斎藤は眉を曇らせた。

「今の状態では、誰と交渉しようと、結果は同じだと思う」

冷たいようだが、それは海軍部内の感情を代弁するものだった。

翌日、参内した清浦は、組閣辞退を奏上した。

海軍の逆襲によって潰されたこの内閣を、世間は「清浦流産内閣」と呼んだ。


四月九日午前四時、四谷の斎藤邸に電話の音が鳴り響いた。

それは皇太后の危篤（実際には同日午前一時五十分に崩御）を知らせるものだった。午前七時十五分、斎藤は山本や原、さらには山県や松方の元老らとともに宮廷列車に同乗し、沼津に向かった。この宮廷列車の中で、天皇は山本と原を別々に招き留任を希望した。

斎藤は沼津御用邸で遺骸を拝すると、その日の夕方には帰京した。

翌日午後十一時半過ぎ、斎藤は春子とともに新橋に赴き、皇太后の遺骸を奉迎した。皇太后の崩御は十一日午前二時十分ということで発表されることになった。

皇太后の崩御を境に、政局は一気に走りだした。

四月十三日には急転直下、大隈重信に組閣の大命が下った。大隈の推挙を決定づけたのは、静岡市の興津《おきつ》に病臥していた井上馨《かおる》だった。井上は大隈一派から「清浦奎吾が流産したのは、薩摩と政友会の陰謀」と吹聴《ふいちょう》されて激怒、病を押して上京し、元老会議の陣頭指揮を執っていた。

翌十四日午後十一時十五分、大隈の使いという江木翼が斎藤を訪れた。

「大隈伯は、海軍大臣として、舞鶴鎮守府司令長官の八代六郎をご希望しておられる」

八代は清廉潔白な武人として知られていた。また、皇太后崩御で国民が悲嘆に暮れているなか、これ以上、政局の混乱を招くわけにはいかなかった。斎藤は八代中将に打電した。十五日、上京した八代は海軍軍備補充のための臨時議会召集を条件に海相就任を諾した。

「これで、終わったか……」

斎藤はさすがに全身の力が抜けたような気がした。シーメンス事件をきっかけに総辞職してから、後継内閣が決まらないまま、はや三週間以上が経っていた。


四月十六日、斎藤は、海軍省において新海相の八代六郎と事務引き継ぎを行った。

海軍次官には鈴木貫太郎少将、軍務局長には秋山真之少将が起用されていた。

海軍省を離れる斎藤は、「鈴木と秋山なら、八代をしっかりと補佐してくれるだろう」と思いながらも、山本権兵衛のことを思うと慚愧《ざんき》に堪えなかった。

「何らやましいことはなかったとはいえ、自分は海相として責任をとらなくてはならない。しかし、山本伯まで誹謗される覚えはない」

斎藤が山本海相に請われて海軍次官に就いたのは明治三十一年十一月、くしくも今回の山本降ろしに暗躍した山県が二度目の内閣を組閣したときだった。

以来、満十五年五ヵ月にわたって本省勤務（うち次官は七年二ヵ月）が続いた。海軍大臣になった明治三十九年一月から数えても八年三ヵ月の歳月が流れている。この間、第一次西園寺から第一次山本まで五代の内閣に仕えた。

斎藤は職員の見送りを受けながら、海軍省玄関の石階段をおりた。

本来なら、慣例として新内閣の親任式と同時に、前官礼遇（功労顕著だった大臣などに在官当時の待遇を与えること）の辞令が出されるはずだったが、山本を除いた原、斎藤の岩手コンビと牧野伸顕の三人は翌日になって発令された。これは異例のことだった。

異例といえば、八代海相の方針によって、組閣翌日に山本と斎藤の両大将が待命となり、五月十日には予備役に編入となった。

「これは、あまりにもむごい仕打ちではないか」

そのような声が海軍内部からもあがった。東郷平八郎元帥《げんすい》は、やはり元帥の井上良馨《よしか》とともに、この措置に対して苦言を呈するため八代海相を訪れた。

東郷と井上両元帥が八代海相を訪れたとき、人事局長から次官に抜擢されたばかりの鈴木貫太郎は、八代から立ち会いを命じられた。

「なぜ、山本と斎藤の両大将を予備役に編入されたのか。その理由をうかがいたい」

東郷と井上が詰問すると、八代は海軍予算の不成立、松本和中将の収賄による海軍名誉の毀損など三点の理由をあげ、

「海軍部内における信頼はもはや地に墜ち、現役に留まる必要なしと認むるに至れるなり」

と手厳しくいった。

これを聞いた東郷は平然として辞去したが、井上は不平をもらしながら立ち去った。

八代は側近に、「これまで東郷元帥を神様のように思っていたが、元帥もやっぱり人間だ」と語っている。東郷にすれば、「これ以上、何をいっても無駄だ」と判断したのかもしれない。

八代海相の英断は、海軍の信頼を高めたとして評価されることが多い。だが、八代の秘書官を務めた野村吉三郎（のち外相・駐米大使）は、「清廉な人だったが、政治的な手腕については、山本さんや斎藤さんにははるかに及ばなかったように思う」と述懐している。

この年の夏、第一次世界大戦が勃発し、大隈内閣のもとで日本も参戦する。

# 第七章――朝鮮総督

## 原首相から説得される

大正八年（一九一九）年六月、シーメンス事件からはや五年の歳月が流れていた。斎藤實は六十歳になっていた。還暦である。

この間、世界はかつてない変動に揺れた。斎藤が現役を退いた夏に勃発した第一次世界大戦は前年十一月に終わったが、戦後の新しい秩序をめざすパリ講和会議（ベルサイユ会議・一月十八日開会式）はいまだに難航していた。

原因のひとつは、煮えきらない日本の態度にあった。日本はドイツに宣戦布告し、中国山東半島の膠州湾《こうしゅうわん》・青島《チンタオ》などを占領して戦勝国となった。講和会議では五大国の仲間入りを果したものの、肝心の交渉では自国の利害に関係ある問題について発言するだけで、サイレント・パートナーとのあだ名をもらうほど、各国から顰蹙《ひんしゅく》を買っていた。

国内では、大正七年九月二十九日、原敬内閣が誕生していた。

パリ講和会議へは、原首相自ら全権代表として赴くように希望する声もあったが、国内問題が山積していたため日本を離れるわけにはいかなかった。

六月のある日、陸軍大臣の田中義一（大将）が斎藤のもとを訪ねてきた。

「陸軍大臣がなぜ、私のところに」

不審に思った。田中はおもむろに切りだした。

「朝鮮に赴くつもりはありませんか？」

第三代目の朝鮮総督になる気はないかとの打診である。

「いや、そんなことは考えたこともなかった」

斎藤は一笑に付した。

「そんなことはおっしゃらず、ぜひお引き受けしていただきたい」

「実は、これから北海道にいって農業をすることになっている」

「北海道ですか？」

それは事実だった。斎藤は、別棟に息子（養子）の斉とともに、旧藩主だった留守家の子息を同居させており、その子息とともに北海道で農業をしようと決意していたのである。すでに十勝の開墾地を用意しており、出発の準備も整っていた。

留守家の子息というのは、景福の一子、邦太郎だった。邦太郎は斉と同じ明治三十一年生まれで、二十一歳になっていた。

斎藤は、原敬が南部家の世話役をしたように、留守家の面倒をよくみた。邦太郎を私邸に引きとって、自分の子供のように育てたのもそのひとつである。また、親戚の入間野武雄や書生も同居させるなど、一時は五人もの若者を離れに住まわせ、わざわざ水沢からサキヨというお婆さんを賄《まかな》いとして招くほどだった。

邦太郎は中学を卒業したあと進学の意志がなかったことから、土いじりが好きだった斎藤は、邦太郎とともに北海道への移住を思い立った。邦太郎が一年志願の兵役を済ませたこの年、北海道に第二の人生を託して出発するばかりとなっていた。

「よりによって、朝鮮とはな」

斎藤が断るのもむりはなかった。

朝鮮ではこの年三月、民族独立や排日を叫ぶ三・一独立運動（万歳事件）が起こり、全国に波及していった。これに対し、朝鮮総督府は力でねじふせる方針をとり、厳しい弾圧で臨んだ。

朝鮮民族にとって、朝鮮総督はいわば悪の権化《ごんげ》であり、屈辱と憤《ふん》怒《ぬ》の象徴であった。だからこそ、原首相は頭を痛め、人事を一新させ朝鮮の統治方針を変える必要性を痛感していた。

しばらくして、田中陸相が再び斎藤を訪れ、前回以上に強く朝鮮行きを要請した。

「ほかに適当な人物がいるだろう」

斎藤はやさしく諫《いさ》めた。

数日後、今度は海軍大臣の加藤友三郎がやってきた。斎藤は友人の来訪を歓迎したが、用件は田中陸相と同じ内容だった。斎藤は渋い顔をした。

「君までそんなことをいうのか。この間、田中がきて勧めるのを断っておいたところだ」

友人とあって、忌憚《きたん》のない意見が交わされた。

「強いて勧めはしませんが、朝鮮がごたごたしているようで、誰かが面倒をみてやらなければ困るので、気持ちを聞いてこいといわれたまでです」

加藤は断念した口ぶりで帰宅した。

六月二十七日、今度は思いがけなく原首相自ら乗りこんできた。

「せっかくだが、朝鮮にはいく気はない」

斎藤は先手を打った。だが、原の方が一枚上だった。

説得する前に朝鮮統治の問題点をあげた。朝鮮総督府官制は明治四十三年、日韓併合の際に制定されたもので、総督は陸・海軍大将を充てるなど武官統治が敷かれていた。

「今年で総督政治は十年目を迎えたが、その成果はお世辞にも芳しいとはいえない。台湾総督もそうだが、ここらで朝鮮統治の制度を根本的に革新させ、文治主義に改めたい」

原は朝鮮統治の弊害を列挙し、力で押えこむ政策ではなく、朝鮮民族との共栄共存をはかるべきと変革の必要性を説いた。

「たしかに、そのような制度は変えなければ駄目だろうな」

斎藤はついつい、熱っぽく語る原につられそうになった。原はすかさず突っこむ。

「私もそうする心積もりだから、この際ぜひいってもらいたい」

斎藤は目を覚ますようにあわてて首を振った。

「いや、それとこれとは別。やはりご免こうむる」

固辞したが、原の執拗な説得は続いた。

「それほどまでにいうならば、しかたないからいこう。しかし、仕事をするには、まず人を集めなければならないが、自分には適当な友達もなければ、もちろん子分などというものはない。ただ、水野錬太郎は内務畑の男だから、人を集めるのにも都合がいいだろう」

ついに斎藤は根負けした。原は柔和な顔つきになり、目を細めた。

「私も水野がいいと思う。しかし、君から水野に話してはいかん。私が話すから」

原はいそいそと斎藤邸をあとにした。

「してやられか……」

斎藤は苦笑したが、大変な役をひき受けてしまったと思った。

原から説得された水野は最終的に、総督府部内の人事を一任させてくれることを条件に、政務総監を引き受けることにした。斎藤の度量を懸念していた水野は、人事の更迭について相談するために斎藤の私邸を訪れた。

「自分は文官方面のことは何も知らぬ。人事は万事、君に一任するからよろしく頼む」

知己《ちき》で固めたがる人間が多いなか、水野は斎藤の恬淡《てんたん》とした態度に驚いた。

「それではせめて、秘書官だけでも斎藤さんの意中の人に」

「いや、秘書官も特別に懇意な人もないし、これも君の推薦に任せる」

水野はこのとき初めて、斎藤の公平無私な態度に感服した。

これをきっかけに、水野は斎藤に傾倒する。人事を一任された水野は、秘書官や内務局長、殖産局長に現役の知事を起用するなど、総督府の一新をはかる。

八月八日、首相官邸で原首相や閣員と会見した斎藤と水野は、正式に朝鮮行きを承諾した。

十二日、斎藤は長谷川好道にかわって第三代（初代は寺内正毅）の朝鮮総督に、水野は山県伊三郎（山県の養子）の後任として政務総監に就任した。

この際、斎藤は「特に現役に列せしむ」との辞令を受け、海軍大将として赴任することになった。斎藤は面映ゆかった。というのも、朝鮮総督府の官制改正の中身はほぼ固まっており、総督は文官出身者でも就けることになっていた。

「自分としては、予備役のままでも、いっこうにさしつかえないのだが」

むしろ、軍人でない方がいい、そう思っていたのである。だが、当初、新官制が施行されるまで長谷川総督にやってもらおうとしたものの、長谷川がこれを拒否したため、不本意ながら、斎藤に現行の官制が適用されたのである。

「またしても、軍人による統治か」

事情を知らない朝鮮の人たちからは、そのような失望と反発を招くことになった。

「北海道にいくつもりが、朝鮮に赴くことになってしまった。申し訳ない」

斎藤は春子に頭をさげた。

「いいえ、私はかまいません。どこへでもお供いたします」

「生命を狙われるかもしれん」

「そのときは、あなたのお決めになったことですから、天命だと諦めもつきましょう」

春子はきっぱりといった。

## 駅頭で爆弾の洗礼を受ける

八月二十八日午前八時三十分、斎藤實夫妻は水野夫妻ら約二十人とともに、親戚や友人ら数百人の見送りを受けて東京駅を出発した。

翌日夜、京都に着くと、京城（明治四十三年の日韓併合のとき漢城を改称。ソウルの旧称）から不穏な動きを伝える情報が入ってきた。

一行は大阪を経て、三十一日夜に下関に到着。直ちに連絡船新羅丸で日本を離れた。

九月一日朝、斎藤一行を乗せた新羅丸は釜山港に着いた。東京日日新聞は二日付で、「平民総督の乗込」の見出しで、次のように報じている。

「斎藤新総督一行の朝鮮入りは、その第一歩において好印象を与えたようである。桟橋に出迎えた数千人の朝鮮人は、制服いかめしい海軍大将の新総督を迎えるものと思っていたが、総督・政務総監ともに瀟洒《しようしや》なフロックコートでニコニコとして出迎えの官民に挨拶、当地の有力朝鮮人らはすこぶる感激した態度で、衷心《ちゆうしん》より敬意を捧げたようである」

その温厚な顔と謙虚な態度は、いかにも平民的であったらしい。

平民総督という呼称は、新聞社の造語ではあるが、平民宰相と呼ばれた原首相を念頭に入れて命名したことはいうまでもない。

九月二日午前七時、一行は釜山駅を出発し、京城をめざした。途中の各駅においても、斎藤は出迎えの官民に対して終始にこやかに接した。

「とても、大将総督には見えないな」

フロックコートを身につけていたこともあって、いかめしい軍人を想像していた人々は、意外の感を抱いた。停車する駅ごとに歓迎の人波が揺れる。

斎藤は温厚な笑みをたたえていたが、車中の新聞記者たちから口々に不吉なことを告げられていた。同行していた学務局長の柴田善三郎は、車内は緊張の糸が解けることはなかった。

「京城へ下車すると、大変なことがあるかもしれない。京城までの命と観念なさい」

からかう口調でいう者もあったが、まんざら冗談ばかりとは思われなかった。『朝鮮公論』編集長で日本電通京城支局記者だった石森久弥は、

「一行の京城行汽車に乗り込むと、大邱辺から不穏な空気が予感され、京城からも種々の情報が飛び、何かありそうな不気味な気が漂っていた」

と回想している。かなり早い時点から、不穏な動きがキャッチされ、さまざまな情報が飛び交っていたことがわかる。

汽車が水原にさしかかったところで、斎藤はフロックコートから純白の海軍大将礼服に着替えた。文治政治に賛同していた斎藤としては、フロックコートのまま京城に下り立ちたいと願ったが、従来の官制のもとではそれはかなわなかった。

朝鮮の統治は陸軍の手にあり、斎藤としても陸軍に礼を尽くさなくてはならない。そもそも朝鮮総督府の官制改正にあたっては、陸軍の支持を受けているとはいえなかった。

汽車は走り続け、午後五時（斎藤の日記では五時だが、石森の手記では四時）、京城・南大門駅に到着した。当時の京城・南大門駅は、バラック式の古い建物だった（大正十四年十月、新しい京城駅が完成する）。

「六年前とあまり変わってはいないな」

斎藤の目には、そのように映った。斎藤にとって京城は初めてではない。大正二年（一九一三）十二月、山本内閣のときに海相として朝鮮を視察しており、平壌からの帰りに一泊したことがあった。記憶をたどるように駅構内を見まわした。

斎藤はプラットホームで出迎えの関係者と挨拶を済ませると、春子と肩をならべて貴賓室を抜けた。構内で待っていた日本人や朝鮮人、欧米各国の外交官らが慇懃《いんぎん》に挨拶する。

陸軍敬礼式が行われ、礼砲がとどろいた。

駅頭には二頭だての馬車が用意されており、斎藤夫妻はゆっくりと乗り込んだ。伊藤武彦秘書官がそのあとに続き、向きあって腰かけた。

礼砲はまだ続いていた。駅前は歓迎の人々で埋まっている。御者は夫妻を確認すると手綱を引いた。馬車はかすかに揺れ動きだした。

車輪が回ったほとんど同時だった。群衆の間から黒いものが投げこまれた。黒いかたまりは英国式手榴弾だったが、それと気づいたものは少なかった。手榴弾は夫妻の乗った馬車の下に転りこんだ。が、間一髪、馬車が走りだしたあとだったため、路上で炸裂した。

電信線がばらばらと雨でも降るように落ちてきた。一瞬、時間がとまったような静寂があり、すぐに悲鳴が交錯した。新総督夫妻をカメラに納めようと馬車の近くにいた記者やカメラマンが弾片を浴びて血に染まった。ほかにも、路上でもがいている者が多数あった。

駅前は騒然となり、群集はパニック状態になった。

馬車の中にいた斎藤はすぐに、ハルビンで暗殺された伊藤博文がそうであったように、独立運動家によるテロであると直感した。

夫妻は何ともなかったが、後ろに続いていた水野夫妻の馬車に被害がでていた。御者が負傷し、馬もまた足をやられていた。痛みにあえぐ馬のいななきが、修羅場と化した現場周辺をより陰惨な雰囲気に染めていた。

水野政務総監は馬車をおり、不安な形相で馬をとりかえるのを眺めていた。軍人が駆けてきて警備にあたり、救護班も動きだした。

春子は血の気がうせ、青白い顔をしていた。恐怖で言葉もない。

(心配ない。だいじょうぶだ)

斎藤はそっと夫人の膝に手をやると、無言で励ました。

気がつくと、腰のあたりが熱かった。あるいは、爆弾とは別にピストルでやられたかもしれない。そう思ったが、我慢できないほどの痛みではなかった。

御者は合図を待っていた。斎藤は冷静に考えた。このまま立ち往生していても、混乱が長引くばかりだ。とりあえず馬車の行列を立て直さなくてはならない。

「静かにやってくれ」

御者はうなずき、馬車を走らせた。何ごともなかったように、行進が再開された。

その様子を眺めていた日本電通京城支局の石森記者は、総督がふり返るのではと目を凝らしていたが、ついに馬車が見えなくなるまでふり返ることはなかった。

しばらく馬車が進んだところで、やはり腰のあたりが気になった。春子に視線を向けた。

「ちょっと、うしろの方を見てくれ。どうにかなっていないか」

春子はちょっと躊躇《ちゅうちょ》したが、すぐに斎藤の背中から腰にかけて見まわした。純白の礼服だから、血がにじんでいればすぐにわかる。

「見たところ、何ともないようですけど……」

「そうか。何ともないか」

斎藤は腑に落ちない顔つきで、前方を見つめ直した。

太平通りにさしかかったところで、水野政務総監夫妻を乗せた馬車が追いついた。


そのころ、駅前の現場はまだ混乱していた。

石森記者は次のように記している。

「橘（香橘・大阪毎日京城特派員）君は腹をやられたらしくぐったりとなり、山口（錬男・同特派員）君は自身ではやられていないと思っているらしく案外平気である。武井京日氏のみは右手をやられて鮮血が流れてぶらぶらしているが、彼は勇敢にもその血染めの写真機を左手に移して第二回、第三回と執拗に撮影する。大声を出して平気平気と絶叫するが、ちょっと英雄らしいそぶりである。

外国の婦人が、うすものに美しい血をにじませ、これは一向外見をおかまいなしにアアアと大仰に泣いて私の前を通る。李王職の朝鮮人事務官が左の手をやられてどっと出る血を、これこの通りといった表情で私に見せる。鉄道局の嘱託野津君がヒドク足をやられて出血夥《おびただ》しく蒼白《そうはく》な顔をして人力車で運ばれる。私は直ちに橘・山口両君の側に往って肩を叩いて、しっかりしろ、しっかりしろ、と叫んだが、橘君の方はうーと唸っている。山口君の方は右の手をブラブラして人力車に乗り込む」

爆弾事件では、馬車に乗った一行に怪我はなく、死者も出なかったが、馬車をとりまいていた報道陣や出迎えの関係者を中心に二十人以上の負傷者をだす惨事となった。

石森久弥記者は駆け足で南大門側の日本電通支局に駆け込んだが、誰も帰ってはいなかった。興奮しながら鉛筆を走らせた。惨状ばかりが脳裏に焼きついて、原稿はさっぱり進まない。

仲間の記者二人がもどってくると、石森は新総督の談話をとるため総督官邸に車を走らせた。倭城台の周囲は無警備だった。

「こんなとき襲撃されたら、ひとたまりもない」

石森は背筋が寒くなった。官邸に入ると、ドアはすべて開けっ放しになっていた。まるで革命かクーデター発生の噂でも入り、職員がみんな逃げだしたあとのような感じだった。

「爆弾一個で統制・連絡がこれほどもろくも崩れるとは」

石森は官邸左側の応接室を通り抜けて、右突きあたりの部屋に入った。

その部屋には、たった今着いたばかりの斎藤総督夫妻と水野政務総監夫妻の四人しかいなかった。ほかの随員は連絡や情報収集のためあわただしく動きまわっているのだろうが、それにしても、四人だけおいてきぼりにされたという印象は拭いきれない。

石森は斎藤に見舞いを述べた。

「お怪我はありませんでしたか？」

斎藤は泰然自若《たいぜんじじゃく》としていた。とても駅頭で爆弾の洗礼を受けたあととは思われない。

「いや、別に……」

そういいながら帯剣の帯革を腰から外すと、目の前にもってきた。何かを発見したようだった。かすかに笑みをもらすと、左の椅子に座っていた春子に示した。

「まぁ、よくも、ごぶじで」

春子は目をまるくした。帯革には手榴弾の弾片が食い込んでいた。弾片は馬車の椅子を破り、バンドでとまっていたのである。

「どうりで、腰が熱かったわけだ」

バンドをしていたあたりを調べてみると、赤い斑点があるのみで、傷はなかった。

「あぶないところだったな」

斎藤は吐息をついた。ちょっとでもずれていたら、致命傷を負ったことはまちがいない。遅れて随員や記者たちが駆けつけてきた。新聞記者の質問に対し、斎藤は温顔で答えた。

「自分は赴任の前、すでに一命は国家に捧げているのであるから、爆弾などは怖いとは思わぬ。また、爆弾事件があったからといって、統治方針を変えるなどということは断然せぬ。毫もその方針を変える考えはない」

これには記者たちも驚いた。常識的に考えれば、爆弾で迎えられた以上、目には目とばかり、厳しい弾圧で臨むことが予想されたからである。

記者団が引き揚げると、斎藤は水野総監らの前でシャンペンを抜いた。

「雨ふって、地固まるさ」

そういうなり、朗らかに笑った。

爆弾を投げた犯人は、姜宇奎《きょううけい》といい、早くから独立思想を抱いていた長老派キリスト教信者で、六十六歳になる老人だった。

判決文によると、姜宇奎は明治四十三年の日韓併合に憤慨して朝鮮を去り、中国吉林省および東部シベリアなどを放浪した。大正六年には吉林省の朝鮮人集落において私立光東学校を設立し、子弟の教育に従事しながら青年らに独立思想を鼓吹した。

この年（大正八年）三月、三・一独立運動に呼応して示威運動を起こし、五月末にはウラジオストクにおいて、長谷川好道総督にかわって新総督が来任することを聞きつけた。

暗殺を決意した姜宇奎は、ロシア人から買い入れていた英国式手榴弾を股間に隠し持つと、ウラジオストクから元山に上陸して京城に潜入した。暗殺が成功したときには、その場において自作の詩を高唱するつもりだったが、失敗に終わったため、そのまま宿舎へ帰った。

その後、転々と宿を変えていたが、九月十七日に逮捕され、翌九年二月二十五日、京城地方法院において公判に付せられた。四月十六日に京城覆審法院において死刑が確定し、十一月二十九日、西大門刑務所において処刑された。

斎藤は在任中、誰にももらさず自分の命を狙った犯人の遺族に金を送り続けた。そのことがわかるのは斎藤の死後である。

斎藤に対する暗殺未遂事件が、これで終わったわけではない。その後も、総督府での爆弾事件、鴨緑江における匪賊《ひぞく》襲撃事件、金化門前の暗殺未遂事件が発生する。南大門駅前での爆弾洗礼を含めると、総督在任中、実に四回も命を狙われたことになる。

いずれのときにも、斎藤は泰然自若としていたという。

「武士というものは、どんな大きなことが起こっても、また、死ぬ間際でも平常と少しも変わらず、顔色ひとつ変えずに静かに死につくというほどの落ち着きと度胸がなくてはいけない」

斎藤は生命の危機にさらされるたびに、祖父の教えを肝に銘じていたのかもしれない。

## 春風駘蕩《しゅんぷうたいとう》

爆弾事件の翌日（九月三日）、総督府および所属官署に対して新施政方針に関する訓示が発せられ、九月十日には施政方針の諭告が宣布された。

これらは、総督府の官制改正（八月二十日発布）に基づくもので、根本方針は文治主義・文化政治の実現にあった。

改正の第一点は、従来陸海軍大将に限られていた総督の任用資格の制限を撤廃し、文官出身者でも総督に就けることになったことがあげられる。同時に、総督の軍事権限も限定された。

第二点は警察制度の改革であった。従来は憲兵が警察の根本組織であり、警務総監部が独立して置かれていたが、新たに総督府に警務局を開設して警察の中央事務を管轄し、各道長官に地方の警察事務を行使させた。憲兵による恐怖政治を改めただけでなく、地方庁に警察権をもたせたという意味でも、この改正は画期的なものだった。

新施政方針を要約すれば、「形式的政治の打破、言論・集会・出版の自由（ただし秩序及び公安の維持に妨げなき限りとの条件付き）、教育・産業・交通・警察・衛生、社会救済その他各般の行政の刷新と国民生活の安定、地方自治制度の施行に関した調査・研究、朝鮮の文化と旧慣の尊重」となる。

これには、朝鮮の人々も面食らった。

爆弾で出迎えたにもかかわらず、新総督が温情主義で臨むと宣言したのだからむりもない。斎藤はさらに、朝鮮人官吏の待遇を内地人管理と平等にするように努めたり、朝鮮に悪習として残っていた笞刑《むちけい》を廃止したり、日本人にも朝鮮語の奨励を行ってゆく。こんなことは、従来の武力による専制的な武断政治からは考えられないことであった。

新統治の方針に大きな影響を与えたのは、原首相であった。

原は「朝鮮統治の終局の目的は（法律や経済など）内地同様にすることである」との持論をもち、そのために待遇の平等や差別の撤廃を主張していた。

注目すべきことは、在鮮外国人、特に外国人宣教師に対する対応であった。

原首相が斎藤を朝鮮総督に就けたのは、その語学力を買ったためではないかと思われるほど、原は斎藤に宣教師と積極的に対話・交流するように求めている。

斎藤もそれを受けて、赴任直後のあわただしいなか、宣教師と語り合う場を設けている。九月二十七日には、いちどに百人以上もの宣教師を茶話会に招いている。

原と斎藤が、宣教師との関係を重視したのには理由がある。

朝鮮におけるキリスト教の布教は、豊臣秀吉が明を征服しようとして朝鮮に出兵した文禄・慶長の役（朝鮮では壬辰・丁酉の乱）までさかのぼるといわれる。このとき、秀吉軍の中にキリシタン武将がいたことから日本耶蘇《やそ》会の宣教師が朝鮮に渡り布教に従事したというのである。その後は、日本と同様に長い弾圧の歴史を経るが、十九世紀後半になって欧米各国と通商条約を締結するに伴い、さまざまな宗派の宣教師がやってくるようになった。

彼らは教会だけでなく学校や病院を建てたり、救済事業や慈善事業を行うなど、庶民の生活と深くかかわったことから、キリスト教はまたたくまに全土に浸透していった。いつしか朝鮮人のリーダー的存在となり、外国に向けてはスポークスマンのような役割を担っていた。

宣教師の目には、日本は悪役にしか映っていなかった。虐《しいた》げられている朝鮮人の姿に接した彼らは、一貫して武断政治に批判的な態度をとっていたのである。三・一独立運動が全土に広がったときも、朝鮮人を庇護《ひご》する一方で、日本の残虐・非業ぶりを世界へ訴えた。

原は若いときにカトリックの洗礼を受け、ダビデの洗礼名をもっていた。西洋哲学やキリスト教に造詣が深く、宗教に関した確固とした考えがあった。斎藤は原の思いを代弁するように、積極的に宣教師と語らい、それまでの総督のイメージを一新させた。

総督府を見る目が変わり、斎藤を敬愛する外国人は日増しに増えていった。

アメリカ人宣教師のハーバート・ウェルチは、大正十年（一九二一）二月、信者が集まった大会の席上で「宣教師の態度」と題した談話を行っている。

「（斎藤総督のもとでは）警察行政の中に文人的統治のみならず、文人的理想も採り入れようとしており、近ごろ残忍な行為の報道に接することもなくなった。かつ、官吏らの間に軍国主義的精神を鼓吹することが少なくなったが、このことは制服と刀剣が影を潜めたことからも知ることができる。政府使用の日・鮮人の俸給はさまざまな階級で同等となり、より多く朝鮮人を採用する道も開かれた。出版の自由、言論の自由、集会の自由に対する進歩も着々進んでいる。最大の希望は、総督の寛大なる、民衆的なる、誠意なる人格にあるといえるだろう。斎藤男(男爵)の存在は、宣教師にとって希望に満ちた期待の態度を抱かせるのに十分である」

少々褒《ほ》めすぎとはいえ、外国人宣教師が斎藤に寄せていた期待の一端が伝わる。

「当時は排日思想が強く、総督政治に反抗する者が多かったが、その種の排日家でもひとたび総督に面会すると、いかにも春風駘蕩《しゆんぷうたいとう》なので心から信頼する風があったようである。斎藤さんは排日思想を抱いた者に接しても何ら反感をもたず、そういう人にも面会され、煙草をのむ人には煙草をやり、帰る時には玄関まで見送るという風だった。

在鮮の内地人中には、総督はもっと威厳を示さなければいかん、朝鮮人に煙草を出してマッチをすってやるとか、玄関まで送るなどという風では朝鮮は治まらぬという者も少なくなかった。しかし斎藤さんは意に介せず、従来と変わらぬ態度をつづけられた。ここが斎藤さんの徳望あるゆえんで、斎藤総督政治を徳政政治と呼んだのはこのためである」

水野政務総監の回想である。

斎藤は在任中、春子を伴って地方行脚にでた。

「総督自ら、田植えをするとは」

裸足で田に入った斎藤の姿を見た人たちは、思わず目を見張った。

着任してからまる三年経た秋、仁川で船釣りしていた斎藤は、学務局長柴田善三郎に独り言のように語った。

「自分は海軍次官を八年、海軍大臣を八年勤め続けてしまった。軍人の本領として船には乗りたし、たびたび替えてもらおうとしたが、事情やむをえずこういうことになった。今にして思うが、一つ人が一つ所に八年もいるのはよくないことだ。凡夫の悲しさ、総督はあんなに長くやらんよ。いまちょうど三年経ったところだが、まあ五年が頃合だね」

五年で総督をやめる。そう決意していた斎藤だったが、斎藤にかわる人物はいなかった。

# 第八章――ジュネーブ軍縮会議

## 古き良き時代の終わり

朝鮮総督に就いてから八年が経過していた。

昭和二年（一九二七）、斎藤實は数えで七十歳になっていた。古希《こき》である。その容貌はいよいよ慈悲深く、そのふるまいは沈勇という形容にふさわしいものだった。

四月一日午前九時十分、斎藤を乗せた汽車が東京駅に入ってきた。プラットホームに降り立つと、待ち構えていた新聞記者がとりかこみ、矢継ぎ早に質問を浴びせた。

「総督、いよいよ軍縮会議の全権をお引き受けになるのですね？」

斎藤は吐息をつくようにいった。

「新聞でいろいろと見ているけれども、私にはまだ正式には何の話もないのだから、受けるとか受けないとかいうことについては何も考えていない」

そんなぐあいに新聞記者をかわすと、ゆっくりと歩き続けた。

「わしのような年寄りをひっぱりだすほど、日本には逸材がいないのか。せめて、原が生きていてくれたらな」

斎藤は思わずつぶやいた。東京駅は原暗殺の現場でもあった。煉瓦造りの構内を歩く斎藤の心中には、そのような思いがあった。

「あれは……」

大正十年（一九二一）十一月四日のことだった。斎藤が半年ぶりに東京の土を踏んだその日、原首相は中岡艮一《なかおかこんいち》という少年に刺殺された。あまりに非情な運命の巡りあわせであった。

午後四時過ぎ、斎藤は若槻礼次郎首相を官邸に訪ねた。若槻首相は正式に、ジュネーブ軍縮会議に全権として赴くように要請した。

「しばらくの猶予をいただきたい」

斎藤はそういって辞去すると、海軍大臣の財部彪と打ち合せを行った。

「それにしても、日本は変わった」

それが、朝鮮に長くいた斎藤の実感であった。

原首相が暗殺された翌十一年、原の後を追うように、一月には大隈重信、二月には山県有朋と、明治の政治史を彩った大物が相次いで亡くなった。

内閣もめまぐるしく変わった。原内閣の後、わずか六年ばかりの間に、高橋是清、加藤友三郎、山本権兵衛（第二次）、清浦奎吾、加藤高明（第一次・第二次）と六つもの内閣が生まれては消えた。現在の若槻内閣も、この年三月に起こった銀行倒産による金融恐慌によって苦境に立たされ、いつ崩壊してもおかしくはない。

この間、大正十二年（一九二三）九月一日には、悪夢の一語に尽きる関東大震災が発生していた。大震災は、斎藤の盟友だった加藤首相が死去し、内閣が総辞職した数日後に発生した。

このとき、加藤内閣で内相に就いていたのは、朝鮮で政務総監を務めたことのある水野錬太郎だった。水野は朝鮮人暴動の流言が伝わると、枢密顧問官の伊東巳代治《いとうみよじ》の了解を得、二日、政府の責任で戒厳令を公布した。

その日の夕刻、赤坂離宮の庭で山本権兵衛内閣の親任式が行われ、新内相に後藤新平が就いた。朝鮮人暴動の噂は民衆の異常心理を誘い、各地で軍隊や警察、自警団による朝鮮人や中国人、労働運動家に対する虐殺がくりひろげられた。

斎藤が焦土と化した東京に入ったのは、朝鮮人虐殺が終息した九月七日のことだった。戦場のような焼け跡に立った斎藤は、一瞬のうちに瓦解した帝都の無残な光景を見まわしながら、これまで築いてきた日本そのものが滅びたような錯覚に陥った。

「朝鮮人を虐殺するとは、なんともむごいことだ」

斎藤は日本政府の対応に憤慨した。

政治状況も大きく変わった。

原亡きあと高橋是清率いる政友会は大正十三年一月、清浦内閣を支持する政友会本党とに大分裂し、原が率いていた最盛時の面影はない。政友会と対立してきた憲政会は、初代総裁の加藤高明が大正十五年一月に病死したあと、副総裁の若槻礼次郎が総裁に就き、組閣にこぎつけていた。

「加藤友三郎も早く逝きすぎた」

斎藤の胸に無念の思いがよみがえり、古き良き時代の終焉《しゅうえん》を感じていた。

軍縮会議は、原内閣までさかのぼる。

第一次世界大戦の戦禍に懲りた列国は、戦後恐慌を背景に国際的な軍縮論を唱えていた。大正十年（一九二一）七月、アメリカ大統領ハーディングは、軍備制限と太平洋・極東問題を討議するワシントン軍縮会議の開催を提議し、日本はこれに応じた。

原首相は、軍縮会議の全権として加藤友三郎海相を推した。加藤は「斎藤實の方が適任」と主張したが、斎藤は朝鮮問題に忙殺されているうえ、海軍行政の第一線から離れていたことから、すぐには対応できない事情があった。

加藤一行が日本を出発したあと、文官の原は初めて海相の事務管理を代行した。一時的にせよ、原は初めてシビリアン・コントロールを実現させたのである。海軍ではこの処置に同意していたが、陸軍や右翼は強く反発した。皇太子洋行問題、宮中某重大事件（皇太子婚約問題）など、原を敵視していた右翼の怒りは、ワシントン会議でピークに達していた。

ワシントン軍縮会議は、原が暗殺されたあとの十一月十二日から開催され、翌年二月まで行われた。その結果、ワシントン海軍条約が締結され、英・米・日・仏・伊五ヵ国の主力艦保有量の比率が制限され、日本は英米の五に対して三と定められた。

ワシントン会議では、このほかに太平洋方面の領地に関する四ヵ国条約が成立したことから、日英同盟が廃棄された。ただし、巡洋艦以下の補助艦については協定が成立しなかったため、各国間では主力艦にかわって補助艦建造の競争が激化していた。

このような背景があって、この年（昭和二年）二月、アメリカ大統領クーリッジによって、補助艦建造の制限を協議する第二次軍縮会議（ジュネーブ会議）が提案されたのである。

ワシントン条約の調印から、まる五年が経っていた。

斎藤はジュネーブ会議の全権として赴いてほしいと声がかかったとき、即座に拒絶した。

「朝鮮総督である自分が、軍縮会議に出席するのは筋違いであろう」

だが、財部海相から再三の勧誘電報を受け、海軍省艦政本部長の山梨勝之進中将まで京城まで特派されるに及んで、ついに重い腰をあげ、上京してきたのだった。

「たしかに今は、原も加藤もいない」

これまでの経緯を振り返る斎藤は、軍縮会議に世界の秩序と恒久平和の夢を託した二人の遺志を受け継ぐ必要性を感じていた。

斎藤は思案したあげく、四月二日午後一時過ぎ、官邸にいる若槻首相を訪問した。

「ほかに適任者がいないということであれば、お引き受けするしかありますまい」

受諾の回答を得た若槻は、安堵の表情を浮かべた。

会見後、若槻首相とはべつに、斎藤は私邸において記者団の質問に応じた。

「ただ今、首相に会見して受諾の回答をしてきたところだ。会議の議題については、だいたいは聞いたが、具体的な成案については、海軍・外務両関係当局において研究中であるというから、いずれ出発までに調査する考えだ。

今回三国だけで海軍制限会議を開いて、はたして予期した通りの効果をあげることができるかどうか疑わざるを得ない。ことにフランス、イタリア両国が参加を見合わせたことは遺憾このうえもない。しかし、三国だけでも互いに誠意を披瀝《ひれき》した意見を交換し、その結果について真面目に実行するということであれば、世界平和のため喜ばしいことと思う」

斎藤は日本を発つ前から、ジュネーブ会議の成功を危ぶんでいた。

というのも、ジュネーブ会議では、ワシントン会議に参加したアメリカ、イギリス、日本、フランス、イタリアのうち、フランスとイタリアは傍聴者として非公式委員を出席させることにとどめたため、五国会議から三国会議へと尻すぼみしていたのである。

個人的には長旅による健康の不安もあった。

「一緒にジュネーブにいってもらえるか」

斎藤がいうと、春子は大きくうなずいた。

## 春子とともに渡欧

ジュネーブ行きが決定した斎藤實は、いったん水沢に帰郷すると、四月十五日には正式に全権委員の大命を拝した。同時に宇垣一成《うがきかずしげ》陸相が朝鮮総督の臨時代理に就いた。

斎藤にとって不運だったのは、国内が金融恐慌という荒波に呑まれたことだった。

この年（昭和二年）三月十四日、第五十二議会の衆議院予算総会で、片岡直温蔵相が東京渡辺銀行の破綻について失言したことから、翌日には同銀行が休業に追い込まれた。四月に入ると、台湾の砂糖などを扱っていた鈴木商店が閉店し、同商店と密接な関係にあった台湾銀行も破産の危機を迎えた。

若槻内閣は四月十七日、台湾銀行の救済を決めたが、枢密院は同案を否決したことから、打つ手のなくなった若槻首相は、同日夕方に辞表を奉呈した。

斎藤は出鼻をくじかれてしまった。

「全権に決まった直後、肝心の内閣が潰れるようでは、先が思いやられる」

皮肉にもその夜、首相官邸で斎藤全権一行に対する送別晩餐会が盛大に催された。

それは、若槻内閣最後の晩餐でもあった。十九日には、政友会総裁の田中義一に組閣の大命が下り、翌二十日、政友会内閣が成立した。

田中首相はこの時点でこそ政党人であったが、もともとは長州閥の陸軍軍人であり、陸軍大将までのぼりつめている。従来、政友会は原敬にみられるように海軍との共同歩調をとってきたが、ここにきて陸軍寄りの一大方向転換を行う。

田中内閣は治安維持法の改定、選挙干渉などを行い、対中国外交の強硬路線をとる。

結果的に、田中内閣は昭和のファシズム路線を導くことになる。

ジュネーブ会議は、条約推進派の若槻から陸軍寄りの田中に政権が移った段階で、事実上、破綻していたといっても過言ではない。

金融恐慌は、若槻内閣の崩壊によりいよいよ深刻化したため、高橋是清を蔵相に就けた田中内閣は、四月二十二日、三週間のモラトリアム（支払猶予令）を公布した。

斎藤全権一行が東京駅を出発したのは、モラトリアムが公布された当日であり、国内がパニック状態になっていたときだった。斎藤は四月二十三日正午、京都にいる西園寺公望を訪れ、軍縮会議における方針について意見を交換した。

四月二十五日午前十一時半、斎藤一行は神戸港に停泊していた汽船阿波丸に乗り込んだ。

東京駅を出発する際には、東郷平八郎元帥をはじめ海軍、政府、朝鮮総督府の関係者など五百人以上の見送りを受けたが、神戸港はさらにそれを上回る人々で埋めつくされた。

阿波丸は正午に神戸を出港し、別れを惜しむ色とりどりのテープが海面を染めた。翌二十六日朝、門司に寄港した阿波丸は、二十七日正午には門司を解纜、いよいよ日本を離れた。

春子はこのとき、五十四歳になっていた。もしも、斎藤と結婚していなかったら、実現することのなかった航海であった。

「これが、最後の洋行となることだろう。しっかり、見ておかんとな」

「わかっております」

春子もまた、今回の旅が最初で最後の欧州への旅であるだけでなく、これまでの人生を総決算するような意味あいがあることを知っていた。夫妻はこの年、結婚してから満三十五年という節目を迎えていた。

阿波丸は平穏な航海を続け、五月五日にはサイゴン（ホーチミン）に係留した。全権一行はその日の夕方、仏領インドシナ総督の晩餐に招かれている。

阿波丸は荷物を積み込むため、数日間その地に留まることになった。

斎藤夫妻ら十人ほどは六日の夜汽車で安南（ベトナム）の東海岸ニャトランを訪れ、九日早朝にサイゴンにもどってきた。

春子の目には、見るものすべてが珍しく新鮮に映った。

阿波丸はシンガポール、コロンボを経て、インド洋に入っていった。インド洋を航海していた二十三、二十四日の二日間、斎藤は体調を崩して寝込んでしまった。随員はあわてたが、春子の手厚い看護もあり、まもなく健康を回復した。

阿波丸は紅海に入り、六月二日朝、スエズに投錨した。スエズからは、自動車に乗ってカイロ市内を見学し、ピラミッドがあるギザまで足をのばした。

「ほんとうに、不思議ですわね。何千年も前に造られたなんて、信じられない」

春子は感嘆の声をあげた。夫妻は灼熱の空気に吹かれながら、しばしのあいだ永久の時の流れに佇《たたず》むように、ピラミッドやスフィンクスを眺めていた。

ポートサイドから乗船した一行は、地中海を航海し、八日朝にはイタリアのジェノバ（ジェノア）にたどり着いた。さらに、同日夜の列車でジェノバを発ち、翌九日午後、パリのリヨン駅に到着した。門司を出発してから四十四日間が経っていた。

駅には、斎藤とともに全権委員として会議に出席する石井菊次郎駐仏大使、先着していた外務省、陸海軍武官、会議関係者ら三十人ほどが出迎えてくれた。

和服で降り立った春子の着物と羽織姿は、早くもフランス人たちの注目を集めた。

一行はホテル・マジェスティックに投宿し、長旅の疲れをいやした。

一週間のパリ滞在中、斎藤は石井大使らと協議を重ね、軍縮会議での交渉内容を煮詰めた。

六月十六日夜、一行は列車でパリを発ち、翌十七日午前八時過ぎ、国際連盟の本部があるスイス・ジュネーブに着いた。

斎藤夫妻は、グランド・ホテル・ボー・リバージュに入り、旅装を解いた。

## 得意の語学力で国際親善に一役買う

ジュネーブ入りした斎藤實は、その日の午後には、石井大使とともにアメリカ全権のギブソン（ベルギー大使）とジョーンズ海軍少将を訪問した。

六月十八日には、アメリカ全権の一行がホテルを訪問、斎藤はイギリス全権のブリッジマン海軍大臣らを訪ね、その後でイギリスのオースティン・チェンバレン外相を表敬訪問した。

チェンバレン外相は一九二五年、中部ヨーロッパにおける安全保障条約を定めたロカルノ条約の貢献者として、ノーベル平和賞を受賞していた。

その夜、チェンバレン外相夫妻の主催による晩餐会が開かれた。

斎藤夫妻はさっそく、得意の英語力をいかし、各国の全権らと交流に努めた。

「チェンバレン外相が、軍縮会議の全権として参加してくれたらな」

斎藤はそのように悔やんだ。

ジュネーブ会議は英米という二大大国が参加していながら、イギリス代表はブリッジマン海相、セシル卿、フィールド海軍中将、ゼリコー海軍元帥、アメリカ代表はベルギー大使ギブソン、ジョーンズ海軍少将であった。

歴史的な軍縮会議となったワシントン会議では、アメリカ全権のヒューズ国務長官、イギリス全権のバルフォーア枢相という大物が出席して、強力なリーダーシップをとっていた。

それに比べると、ジュネーブ軍縮会議では参加国が五ヵ国から三ヵ国へと縮小していただけでなく、代表者も提督（海軍将校）にかたよっていた。


ジュネーブ会議は六月二十日午後三時、国際連盟本部の通称「ガラスの間」と呼ばれる大広間で開催された。馬蹄形のテーブルの中央には、会議の開催を呼びかけたアメリカ代表団が席を占め、右側に日本代表団、左側にイギリス代表団が陣どった。

初めに、イギリスのブリッジマン全権からアメリカのギブソン全権を議長に推したいとの動議が出された。斎藤全権がこれに賛成したことから、ただちに議事に入った。

議事規則が決定すると、第一回総会が開かれ、アメリカ、イギリス、日本の順で補助艦制限に関する提案が行われた。

アメリカ全権のギブソンは、ジュネーブ会議をワシントン会議の継続とみなし、ワシントン条約による比率（五・五・三）を補助艦の制限にも適用させるべきとして、巡洋艦、駆逐艦、潜水艦それぞれの最大保有トン数を示した。

これに対し、イギリス全権のブリッジマン海相は、巡洋艦を一万トン級のA級とそれ以下のB級の二種類に分け、前者のみ五・五・三の比率を保つことを骨子とする内容を提示した。

続いて、斎藤が演説を行った。

「世界の平和と人類の福利とを増進することを目的とする手段及び努力に対しては、その形式のいかんを問わず、これに満腔《まんこう》の支持を与えるのは、日本政府の伝統的政策である……」

まずは日本の立場を表明したうえで、補助艦用途の複雑性を考慮し、現に保有し、または保有しつつある兵力を基礎に、新たに海軍勢力の拡張を目的とした建造を停止し、建艦競争を防止すべきと訴えた。

軍縮提案の中身は、まさに三者三様であった。三国の提案を検討するため、全権委員による幹部会と海軍専門委員会が設置された。交渉では、駆逐艦、潜水艦については歩み寄りがみられたが、巡洋艦については英米両国の主張が食い違い、真っ向から対立した。

いわゆるイギリスの小艦多数主義とアメリカの大艦少数主義である。

日本は、英米両国の板挟みになった。日本は現有勢力を基礎とする軍拡抑制主義を根本にしている。もっとも陸軍と関係が深い田中内閣からは強硬論をとるように圧力がかかっていた。

「これでは、軍縮会議ではなく、軍拡会議になってしまう」

斎藤はそのように危惧した。

軍縮会議の合間をぬって、国連総長ドラモンド夫妻の主催による晩餐会が催され、斎藤は春子同伴で出席した。春子は夫人たちからも慕われ、一足早くイギリスに帰るブリッジマン夫人がわざわざ春子を訪れて別れを惜しむほどだった。

六月二十五日、杉村陽太郎の招待による午餐会が開かれ、夫妻は日本食をご馳走になった。

陽太郎は明治十七年九月、盛岡出身の外交官、濬《ふかし》の長男として東京に生まれた。駐仏大使館勤務を経て、前年から盛岡出身の新渡戸稲造にかわって国際連盟事務局次長を務めていた。

新渡戸は大正九年から六年間、同事務局次長として国際協調に貢献し、前年の大正十五年十二月七日、六十四歳で辞任し、知的協力国際委員会会員に任じられていた。

陽太郎は、ドラモンド総長の希望で新渡戸の後任に就いたもので、二代続けて岩手県人が国際連盟の要職に抜擢されたことになる。

## ロンドン軍縮会議への布石

七月五日、アメリカ全権は最初の提案にかえて、一万トン級二十五隻まで建造できること、小型巡洋艦の備砲について大型巡洋艦のものと異なった制限を加えないことを条件に巡洋艦保有トン数四十万トンを最大限度として討議するよう求めた。

斎藤は当惑した。

「これに駆逐艦を加えると、六十万トンを越してしまうではないか」

駆逐艦に関しては、英米二十万トンほどで決着しそうな気配だった。そうなれば、潜水艦を除いた巡洋艦や駆逐艦など水上補助艦だけで六十万トンの大台を突破してしまう。

斎藤は翌日午後五時、懇談の場を設けるため英米の全権を茶席に招待した。

その席で斎藤は、

「日本側としては、水上補助艦の保有トン数は、アメリカが提議した最小数字である四十五万トンを討議の基礎として採用するよう望むものである。その場合、日本側は英米の四十五万トンに対し、三十万トンを保有させていただきたい」

と述べた。穏やかな言いまわしだったが、その口調には軍縮会議の本質を忘れてほしくはない、との批判が込められていた。

この提案は、七月八日の幹部会で公式に発表された。アメリカ側は日本の提案に同意したが、イギリス側は総トン数が少なすぎるといった理由で応じようとはしなかった。

会議は暗礁にのりあげた。幹部会では埒があかず、秘密会が設けられた。

七月十一日、この日は全権会議が開かれる予定になっていたが、英米の妥協点がみられなかったことから、イギリス側から延期を申し込んできた。たまたまアイルランドの代表だったヒギンズが帰国途中に暗殺されたとの報が入ってきた。アメリカ側はこれを理由に延期しようと提案し、表向きは暗殺事件により延期と発表された。

このような奇策をとらなければならないほど、会議は英米の不協和音によって決裂寸前になっていた。いつしか、ジュネーブ会議のイニシアティブは斎藤全権がとりつつあった。

斎藤の意向により、日本側は深夜まで妥協案の作成にとりくんだ。


第二回総会は七月十四日に開かれた。

イギリス全権は、自国の提案が拡張案であるとの批判に対する弁明を行い、総トン数より隻数を重視しなければならない理由をあげたうえで、巡洋艦級七十隻は過大な要求ではないと論じた。

石井全権は改めて四十五万トンを基礎とするように訴え、アメリカ全権は日本案の趣旨に賛意を示しながら、総トン数制限の立場を重ねて強調した。

皮肉にも第二回総会は、英米の主張が平行線をたどり、軍縮交渉が行き詰まっていることを白日の下にさらす結果となった。水面下での協議が再開された。

第二回総会では、アメリカ側から「日本との協定成立は容易であり、もし日英間において受諾できる何らかの基礎を見いだした場合には、米国もまたこれを受諾して三国の完全な協定が成立できるものと確信する」と発言していた。

このため、三国間の交渉はいったん棚上げし、日英間で打開策を練ることになった。

交渉は意外にすんなりと進み、二日後には妥協案が成立した。

「やっと、望みがでてきた。あとはこれにアメリカ側が賛成してくれるだけだ」

斎藤は起死回生の段取りが整ったと思った。

七月十八日午前十一時、杉村公使の邸宅において、三国全権の秘密会が開かれた。このころから、杉村邸は秘密会の会場として利用されていた。

アメリカ側は、日英間の妥協案を尊重するとの発言とは裏腹に、「二割五分の艦齢超過艦保有は一種のカモフラージュ」としてとりあわず、八インチ砲搭載艦を制限したことに強い不満を示し、自由保有を主張した。イギリス側は備砲の制限にこだわり、一歩も引かなかった。

「これでも駄目か」

斎藤は虚空を睨んだ。

翌十九日、イギリス全権が突如、本国政府の招電によって帰国することになり、会議は中断した。ジュネーブには日本とアメリカの全権団が取り残されたかたちとなった。

「野球でもしますか」

そんな話がどちらからともなく飛びだし、七月二十日、両国代表団による試合が行われた。

「始球式は、会議のまとめ役となっている斎藤全権にお願いしたい」

アメリカ側から依頼された。

「よろしいでしょう」

斎藤は数え七十歳である。常識的には始球式など無理ではあったが、随員の不安をよそに腕まくりすると、白球を投じた。

連日の心労のせいか、翌日には激しい腹痛に襲われた。が、二十二日朝には、うそのように痛みが消えた。

夫の腹痛が治ったことから、七月二十三日、春子はかねてから予定していたパリとロンドンを巡る旅にでた。二日後、斎藤は忙しい合間を縫って、ドイツ人の画家、プラハテ婦人から肖像画を描いてもらった。

イギリス全権がジュネーブにもどってきたのは、七月二十八日のことだった。

さっそく午後三時半より、杉村邸で三国全権による秘密会議が開かれた。イギリス側は本国政府と協議した結果として、次のような新提案を行った。

「アメリカに対しては、八インチ一万トン巡洋艦十二隻のほか、別に八千トン内外の八インチ砲搭載巡洋艦二隻の建造を認める。総トン数については、新たに水上・水中一括主義とし、英米の総トン数を五十九万トンに増加し、その二割五分の艦齢超過艦保有を許すものとする」

最後通牒でも言い渡したような緊迫した雰囲気だった。たしかに、イギリス側にとっては、これが最大限に譲歩できる最終案であった。

斎藤も粛然となった。

（すべては、アメリカ次第だ。これで、決裂か合意かが決まる）

沈黙があった。アメリカ全権は険しい表情で口を開いた。

「一万トン巡洋艦の隻数は、第二次的問題に過ぎない。アメリカにとっては、八インチ砲搭載の自由が最重要問題である」

従来の主張に固執し、八インチ砲搭載の問題を蒸し返す。イギリス側も黙ってはいない。

「八インチ砲を制限しない条約は、攻撃的武器を無制限に認めるものであって、軍備制限の目的に合致するものではない」

両国全権の応酬を聞いていた斎藤は、重苦しい気分になっていった。

午後五時半、英米の溝が埋まらないまま、散会となった。

両国代表団は最後の調停役として、斎藤に期待をかけた。このため、スイス祭にあたる八月一日に予定されていた第三回総会は延期となり、日米代表による協議が深夜まで続けられた。

翌二日、斎藤は、前夜アメリカ側に示した調停案をイギリス側にも提示した。

骨子は、「日英は既定計画以外の水上補助艦は一九三一年まで新造せず、米国は英国以上に同補助艦勢力を増加しない」というものだった。

この日、春子がロンドンからもどってきた。

夕刻には、外遊中の李王・同妃両殿下もジュネーブ入りした。

「この機会を逃す手はない」

斎藤はある英断をくだした。

その夜、両殿下を主賓とする晩餐会がホテルで催された。

晩餐会には、各国代表団の主だった者五十四人が招待された。ジュネーブ会議の最中、朝鮮の李王家を主賓にした晩餐会が開かれるなど、思いもかけないことだった。

誰よりも驚いたのは、李王と同妃だった。朝鮮総督を務めていた斎藤ならではの演出である。晩餐会は英米全権の感情をやわらげ、友好ムードの回復に一役買った。

八月三日には、全権団によるゴルフ・トーナメントの表彰式が行われ、斎藤は自分の用意したカップと賞金をイギリス随員の一人に授与した。

斎藤はこの表彰式にも、李王と同妃を臨席させている。両殿下は午後九時四十分、パリに向けて出発した。駅で見送った斎藤は、その足でアメリカ公使のウィルソン邸に向かった。

「これが最後の秘密会議となるが、やるだけのことはやったつもりだ。たとえ決裂したとしてもやむをえん」

斎藤は自分自身に言い聞かせた。

秘密会議は午後十時から一時間半行われた。日本の調停案に対し、イギリス側は前向きの姿勢をみせたが、アメリカ側は妥協点を見いだせないとして、本国政府からの訓令にもとづき、会議の休止を申し出た。イギリス側と日本側もこれを了承した。

各国全権が散会したのち、専門委員による宣言書の起草が徹夜で進められた。

八月四日午後三時、第三回総会が開かれ、会議休止を正式に決定するとともに、軍縮案が成立しなかった経緯を説明した「三国共同宣言」が発表された。

結果的に、ジュネーブ会議は各国の相違点を浮き彫りにし、昭和五年のロンドン軍縮会議への布石となる。ちなみに、ロンドン軍縮会議では、ジュネーブ会議の反省から、イギリスはマクドナルド首相、アメリカはスティムソン国務長官、日本は若槻礼次郎という文官を主席全権に就け、紆余曲折《うよきょくせつ》はあったものの、最終的には条約の締結にこぎつける。

八月五日、斎藤は英国全権のブリッジマンらを駅で見送った。ブリッジマンは前日、わざわざ斎藤を訪れ、イギリス側に示した誠意に謝意を表していた。

斎藤夫妻は会議終了後、スイス国内を振出しにパリやロンドン、ブリュッセル、ミラノ、ベネチア、フィレンツェなどを二週間にわたって巡遊する予定になっていた。

出発を前に、斎藤は日本代表団五十三人を晩餐に招き、これまでの労をねぎらった。

翌六日午前十時五十五分、斎藤夫妻は、杉村夫妻ら五十人ほどの見送りを受けながら、ベルンに向けて出発した。

「本当にこれでよかったのかな」

ジュネーブを離れる斎藤は、何か大きな忘れ物をしたような気がしてならなかった。

斎藤に随行した水野恭介海軍大佐は、

「東京駅出発の際、見送りの混雑はすさまじいもので、私は夫妻の歩かれる道をつくるのに相当の腕力を使わなければならないほどであった。斎藤さんに対する人気は、のちに首相になられてからよりも、この時あたりが絶頂ではなかったかと思う。

ジュネーブ到着後、斎藤さんを狙う朝鮮人が二人、同地の警察に捕えられたというニュースが耳に入った。これはのちに虚報と知れたが、夕方など斎藤さんが一人で散歩にでも出られると、私はすぐに尾行することにした。斎藤さんはいつも護衛を極端に嫌われ、(護衛しているとわかれば)そんな必要はないといわれるに決まっていたからである。

私個人として忘れることのできない印象は、斎藤さんが英国の古い将軍たちを訪問されたとき受けたものであった。これより先、斎藤さんの旧友たるペケナム大将はわざわざジュネーブに来訪し、懐旧談に花を咲かせたが、ロンドンでは八十歳の誕生を祝ってなお元気なムーア大将が自分の乗った軍艦の画を並べ立てて得意げに話したり、中気で腰の立たないミュークス大将が車のついた椅子に座したまま、物のいえない唇を震わせながら、ただあふれでる涙で斎藤さんに会えた喜びを表したりした。

斎藤さんの目にも涙があった。よくこういう古い人間たちのことを覚えていて訪ねていかれるものだと感嘆せざるを得なかった。そして、誰もが斎藤さんに対して深い敬意と愛情をもっていることも明らかであった」

老境に入った斎藤にとって、今回の旅は過去と現在との対話でもあった。

イギリスを去った夫妻は、ブリュッセルを経てイタリアに入り、美術館めぐりやポンペイの遺跡見学などを行い、ベスビオ登山にも挑戦した。

八月二十二日、斎藤夫妻や随員を乗せた「箱根丸」はナポリを出港、帰国の途に就いた。

# 第九章——五・一五事件

## チャップリン、来日する

東京駅前は四万人もの群衆でごったがえし、プラットホームはこぼれんばかりの人の波が押し寄せていた。

昭和七年（一九三二）五月十四日午後九時二十分、神戸からの特急燕《つばめ》号がゆっくりと滑り込んできた。人いきれと異様な興奮のなか、客車のドアが開かれ、背広姿、薄緑のワイシャツを身につけた小柄な西洋人が現れた。

「チャップリン、万歳！」

たちまち歓声が渦巻いた。世界的な喜劇王として知られていたチャールズ・スペンサー・チャップリンは、日本でも映画が公開されており、人気を博していた。

チャップリンは義兄のシドニー、日本人秘書の高野虎市《こうのとらいち》とともに、ヨーロッパを周遊したのち、三月十二日、日本郵船の諏訪《すわ》丸に乗船し、ナポリを離れた。

諏訪丸はシンガポール、バリ島、香港などを経て、この日の朝、神戸に着いた。チャップリンとシドニーは、シンガポールから一足早く日本にきていた高野と落ちあい、神戸市内を見学したのち、燕に飛び乗った。

ホームに降り立ったチャップリンは二人の警官と三人の駅員に抱えられるようにして構内を進んだ。チャップリンの前後を兄のシドニー、高野、ボーイが泳ぐようにして群衆の洪水のなかを突き進んだ。途中でシドニーがつまずいて転倒し、あやうく踏みつぶされそうになった。

チャップリン一行は三十分近くもかかって、ようやく自動車の中に入り込み、帝国ホテルに向かった。秘書の高野虎市は神戸から落ち着きがなかったが、いよいよ皇居が近づくと、思い詰めた形相でチャップリンにいった。

「車から降りて、宮城《きゆうじよう》（皇居）を拝んでほしい」

チャップリンはわけがわからなかったが、そうするのが日本の習慣と聞いて、とにかく車から出て一礼だけした。座席にもどると、高野は安堵した表情になった。

翌十五日は日曜日で、文字通りの五月晴れとなった。

夕方、チャップリンは犬養毅首相の長男で秘書官の健《たける》（第四次吉田内閣で法相）の招きで相撲を観戦していた。しばらくすると、世話係がやってきて健の肩を叩き、耳打ちした。

急用ができましたから、といって席を立った健が再びもどってきたのは、取組も終わりに近いときだった。健は完全に血の気を失い、がたがた震えていた。

「どこか、具合が悪いのではないですか?」

チャップリンが訊くと、いったんは首を横に振った健は、突然、両手で顔をおおった。

「たった今、父が暗殺されたんです」

驚いたチャップリンは、健を帝国ホテルの部屋につれてゆくと、気つけのブランデーを飲ませた。落ち着きをとりもどした健は、母親から聞いたという襲撃の模様を生々しく説明した。

## 犬養首相、暗殺される

五月十五日午後五時半ごろ、海軍の三上卓、山岸宏の両中尉ら九人が自動車で首相官邸に乗りつけた。彼らは犬養毅首相に会見を申し込んだが、日曜日だったこともあり拒絶された。

青年将校らはかねてから申し合わせていたように、それぞれに拳銃をとると官邸になだれ込んだ。警備の警官が制止しようとしたが、一人が射殺され、一人が重症を負った。

このとき、犬養首相は居間にいて、夫人や（のちに評論家として活躍する）孫の道子らと夕食をとっていた。警官が駆けてきて、凶変を伝えた。

「早くお逃げください！」

おもむろに立ちあがった犬養は、まだ事態の深刻さを飲み込めなかったのか、相手を説得してみせるという顔つきだった。

軍靴の音が迫ってきた。食堂に出た犬養は、そこで軍人らと鉢合わせになった。

青年将校の一人が犬養の胸に拳銃をつきつけた。

「話せばわかる」

犬養はそういって、軍人らを日本間へと誘った。

「靴を脱いだらどうだ」「その必要はない」といった押し問答があったのち、三上は懐柔されるのを恐れるように怒鳴った。

「我々が何のためにやってきたか、わかるだろう。何か言い残すことがあったらいえ！」

犬養が身をのりだそうとしたとき、山岸が叫んだ。

「問答無用、撃て！」

三上と予備少尉の黒岩勇が犬養に向けて発砲した。犬養はその場に崩れ落ちた。

「これでよし、引き返そう」

襲撃グループは悠然とその場を立ち去った。家人が血に染まった犬養に駆け寄った。

「もういちど、あいつらを呼びもどせ。話せばわかる」

消え入りそうな言葉がむなしく響いた。

犬養は頭部に二発の弾丸を受けていた。一発は右こめかみに命中し、もう一発は左鼻口から右頬に貫通しており、きわめて危険な状態だった。

この前後、内大臣官邸や警視庁、日本銀行、三菱銀行、政友会本部も相次いで襲撃された。

内大臣官邸では玄関前に手榴弾を投げつけられ、制止した巡査が拳銃で撃たれたが、生命に別状はなく、牧野伸顕内大臣もぶじだった。

警視庁でも手榴弾の洗礼を受け、書記と新聞記者が拳銃で撃たれたが、幸い負傷しただけにとどまった。日本銀行、三菱銀行、政友会本部も手榴弾を投げ込まれたものの、日曜日とあって人がいなかったことから怪我人もなく、被害も少なかった。

首謀者は当初、近郊の変電所を襲い、東京を暗黒にしようという計画も立てていた。が、一部の変電所が破壊されただけで、帝都をパニックに陥れることはできなかった。襲撃を終えた連中は、相前後して自動車で麴町の憲兵分隊に自首してでた。

事件のあらましは、直ちにラジオや新聞の号外によって全国に伝えられた。

# 葉山で臨時ニュースを聞く

この夜、斎藤實は、春子とともに三浦半島にある葉山の別荘にいた。別荘といっても、四谷にある邸宅と異なり、普通の民家であった。

ジュネーブ会議から、はや五年の歳月が流れていた。

帰国した斎藤は、いったんは朝鮮総督として京城《けいじょう》に帰任したが、欧州旅行が老体にこたえたのか体調がすぐれず、その年十二月十日に辞任、後任には山梨半造陸軍大将が就いた。

二年後の昭和四年(一九二九)八月、釜山取引所事件というスキャンダルで失脚した山梨にかわってふたたび朝鮮総督に担ぎだされた。

だが、上京中に卒倒して絶対安静となるなど職務をこなせる状態ではなくなったため、昭和六年六月に再度辞任した。後任にはジュネーブ会議開催中、斎藤にかわって臨時代理を務めたことのある宇垣一成陸軍大将が就いた。

朝鮮総督は原内閣における官制改革によって、文官でも就けることになっていたが、斎藤の願いもむなしく、陸軍大将が後を継ぎ、文官総督の実現を見ることはなかった。

その後、斎藤は花巻温泉での療養が功を奏したのか、健康を回復した。

とはいえ、昭和四年四月十三日に亡くなった後藤新平の遺志を継いで日露協会の会頭になったり、枢密顧問官、中央教化団体連合会会長を務めるなど多忙をきわめ、なかなか悠々自適の生活を送るまでにはいかなかった。この年三月には海軍協会会長に就任したばかりだった。

休日になると、斎藤は葉山にやってきては、好きな庭いじりや畑の草取りなどをして過ごして

いた。たまに訪れた名士が、

「すまんが、そこにいる爺、斎藤閣下の住まいはどこかな」

と訊くと、腰をかがめていた古老その人が斎藤であることもあった。

「これは、閣下、失礼いたしました」

あわてて帽子をとった紳士に、別に改まらなくてもいいよ、というぐあいに腰をのばして笑みをもらす。そんなこともあった。

その日の夜も、斎藤はのんびりとラジオに耳を傾けていた。

突然、ラジオから犬養首相遭難のニュースが流れた。斎藤は立ちあがってダイヤルをつまむと、ボリュームをあげた。海軍の一部将校が事件に加担しているという。

「何ということだ。馬鹿どもめが！」

斎藤は思わず声を荒らげていた。

「犬養首相が一命をとりとめてくれればよいが……」

この時点ではまだ、犬養首相は重体と発表されていた。だが、午後十一時過ぎには、治療のかいもなく逝去した。斎藤より三歳年上で、七十七歳だった。ただちに高橋是清蔵相が臨時首相代理を命じられ、五月十六日午前二時、宮中で親任式が行われた。

## 予期せぬ展開で大命降下

深夜、葉山の別荘はものものしい雰囲気に包まれた。神奈川県の巡査が警護のために派遣されてきた。時計を見ると、五月十六日午前一時であった。

「まったく、こんな時間にやってくるとは、こまったものだ」

護衛嫌いの斎藤は重苦しい気分になった。

夜が明けた。まんじりともせずに朝を迎えた斎藤は、あわただしく葉山を発ち、午後二時から首相官邸で開かれた犬養の告別式に参列した。

この日、後継総理を決める鍵を握っていた西園寺公望が興津から上京してきた。

神田駿河台の自宅に入った西園寺は、鈴木貫太郎侍従長の訪問を受け、後継内閣の首班を推薦するよう命じる聖旨を伝達された。

元老のお墨付きによって次期首相を決めるやり方は、明治以来、慣習化していた日本独特のシステムであったが、今では、ただ一人の元老となった西園寺がその使命を担っていた。

西園寺は陛下から後継首班の推薦にあたって、

「第一に首相は人格の立派なもの。第二に現在の政治の弊を改善し、陸海軍の軍紀を振粛するのは首相の人格いかんによる。第三に協力内閣・単独内閣はあえて問わない。第四にファッショに近いものは絶対に不可。第五に憲法を擁護すること、そうでなければ明治天皇に相済まない。第六に外交は国際平和を基礎とし、国際関係の円滑に務めること。第七に事務官と政務官の区別を明らかにし、振粛を実行すること」

との条件を示された。

西園寺ははたと困った。天皇が希望するように、陸海軍に威厳をもちながら国際感覚にも優れた人格者となると、すぐには見当たらなかったのだ。

常識的に考えれば、暗殺された原敬から高橋是清にバトンタッチしたときのように、今回もまた、政友会の新総裁である鈴木喜三郎に政権を託すのが最も自然なかたちであった。

西園寺もそのことは十分に承知していた。だが、大正デモクラシーのときならいざ知らず、政党政治は独走を始めた軍部によって風前の灯となっていた。

「政党政治を守りたいのはやまやまだが、この難局を現在の政友会だけで乗りきれるとはとうてい思われない。原クラスの人物が政党にいれば別だが、それは無理というもの」

悩んだ西園寺は、高橋是清や牧野伸顕内大臣らと意見を交換した。

政友会のなかには、森恪（犬養内閣で書記官長）のように、陸軍の信任が厚い平沼騏一郎《ひらぬまきいちろう》（法相、枢密顧問官などを歴任、国家主義的思想に傾倒していた）に同調する一派もあった。また、陸軍の革新派は荒木貞夫《あらきさだお》陸相を推していた。

「誰が首相になったところで、この時局を収拾するのは至難の業だ。この非常時を乗り切るには、もはや、挙国一致内閣しかあるまいな」

斎藤は後継者選びの渦中から逃れるように、早々と二十日には葉山にもどった。

高齢の自分が後継に推されることなど万に一つもない。そう思っていた斎藤は、次の首相はさぞかし厳しい舵取りを余儀なくされるだろうと、客観的に考えていた。


昭和初めの金融恐慌以来、日本は出口の見えない深刻な不況にあえいでいた。

追い打ちをかけるように、ニューヨーク・ウォール街の株式取引所で株価大暴落（昭和四年十月二十四日）が勃発し、いやおうなしに世界大恐慌の波に呑まれていた。

農村は疲弊《ひへい》し、失業者は街にあふれた。労働運動が激化し、それに対する弾圧が続いていた。

浜口雄幸首相の暗殺未遂（五年十一月）に象徴されるようにデモクラシーは衰退し、かわって軍部や右翼によるファシズムの台頭が際立ってきた。

軍部独走を決定づけたのは、前年九月十八日、柳条湖の満鉄線路爆破事件を口実に、関東軍が軍事行動に出た満州事変である。

若槻内閣は満州事変の不拡大の方針を決定するが、これに不満な急進派は昭和維新を唱えるクーデター未遂（十月事件）を起こし、内閣を退陣に追いやる。

続いて成立した犬養内閣もまた、「満州事変の円滑な処理や陸軍暴走の抑止」を重要政策として掲げたが、関東軍はこれを無視して錦州の攻撃に踏みきった。

昭和七年一月には、錦州占領、上海事変、二月にはハルビン占領、三月一日には満州国建国宣言（首都は長春に置き、新京と改める）と歯止めがきかなくなる。

国内でも、一月八日に朝鮮人・李奉昌による天皇暗殺未遂事件（桜田門事件）、二月九日に井上準之助前蔵相、三月五日に三井財閥の総帥、団琢磨が相次いで暗殺される血盟団事件が起こるなど、騒然としていた。

この間、二月二十日に実施された総選挙では、軍部独走を批判する政友会が圧勝し、その九日後には満州事変を調査する国際連盟のリットン調査団も来日していた。

五・一五事件は、満州事変をめぐる政党政治と軍部の軋轢《あつれき》を背景に起こった惨劇であった。

五月二十二日、西園寺は東郷元帥や牧野内大臣らを順に招き、最終的な協議を続けていた。

「軍部を押えるために軍人を推すのはやむをえないが、伝統的に政党政治に理解を示してきた海軍出身者に限る」

西園寺はそのように決めていた。当然の帰結として、山本権兵衛と斎藤に絞られた。

「山本だけはこまる」

東郷は強い調子で反対した。山本は、第一次ではシーメンス事件、第二次では虎ノ門事件（大正十二年十二月、難波大助による皇太子暗殺未遂事件）で辞職している。この非常時に山本を立てたところで、長くは続かないとみるのは妥当な見方だった。

「斎藤は穏健で国際派としても知られている。しかもまだ、首相を体験していない」

西園寺は、陛下から示された条件に照らし合わせても、ほかに該当する人物はいないと判断した。参内した西園寺は、午後二時に拝謁を許され、斎藤奏薦を奉答した。

そのころ、葉山にいた斎藤は、柴田善三郎の来訪を受けていた。柴田は斎藤が朝鮮総督のとき学務局長を努めた人物である。

「世間では、あなたのところへ大命が降下するかもしれない、また、あなたのほかに、この場合適当者なしと考える方が相当多いようでありますけれど、もし降下しても、けっしてお引き受けすべきではありません」

柴田がそのように説得していたとき、電話が鳴った。

春子が神妙な顔で現れた。

「宮中からです」

斎藤は柴田と顔を見合わせた。二人は一瞬のうちに、大命降下を悟った。参内するように告げられた斎藤は、柴田にいった。

「君、自動車の中で、話を聞こう」

自動車の準備をしているうちに、さらに宮中から電話があり、「侍従をさしむけるから、宮中の自動車で参内するように」との指示があった。午後四時過ぎ、岡本という侍従が鈴木侍従長の書面をもって訪れた。斎藤はその自動車で東京へと向かった。

残された春子は、横須賀にでかけていた管理人の鈴木国松を電話で呼びもどした。

「お使いがおいでになり、實はでかけました。私もすぐいきますから、よろしく頼みます」

春子や柴田は別の自動車で上京した。

斎藤が参内したのは午後六時半ごろだった。「内閣組織に努力せよ」とのご沙汰を拝した斎藤は、静かに答えた。

「最善の努力を致すべきも、数日間のご猶予を賜りたいと存じます」

明治天皇の代からご厚誼《こうぎ》を受けた斎藤にとって、その場で辞退することはできなかった。

## 挙国一致内閣

五月二十三日、私邸をでた斎藤實は、まず駿河台の西園寺に出向いて挨拶したのち、大蔵大臣官邸にいた高橋是清臨時首相を訪れた。

「目下の難局を乗りきるには、経済の立て直しが不可欠。高橋蔵相には、何としても留任していただかなければ困ります」

「今度の臨時議会（第六十二議会）では、大蔵省関係の予算案、法律案が最も多く、十数件に達している。いずれも自分が準備をしてきたものだが、これらを全部提案してもよろしいかな」

「むろん、お任せいたします。予算や金融問題は最も緊急を要するものであります」

「そういうことなら、引き受けよう」

高橋は前内閣の財政政策を踏襲することを条件に留任を内諾した。

「まずは、ひと安心。次は民政党と政友会の援助をどうやって取りつけるかだ」

高橋邸を去った斎藤は、東郷元帥を訪問したのち、民政党の若槻礼次郎総裁を訪れた。

「議会政治はどこまでも尊重しなくてはならないと考えている。ついては民政党に援助してもらい、君にも入閣していただきたい」

斎藤は温厚な顔を崩さず、言葉づかいにも相手の自尊心を傷つけないように注意を払った。若槻としても、議会政治に協力してほしいと頼まれれば、むげに断るわけにはいかない。

「個人で回答するわけにはいきませんから、相談すべきところに相談してご返事いたします」

民政党の感触は悪くなかった。

気がかりなのは、政友会の鈴木喜三郎総裁だった。

政友会は、衆議院で絶対多数を占めている。鈴木総裁は、当然自分が次期首相になれるものと思い込んでいた。だが、大命は自分を素通りしたうえ、第一線から退いていた斎藤に降下してしまった。鈴木の反発は十分に予想された。

鈴木総裁との会見は、午後四時半から約二十分、内相官邸（鈴木は犬養内閣の途中から内相に就いていた）で行われた。

「今回、大命を拝したが、何の手足ももたぬから、政・民両党のご援助を乞わなければ何ごともできない。ゆえに貴党の援助をお願いしたい」

「政・民両党に援助を求められることは、ただ今拝承したが、その実行しようとする政策については、いかなる考えをお持ちでありますか」

「政・民両党相反する政策もあろう。それらの関係もあるので、数日間のご猶予をお願い申し上げて、引き下がってきたしだいである」

鈴木総裁は、さらに陸軍への対応や援助の方法を訊いた。

「民政党は入閣する、政友会は局外から援助するというのでは不十分であり、ぜひとも入閣して援助してもらいたい。閣僚は政・民両党、貴族院、その他からも入閣してもらうことになろうが、閣員の割当の比率については、とくに考えてはいない」

鈴木もまた、党の機関に諮《はか》ったうえで明朝までに回答することを約束した。

若槻総裁は、夕刻に斎藤邸を訪れ、「自分は入閣しないが、党員から自由に選考してよろしい」と述べて、協力の意向を明らかにした。

五月二十四日朝、鈴木総裁が斎藤を訪れ、若槻と同じように「自分は入閣しないが、援助する」ことを約束し、午後には人選をめぐる協議に応じた。


首相官邸でのテント村はよく知られた光景だが、このとき組閣本部となったのは、四谷の斎藤邸だった。新聞各社は門を抜けた敷地内に、机を並べたうえ電話を引いた。周辺の住人は、思わぬ騒ぎに何事かと驚き、遠巻きに様子を眺めた。

その日の夜までに、民政党幹事長、永井柳太郎の入閣が内定するなど、斎藤内閣の顔ぶれが次々に固まっていった。

二十五日朝、入閣を承諾していた民政党の山本達雄が、急に態度を硬化させた。

「相談相手として、伊沢多喜男か湯浅倉平を同時に入閣させていただきたい」

それが条件だった。斎藤はあせった。

「やっとのことで、政・民両党をまとめたというのに、ここで反旗を翻すとは」

斎藤は民政党にも協力を求め、説得工作を続けた。山本への説得を続ける一方で、岡田啓介海軍大将を電話で招いた。

岡田は二階の部屋に通され、斎藤と向かい合って座った。

「昨日までは政友、民政両党の了解を得るために費やされ、軍部まで手をのばすに至らなかった。そのほうも目鼻がついたので、きてもらったわけだが、今度、海軍大臣になってもらいたい。昨日、大角《おおすみ》（岑生《みねお》・前海相）に相談したところ、同意してくれた。時局重大の際、ご苦労だが受けてもらいたい」

岡田は東郷元帥に相談のうえ電話で知らせることにした。斎藤は前もって東郷からの了解を得ており、海軍大臣はすんなりと決まった。

夕方、山本が斎藤邸を訪れた。斎藤は、山本を補佐する人物として貴族院から後藤文夫を入れることで了承してもらった。後藤は内務官僚派で台湾総務長官を務めたこともある。

文相には鳩山一郎が留任することになった。

鳩山はいうまでもなく、昭和三十年十一月、日本民主党と自由党との合同によって結成される自由民主党（自民党）の初代総裁、首相を務める人物である。このとき四十九歳だった。

「残るは、外務と陸軍だな……」

どちらのポストも、日本が国際的な地位を保てるかどうかの鍵を握っていた。

外務は内田康哉《うちだこうさい》が適任と思われたが、内田は満鉄総裁に任じられていた。斎藤は思案したあげく、内田が帰国するまで外務を兼任することにした。

陸軍大臣については、朝鮮軍司令官の林銑十郎《はやしせんじゅうろう》を候補とし、帰朝するように電報を打っていた。林は二十六日朝、上京してきた。だが、陸軍内部から「待った」がかかった。

組閣本部に緊張が流れた。陸軍の抵抗にあって組閣は難航するかとみられたが、最終的に荒木貞夫中将が留任することで決着をみた。

「これが、現在、考えられる最良の顔ぶれだろうな」

不満は残ったが、これ以上、組閣を引き延ばせば政局の混乱が続く。

斎藤は組閣の準備を終えたことを関係者に告げた。五・一五事件から十二日目、大命降下から五日目のことだった。

## チャップリンと会見

「では、行ってくる」

「おめでとうございます」

春子はいたわるようにいった。

これまでにも海軍大臣などに任命される夫を見送ったが、今度は一国の総理である。春子は、まるい背中に颯爽とした若い姿を重ねた。それぞれの時代が思い出され、胸が熱くなった。結婚してから、まる四十年が過ぎていた。

親任式は、午後二時半から行われた。

この日成立した斎藤内閣は、第三十一代目にあたる。

結論からいえば、斎藤内閣はファシズムの最後の防波堤として期待されながら、あまりの激流に防ぎようがなかった。そして、軍部主導という足枷《あしかせ》のなかで、満州国承認、国際連盟脱退という不本意な役回りを演じることになる。

首相に就いた斎藤は六月二日午前十時、離日前のチャップリンと官邸で会見した。

そのとき撮影された写真には、どことなく憂い顔の斎藤の隣で、複雑な表情のなかにも白い歯を見せて笑っているチャップリンの顔が写っている。

チャップリンはロンドン生まれである。斎藤もまた、海軍兵学校のときイギリス人将校から本場の英語を教わっている。もっとも斎藤はアメリカでの生活も長く、アメリカ人の話す米語も耳に馴染《なじ》んでいる。

「もっと日本を見物していってはどうですか?」

斎藤が聞いた。チャップリンは肩をすくめた。

チャップリンは滞在中、歌舞伎を観賞し、天ぷらや寿司などの日本料理を心ゆくまで味わった。最も訪れたかった京都へはいけなかったが、箱根の富士屋ホテル(四十五号室)に泊まりながら、臨時に雇った日本人タイピストとテニスに興じるなど、日本での休日を楽しんだ。当初は一週間の予定だったが、二週間の滞在となった。

「パスポートの期限が切れるものですから。(失効すれば)新しく書き換えるには、二、三ヵ月もかかってしまいます」

「それは残念です。シンガポールにも寄ったそうですが、どうでしたか?」

「シンガポールもいいところですが、その先にバリという美しい島があります。シンプルで平和で、実にいいところでした。首相は忙しいでしょうが、いつか暇をつくって、バリ島へでかけられることをお勧めします」

二人はそんなやりとりをしたという。

チャップリンは、事件が勃発した当日も健と一緒に官邸に赴いて暗殺現場を見ていたが、このときも官邸を案内され、（事件翌日に予定されていた）公式レセプションで会うはずだった前首相を悼んだ。凶行のあった現場に立つと、「テレブル（ひどい）」とつぶやいた。

「これからは、天井にも見張りを置いたほうがいいでしょう」

チャップリンはここでも、ジョークを忘れなかった。

首相官邸を去ったチャップリンは車で横浜までいき、日本郵船の氷川丸《ひかわまる》に乗船した。


翌八年秋、事件にかかわった軍人に対する軍法会議や裁判が行われる。だが、右翼の橘孝三郎の無期懲役が最も重く、ほかは禁固刑にとどまる。

裁判の過程で、首謀者の一人だった古賀清志（海軍中尉）は、チャップリン暗殺計画を立案し、途中でとりやめたことを明らかにしていた。

世界的に有名なコメディアンを暗殺すれば、アメリカとの戦争にもちこめるという何とも幼稚な発想であった。また、右翼結社はチャップリンに宮城礼拝を強要していたことも、のちになってわかった。


歴史の皮肉なめぐりあわせというのか、チャップリンは昭和十一年（一九三六）三月、三人目の妻となった女優のポーレット・ゴダードを連れて二度目の来日を果たす。だが、斎藤は前月の二・二六事件で暗殺されていた。新聞記者から斎藤に関するコメントを求められたチャップリンは、「お気の毒のかぎりです」と答える。

# 第十章――スローモー内閣

## 自力更生運動

六月一日、第六十二臨時議会の開院式が行われ、三日、新首相に就いた斎藤實は両院で施政方針演説を行った。

斎藤内閣は、政友会・民政党の二大政党をはじめ、貴族院など各界の協力を仰いで組織されたことから、「挙国一致内閣」と呼ばれる。

それとはべつに「スローモー内閣」の異称も与えられている。温厚な斎藤の姿勢がともすれば鈍重なイメージを与えたことからつけられたと思われる。

貴族院本会議は午前十時過ぎに開会した。

冒頭、フロックコート姿で登壇した斎藤は眼鏡をかけ、両手を後ろ手に組むと、原稿を朗読した。演説の間、斎藤はコップ一杯の水も飲まず、矍鑠《かくしゃく》としたところを見せた。

会期の短い臨時議会とあって、審議は速やかに進められた。会期が終わりにさしかかった六月十三日、衆議院本会議において、時局匡救《きょうきゅう》のため臨時議会を召集するよう求める決議案が提出され、満場一致で可決された。

翌十四日、衆議院では、議員四十五人による新たな決議案が提出された。

「政府は速やかに満州国を承認すべし」

というもので、これも全会一致で可決された。

臨時議会の閉会後、斎藤は入間野武雄秘書官に、中央教化団体連合会幹事の古谷敬二を首相官邸に呼ぶように命じた。斎藤は首相に就いた後も、同連合会長を務めていた。

入間野は斎藤の親戚であり、中学から斎藤邸に寄宿していた人物である。斎藤の秘書官は入間野のほか、伊達宗彰、内務事務官兼務の新居善太郎がいた。

古谷が現れると、斎藤は待っていたとばかりに話しだした。

「政府としては、時局救済のために最善の努力をするつもりだが、地方自治の首脳者の多くは補助金に頼る傾向にある。肝心の国民自体に立つ力がないのでは、結局は民力の頽廃、国の基礎を危うくしてしまう。政府の負担は国民の負担であることを、もう少しわかってもらいたいと思っている。国民の自立的意気を高める何か適当な名称はないものかね」

古谷はほんの少し熟慮すると、思いあたったように顔をほころばせた。

「近ごろ、兵庫県の農会では、指導精神に自力更生《じりきこうせい》ということを掲げており、私はいい言葉と感じているのですが、これはお気持ちにぴったりと添うのではありませんか」

斎藤は、わが意を得たといわんばかりに手で膝を打った。

「それだ。それでいこう」

七月五日、斎藤は定例閣議の席上、国民の精神高揚のために「自力更生」運動を積極的に推進したい考えを述べた。閣僚はこれを了承した。

翌六日は、あわただしい一日となった。

まずは、国際連盟のリットン調査団の調査委員の来訪を受け、帝国ホテルに挨拶に出向いた。さらに、満鉄総裁から外務大臣に就く内田康哉の親任式に参列した。内田は満州国問題に対応するために起用されたもので、この日をもって斎藤の外相兼任が解かれた。

夕刻、斎藤は「自力更生」のラジオ放送をするためにスタジオ入りした。

午後七時半、斎藤の声が電波にのった。「重大なる時局に際して国民に告ぐ」。これがラジオ講演のタイトルであった。

斎藤はフロックコート姿でマイクの前に立ち、やや緊張した面持ちで原稿を読みあげた。

「……現下の時局は、極めて多事多難であり、従ってまた極めて重大であり、世間これを称して非常時と呼ぶのも、また当然のことであります……」

挙国一致内閣成立の経緯を述べたうえで、失業者対策として産業の振興に努め、河川改修や港湾修築、道路改良といった土木事業を増加することなど、当面の政策について説明した。

「……この非常時に際し、自力更生の声の起こりつつありますことは、私の衷心より歓喜に堪えない次第であります。政府に致しましては、時局匡救のため全力を傾注する考えであります。国民諸君も政府の意のある所を諒とし、自力更生の方途を講じ、官民相呼応し、この不況の克服、この難局打開の一日も速やかならんことを切望してやまぬしだいであります」

さらに、立憲政治更新のための政界浄化、それに伴う地方長官の異動についても触れた。

自力更生は、斎藤内閣の政策を象徴するアドバルーンとなった。

斎藤は精力的に働いた。けっして、スローモーではなかったのである。

むしろ、走り過ぎて無理がたたった。八月四日、ついにダウンした。

午前中、官邸で開かれた法制審議会で挨拶を済ませた斎藤は、総理大臣室にもどるなり、気分が悪くなった。たまたま用事があって、部屋を訪れた柴田善三郎内閣書記官長は、長椅子に横になっている斎藤を見つけた。

「どうしたのですか、総理!」

斎藤は青白い顔をしていた。

「何だか気持ちが悪い」

斎藤の指さしたところを見ると、嘔吐《おうと》したあとがあった。

斎藤は総理大臣になったあとも官邸には住まず、四谷の私邸から通っていた。あわてて帰宅し、医師の診断を仰ぐと、軽い脳溢血ということがわかった。

斎藤は病名を隠すように念を押し、このことは柴田と入間野秘書官の胸にとどめさせた。

斎藤は、数えで七十五歳になっていた。高齢とあって健康が心配されている矢先に、脳溢血で倒れたことが世間に伝わったのでは、内閣はたちまち瓦解しかねない。

病を押して、六日には登庁した。八日には、梨本宮守正王殿下の元帥親任式が那須御用邸で予定されており、斎藤はそれに参列するつもりだった。

ところが、前日、私邸にいた斎藤のもとに「病気を押して出張するに及ばぬ」とのご沙汰が伝えられた。羽織・袴姿で使者役の柴田を迎えた斎藤は、ご沙汰を拝するなり涙を流した。

「非常時に寝込んでなんかいられない」

気力が充実していたせいか、斎藤は快方に向かった。医者も驚くほどの回復ぶりだった。

八月二十三日、第六十二臨時議会の決議案に基づき、第六十三臨時議会の開院式が行われた。

同議会は時局救済を主眼としたことから、時局匡救議会とも呼ばれる。

二日後、斎藤は施政方針演説を行い、低金利政策による金融の円滑、道路や農林土木事業の実施、尋常小学校費の臨時国庫補助、貧困者の医療救護、小学校欠食児童への食料支給など具体的な施策をあげ、自力更生運動をくりひろげることを表明した。

同議会に提案された昭和七年度一般会計の追加予算額は、約一億六千三百四十万円。そのほとんどすべてが、農村振興土木事業や農業土木事業など、時局匡救のために充てられた。また、時局匡救費の総額は三ヵ年で十六億円に達する見込みとなった。衆議院では三ヵ年計画を二ヵ年計画に改訂せよとの付帯決議があったが、原案通り予算案は両院を通過した。

公共事業の徹底実施を柱とした「自力更生」運動は、世界的な恐慌を乗りきるために、アメリカのフランクリン・ルーズベェルト大統領が実施した経済政策「ニュー・ディール」を連想させる。ニュー・ディール政策は、一九三三年（昭和八年）の実施であり、斎藤はその日本版ともいうべき不況対策を前年のうちに打ち出していたことになる。

## 満州国承認と国際連盟脱退

「さて、いよいよ、満州国問題だな」

満州国承認問題については、第六十二臨時議会のときから論議されていた。

結局、「政府は速やかに満州国を承認すべき」という決議案が全会一致で可決されたことから、政府としてもその対応を急ぐことになったのである。

ただし、斎藤實は、

「満州国の承認に関しては、なるべくできる限り速やかに承認したいと思ってはいるが、相当の準備が必要であり、満州国と日本との関係において万事遺憾ないよう期すためにも、その時機については根本より政治的にも実際的にも大局から見て決定すべきである」

との外交方針を貫いていた。

斎藤は、満州国は実際には関東軍の傀儡《かいらい》政権であったとしても、一応は独立した国家であり、外国とみなしていた。

満州国の承認にあたっては七月の時点で、四省次官会議によって満蒙四頭政治統一に関する参考案が提出されていた。この新機構の改正案は、七月二十六日の定例会議に付議された。

原案を示された斎藤は、次のように答えていた。

「在満帝国諸機関の統一案については、その完全な統一の促進を期するよりも、現行制度の運用により、暫定的にその事務の統一を図るべきである。さしあたり、満州派遣臨時特命全権大使を置き、関東軍司令官・関東長官を兼ね、三位一体の実をあげることが最も妥当だと信じる」

斎藤はここでも慎重な態度をとった。

スローモー内閣の本質は、すべてにのんびりと事を進めることではなく、急ぐべき問題は早急に措置し、大局的な見地から検討すべき問題はじっくりと取り組もうとするものだった。

関東軍司令官・関東長官を兼ねた特命全権大使には、軍事参議官で陸軍大将の武藤信義が選任され、八月八日に那須御用邸で親任された。

このような経緯があり、九月六日の閣議で内田外相から満州国承認の手続きに関する案件が示され、政府はこれを了承した。

翌日、西園寺に政府の方針を伝えるため、斎藤は御殿場に向かった。

「我国としては、満州国に対する関係は、前内閣時代に確立した根本方針が厳存し、今さらこれを変更する要はない。連盟総会の模様がどうなろうと、この規定方針に基づいて列国と折衝するものであるから、この難関を承知して就任した内田外相の決意は非常なものだ」

車中、記者団にこのように話している。

満州国承認は諸刃《もろは》の剣であることを、斎藤自身がよく知っていた。だが、満州国問題に対する方針は、前内閣（犬養内閣）で固まっており、それを覆すことは陸軍との全面対決を覚悟しなくてはならなかった。

やがては砂上の楼閣《ろうかく》として歴史から消滅する満州国だが、当時の国民には新天地のように思われていた。それだけ深刻な不況が国内を覆い、農村は困憊《こんぱい》し、都市は沈滞していた。国民はトンネルの出口を求めるように、満州国に新しい希望を託していた。

すでに満州国が建国宣言をしている以上、誰が首相になっても、どのような内閣ができようと、承認は既成路線になっている。

もしも斎藤内閣が承認しなければ、たちまち倒閣運動が起こりかねない状況にあった。いったん走りだした列車はなかなか止まらない。ブレーキをかけようとする機関士がいたら、たちまち列車の外に放りだされてしまう。

枢密院は九月十三日、臨時緊急本会議を開き、（極東における恒久的平和を確立するという大義名分の）満州国承認に関する「日満議定書」を全会一致で可決した。

九月十五日朝、新京ヤマトホテルを出発した全権大使の武藤信義は、国務院で溥儀と会見したのち、午前九時十分（日本時間十時十分）、別室において満州国の国務総理、鄭孝胥とのあいだに日満議定書の調印を行った。

同日、政府は満州国を正式に承認し、両国の共存共栄のために国交を開くことを公表した。斎藤首相も「東洋の平和を維持するための承認である」旨の声明を発表した。

満州国承認からほぼ半月後の十月二日、国際連盟調査委員会による「リットン報告書」が公表された。

この報告書を受け、国際連盟理事会と臨時総会がジュネーブで開かれることになった。政府は十一日、衆議院議員（政友会）の松岡洋右《まつおかようすけ》を首席全権に任命した。

松岡は田中内閣で満鉄副総裁を務めており、中国通としての経歴を買われたのだったが、それ以上に熱弁家として知られていた。

斎藤は十月十四日、松岡や随員一同を首相官邸に招待して送別会を催した。

「このたびの連盟臨時総会は、昨秋はからずも勃発した満州事変の外交の総決算ともいうべき重大なる会議でありまして、我国の公明正大なる立場を十分に世界に諒解せしむることは、なかなか困難なる事業であるのみならず、ときとしては相当難局に立つことをも、あらかじめ覚悟してかからねばならぬと思われるのであります。なにとぞ、重大なる局面の収拾に努力せられんことを切に希望する次第であります」

挨拶に立った斎藤は、内心祈るような思いだった。

というのも、満州国を承認した段階で日本の孤立化は決定的になりつつあった。国内の世論も、国際連盟脱退の強硬論が支配的になってきている。

外相に就いた内田康哉は、満鉄総裁を務めていたあいだに軍部と親しい関係になったこともあり、就任早々、「国を焦土《しょうど》としても、満州国を承認する」姿勢を示していた。

いわゆる「焦土外交」である。英米では日本の焦土外交をセンセーショナルに報じた。

斎藤は国際連盟からの脱退は避けなければならないと思っていたが、交渉決裂、さらには連盟脱退という最悪のシナリオも念頭に置かざるを得なかった。

国際連盟理事会は十一月二十一日に開会され、リットン報告書及び日本政府提出の意見書が上程された。アイルランド代表デ・ヴァレラが議長となり、日本首席全権の松岡と中国首席全権の顧維均がおたがいの立場を主張したが、かみあうはずはなかった。

理事会に引き続き、十二月六日からは特別総会が開催された。

八日、松岡は、日本を十字架にかけられたナザレのイエスにたとえ、

「イエスが世界に理解されたように、日本も世界に理解される日がくる」

などと、臆面もなく日本の十字架論をぶった。

欧米諸国はこの演説をキリスト教国を侮辱するものと受けとめた。結果的に松岡の雄弁は奇弁に終わり、各国の顰蹙《ひんしゅく》を買った。

日本との友好関係が長いイギリスは、日本の顔を立てるため折衷点を見いだそうと努めた。が、大勢は日本批判、中国擁護に傾いていた。

問題点を煮詰めるために、十九ヵ国委員会が設けられ、さらに数ヵ国の代表団による決議案の起草が進められた。十九ヵ国委員会は二十日に再開されたが、起草委員から経過報告があったのみで、翌年一月十六日まで休会となった。

休会中、国際連盟事務局次長の杉村陽太郎は、ドラモンド事務総長と協議した結果、「杉村・ドラモンド試案」の作成にこぎつけた。杉村はジュネーブ会議のとき、全権委員の斎藤とともに交渉に尽力したことがある。

政府はこの試案をほぼ妥当と認め、交渉の進展につながることを期待した。ところが再開された委員会では、この妥協案が攻撃され、「事務総長の越権行為」と批判された。杉村とドラモンドの努力は水泡に帰し、打開の道は閉ざされた。

昭和八年（一九三三）一月二十一日、衆議院（第六十四議会）で外交演説に立った内田外相は、国際連盟での議事状況を説明したうえで、日本としては従来の主張を一歩も譲らないことを改めて宣言した。

十九ヵ国委員会では、もはや調停による紛争解決の余地はないとして、二十三日、国際連盟規約第十五条第四項に基づき、勧告案を作成することを決定した。

これを知らされた政府は二月一日、臨時閣議で最終的な態度を決め、勧告案の内容いかんによっては連盟脱退もありうることを盛り込んだ訓令をジュネーブに発した。

二月二十四日、国際連盟総会において委員会報告書草案（勧告案）の採決が行われ、賛成四十二票、反対一票（日本）、棄権一票で可決された。欠席は十二ヵ国だった。

勧告案の骨子はリットン報告書に基づき、「満州国は日本の傀儡《かいらい》政府であり、承認は認められない」というものであった。

政府はたび重なる臨時閣議をへて、三月二十七日、内田外相の名前で「連盟脱退通告文」を国際連盟事務総長に電報で発送した。

国際連盟は発足当初からアメリカの不参加という大きなハンディを負っていたが、常任理事国だった日本が離脱したことで弱体化が進む。

やがて、ドイツ（昭和十年）、イタリア（昭和十二年）の脱退により有名無実化となり、第二次世界大戦へと突入していくことになる。

## 内閣崩壊の兆し

内田康哉外相は九月十四日、自分の使命は終えたといわんばかりに病気を理由に外相を辞任した。後任には前駐露大使の広田弘毅《ひろたこうき》が就任した。

広田は「和協外交」を唱え、話しあいによって中国問題を解決する方針を示した。

これに対し、穏健な斎藤内閣を倒し、強硬路線を敷く内閣を樹立させようという動きが軍部を中心に本格化してくる。

斎藤實は十月三日、国防や外交、財政の調整をはかるために、高橋蔵相、広田外相、荒木陸相、大角岑生海相（昭和八年一月、岡田啓介の後任として就任）の四大臣に斎藤首相を加えた「五大臣会議」を設けた。

同会議は、政党出身者の発言力を弱めたインナー・キャビネットとして非難されることもあるが、斎藤の気持ちとしては、英米との親善を保ちながら国際関係の改善をはかり、中国との交渉を進めたいとの狙いがあった。

十二月八日、薩閥の巨頭だった山本権兵衛が逝去した。享年八十一。

「今日、首相の座にあるのも、山本伯の力添えがあったればこそ。もう少し長生きして、忌憚のない意見を述べてほしかった」

斎藤にとって、山本は海軍での出世を導いてくれた大恩人である。生前の山本を思い浮かべる斎藤の脳裏に、媒酌人として春子との結婚の労をとってくれた若き日の姿やシーメンス事件でともに退陣した光景などがよみがえってきた。

昭和九年（一九三四）が明けた。

斎藤實は喜寿を迎え、高橋蔵相も八十一歳、山本内相は七十九歳になっていた。

前年暮れから休会になっていた第六十五議会は、一月二十三日から再開されることになっていた。その前日、荒木貞夫陸相が病気を理由に辞表を提出した。荒木は五相会議で盛んに軍備拡大や農村救済に関する自説を説いたが、高橋是清蔵相によって反対されていた。

荒木は、昭和七年ごろから形成されていた皇道派《こうどうは》の代表的な人物として知られていた。

天皇親政論を信奉していた荒木は、陸相に就任するなり、軍人のサーベルを日本刀に変えたり、皇軍などやたら「皇」の字のつく言葉を陸軍用語にとりいれた。

皇道派の青年将校には人気を博しており、荒木の辞任に伴い、斎藤首相や高橋蔵相への不信感を募らす。この皇道派青年将校たちが、二・二六事件を引き起こし、くしくも斎藤と高橋が惨殺《ざんさつ》されることになる。

辞表を提出された斎藤は、そんな先のことまで知るよしもない。

荒木陸相の辞表をもってきたのは、やはり皇道派の柳川平助陸軍次官だった。

柳川次官は紋切り型の挨拶をしたのち、「荒木陸相は肺炎で職務を遂行できない」と説明した。

たしかに荒木陸相は、年が明けてから肺炎に罹《かか》って臥せていたが、肺炎ならしばらく休養すれば済むことである。あえて、議会再開の前日に辞表を提出した背景には、荒木の唱えた軍備充実案をことごとく封じた高橋蔵相に対する不満があった。

「で、後任には誰を?」

斎藤が訊くと、柳川は迷わず答えた。

「林大将で一致しております」

「林か……」

林銑十郎は、斎藤内閣が発足する時点で白羽の矢をたてた人物である。いったんは朝鮮から呼び寄せ入閣を交渉したが、陸軍内の事情で荒木が留任することになった。このとき、林は教育総監を務めていた。さっそく、斎藤は林と会見し、了解を得た。

一月二十三日、議会再開の当日、林陸相の親任式が行われた。

後任の教育総監には、参謀次長を退き軍事参議官になっていた真崎甚三郎《まざきじんざぶろう》が就いた。皇道派としては、荒木・真崎体制の強化をはかるために、後任首相には真崎を推したい意向もあったが、真崎は天皇の信任がなく、教育総監に就けることで妥協したとみられる。

陸相に就いた林は皇道派に近い人物とみられていたが、意外にも皇道派と目された人物を更迭し、結果的に統制派の勢力拡大に加担する。これに反発する皇道派の青年将校たちは、やがて実力行使に出る。この人事は、陸軍を二分していた皇道派と統制派の対立を決定的にする。

## 帝人事件

昭和九年(一九三四)一月二十三日、第六十五通常議会が再開された。

再開初日は、斎藤の施政方針演説に続き、政友会の床次竹二郎《とこなみたけじろう》、民政党の町田忠治が代表質問に立った。二人は、議会政治擁護の立場から挙国一致内閣の意義やファショ排撃を訴え、軍部のあり方を批判した。いわば、軍国主義に対する政党政治の最後の抵抗であったが、やがて政党自らの内部分裂で尻すぼみになる。

これに対し、右翼勢力は外堀を埋めるために閣僚攻撃に出た。その先鋒となったのは、貴族院の官僚陣だった。最初に槍玉に挙げられたのは、中島久万吉商工大臣であった。

中島商相は当初、「製鉄合同」に関して責任を問われていた。

製鉄合同というのは、官有官営の八幡製鉄所を中心に民間の製鉄会社数社を合同して「日本製鉄株式会社」を設けようというもので、浜口内閣時代に商工省に設けられた臨時産業審議会で答申されていた。同法案は議会を通過し、この年一月末に同社の設立に至った。

中島は「国務大臣の地位を利用して同社の社長に就こうとしている」などと非難され、綱紀問題に発展していた。渦中の中島に追い打ちをかけるように、中島が雑誌「現代」二月号に執筆した「足利尊氏論」が攻撃された。

貴族院の菊池武夫（後備陸軍中将・男爵議員）は、この記事をとりあげ、「逆賊（北朝を擁立した足利氏）を賛美するとは何ごとか」と迫った。

南北朝をめぐる問題としては、明治四十四年に起こった「南北朝正閏問題」がある。このときは、南北朝を記載した国定教科書が使用中止となり、南朝正統論の立場から、南北朝時代のことは戦後まで「吉野時代」と記された。

右翼勢力が虎視眈々《こしたんたん》と狙っているこの時期に、中島がこのような論文を執筆するはずはなかった。これは、十数年前にほかの雑誌に綴った旧稿が勝手に転載されたものだった。あきらかに、中島商相を陥れるための策略であった。

菊池に引き続き、三室戸敬光という老議員までが、右翼のさしがねとなって中島商相を誹謗した。中島商相の辞任を求める演説は二月六日、七日と二日間にわたって行われた。

七日の貴族院本会議で、斎藤首相は中島商相の釈明に続いて答弁に立った。

「ただ今も商工大臣が述べました通り、十年前の随筆が、不用意の間に雑誌に揚げられたということでありまして、すでに取り消しもされたということであります。さように私は承知いたしておるしだいであります。これをもってお答えと致します」

斎藤は、もういい加減にしてほしいという思いだった。あまりに露骨な閣僚いじめである。こんなことで辞任していたのでは、閣僚が何人あっても足りない。

だが、当の中島商相の方が根負けした。翌八日、悄然として辞意を表明した。

斎藤もやむなく了承し、九日には法学博士で貴族院議員の松本烝治を後任に就けた。

これで斎藤内閣潰しが終わったわけではない。

これより前、二月二日の貴族院本会議において、関直彦が「台湾銀行の帝人株処分」問題をとりあげていたが、菊池武夫は七日の演説で帝人問題に触れていた。

二月八日の衆議院本会議では、政友会の岡本一己が帝人株処分に際し、自党幹部の背後に醜怪な綱紀問題があるかのような発言を行った。内部告発された政友会は大揺れに揺れた。

岡本は二月十五日、さらに同本会議で、鳩山一郎文相が樺太工業から贈賄をうけとっているとの暴露演説を行った。この演説は「思い出してもゾッとする昭和六年五月ごろ、五月雨降る夜……」と怪談調にきりだしたことから、五月雨演説と呼ばれた。

岡本は自分をとりたててくれない鳩山文相に反感を抱いていたといわれる。

これらのたび重なる爆弾演説によって、政友会は完全に浮足だった。総裁系と床次竹二郎系の対立が悪化し、内紛へと拡大した。

床次は第一次西園寺内閣時代、徳島県知事から秋田県知事に転任する途中、原敬内相によって地方局長に抜擢されたことで知られる。その後、政友会から脱党して山本達雄らと政友本党を旗揚げし、昭和二年には憲政党と合同して立憲民政党を結成した。翌年には新党倶楽部を創立して総裁となるが、四年には政友会に復帰していた。

政党から政党へと渡り歩いた床次の性格を見透かすように、民政党は政友会の亀裂を決定的にしようとばかり、岡本代議士査問委員会を提議するが、査問を進める段階で、自党の故・浜口総裁の金銭収受問題が飛びだしてきたことから、うやむやになってしまった。

この時点では、もはや超党派による挙国一致内閣は有名無実となり、斎藤内閣誕生前の分裂状態にもどっていた。

二月二十八日の貴族院本会議で、大塚惟精《いせい》による鳩山文相問責が行われた。

「どうか文教の鏡の曇を一日も払拭して、児童の心をして清浄なる気持ちに帰らしめ……」

大塚は、美文調で鳩山文相の更迭を求めたうえで、斎藤首相の断固たる処置を要望した。これを受けて登壇した斎藤は、「査問委員会の結果を待ってほしい」と訴えた。

続いて釈明にたった鳩山は、

「明鏡止水《めいきょうしすい》の心境において善処いたしたいと思っております」

と結んだ。鳩山は、大塚が「鏡の曇」を引き合いにしたことを意識して、明鏡止水の言葉をもちいたのであって、辞任するつもりなど毛頭なかった。同日開かれた衆議院の査問会でも、徹頭徹尾、事実無根を主張した。

ところが、翌朝の新聞には、明鏡止水は辞任の表明と解釈されて掲載されていた。

鳩山文相はあせった。それ以上に当惑したのは斎藤だった。

斎藤はあらかじめ「辞職するなどとは絶対にいわないでほしい」と念を入れていた。鳩山も前向きにとりくむ姿勢を明鏡止水の言葉に託したのだった。それがまったく裏目にでてしまった。

三月三日、その日は土曜日で桃の節句だった。東京は遅い雪に見舞われた。

「そういえば、井伊大老の桜田門外の変も今日だったか」

鳩山は辞表を提出して官邸を去った。斎藤はわざわざ音羽の鳩山邸まで出向いた。

「君が辞表を出したのは残念でならない。今さら、思いとどまってくれということもできないが、どうしても、自分の感謝の気持ちを表したくてやってきた」

驚いたのは、鳩山の方だった。そこまで自分のことを思ってくれた斎藤の人徳にうたれた。官邸に戻った斎藤は、巨大な蜘蛛《くも》の巣にかかったような感じだった。もがけばもがくほど、自分の首をしめていくような感覚である。

「わずか二年足らずで、内閣の顔ぶれがこれほど変わるとは」

斎藤内閣は、八年中に海相（岡田啓介から大角岑生）、外相（内田康哉から広田弘毅）の二大臣が交代していたが、年が明けてからは、一月に陸相（荒木貞夫から林銑十郎）、二月に商相（中島久万吉から松本烝治）と、毎月一人ずつの交替を余儀なくされていた。そして、三月に入るなり鳩山文相が辞任し、組閣以来五人もの大臣が閣外に去った。

普通であれば、とっくに倒壊していてもおかしくない。四面楚歌《しめんそか》となった斎藤は、鳩山以外の適任者が見当たらなかったことから、当分の間は文相を兼任することで議会を乗りきることにした。

閣僚に対する暴露合戦はなおも続いた。

小山松吉法相に対しては鯉住事件、三土忠造鉄相に対しては新路線計画に絡んだ綱紀問題、永井柳太郎拓相に対しては南洋興発株処分問題というぐあいである。

さらに、斎藤首相に対しては、第一次朝鮮総督時代に購入し、その後手放した仁川別荘までが攻撃材料にされた。

同別荘は、第一次世界大戦で敗れて困っていたドイツ人が売りにだしていたものを引き受けたもので、何らやましいことはなかった。むしろ、朝鮮統治に理解を示していた盧正一という人物から、言論機関を手に入れたいと相談されたとき、二万円で売りに出された中外日報社を購入する資金として、同別荘を殖産銀行に抵当に入れて工面したことがあった。

仁川別荘で斎藤が私腹を肥やしているとの批判は、まったくの的はずれであった。

第六十五議会は、三月二十六日の閉院式で、とにもかくにも切り抜けることに成功した。

議会が終わって、疲れがどっとでた。会期中の二月十三日から二十五日までも病気で静養していたが、ここにきて疲労はピークに達した。

「この難局を乗りきるためには、わしのような老人は退き、思いきった政策を打つべきだ」

斎藤はいよいよ引退を決意した。

四月一日、興津にいる西園寺を訪れ、今後の政局について会談した。斎藤は辞任を申し出たが、これまでにも慰留を続けてきた西園寺は、「今少しの辛抱」と説得した。

翌二日には、山本内相とともに赤坂にある高橋蔵相の私邸を訪問した。

三長老は協議したうえ、今しばらく継投することで合意した。留任することになった斎藤は、空席になっている文相の椅子を埋める必要があった。

七日には、大蔵政務次官の堀切善兵衛に会って就任を交渉したが、空振りに終わった。始末の悪いことに、政友会は総裁を出し抜いて直接本人と交渉したとして、政府を非難したことから、文相後任問題は宙に浮いた。

斎藤もひらきなおった。

「こうなったからには、ゆっくり選ばせてもらう。それまでは自分が兼任する」

四日後、今度は林陸相が辞表を提出しにやってきた。

「実弟の白上祐吉元東京市助役が、市会疑獄に連座して懲役十ヵ月の判決を受けたので、引責辞職して謹慎したい」

斎藤は林陸相を説得したが、辞意は固かった。翌朝も官舎を訪れて会談したが、頑として聞き入れない。林の留任は絶望的になった。

この窮地を救ったのは、旅行先から帰京した閑院宮参謀総長だった。同殿下の説得により、林陸相はそれまでのかたくなな態度がうそのように、辞意を翻した。

「これで、一件落着だな」

そう思ったのもつかのま、四月二十五日には、枢密院議長の倉富勇三郎が同院本会議の終了後、斎藤に会見を申し込んできた。

「ここらで、辞任させていただきたい」

斎藤は、またかと吐息をついた。

一難去ってまた一難。押しては返す波に足元の砂が洗い流されていく感じであった。年が改まってからというもの、ただただ閣僚の慰留に追われているような気がした。

倉富の意志は固かった。斎藤は辞任を了承した。ここでも、後任が問題となった。

「順当にいけば、副議長の平沼騏一郎を昇格させねばならないのだが……」

できれば、平沼だけは避けたかった。

帝国大学から司法省入りした平沼は、出世街道をひた走り、検事総長・大審院長を歴任するなど、検察のボス的存在にのしあがっていた。

原敬が暗殺されたとき、平沼は大審院長になったばかりであり、平沼の後任として検事総長にひきあげたのが鈴木喜三郎であった。当時、二人は司法部内に「平沼・鈴木閥」と呼ばれる新興勢力を形成しており、原暗殺の背後にあったとされる黒幕（右翼）の摘発を怠っただけでなく、裁判もうやむやに終わらせた。

大正十二年には山本権兵衛内閣で法相となり、翌年には枢密顧問官に就いた。もともと国家主義的な思想をもっていた平沼は、国家主義団体「国本社」を結成してその会長に就いていた。いわば、右翼勢力をバックボーンにした司法界の総帥的な存在であった。

斎藤内閣潰しの音頭を陰でとっていた黒幕の一人が、ほかならない平沼であった。鳩山一郎を追い落とすために議会で展開した「足利尊氏問題」の演説草案も、平沼が率いていた国本社でつくられたとの噂が流れていた。

迷った斎藤は、海軍出身の鈴木貫太郎侍従長、木戸孝允（桂小五郎）の孫にあたる木戸幸一内大臣秘書官長らと協議を重ねた。

五月三日、斎藤は、枢密院では平沼より先輩格にあたる前宮内大臣、一木喜徳郎を議長に推挙した。この人事は、おおむね好評だった。

面白くないのは、議長の椅子が転がり込んでくると踏んでいた平沼副議長だった。

「向こうがその気なら、こちらにも考えがある」

肘鉄を食らった平沼は、斎藤内閣を揺さぶるためにデッチあげていた架空の事件を、露骨な倒閣手段として全面に押し出す。用意周到に仕組まれたその陰謀は、政府に対する国民の反感をあおる大疑獄事件「帝人事件」へと発展していく。

帝人事件そのものは、時事新報が一月中旬から始めた「番町会を暴く」という一連の記事に端を発している。これらの記事は、財界と政界の裏に暗躍する番町会の不正を告発することを名目に、さまざまな罪悪を並べ立てたものであった。

番町会とは、番町にあった郷誠之助男爵の邸宅に出入りしていた若手財界人のグループで、河合良成、長崎英造、永野護、正力松太郎、中野金次郎といったメンバーが加わっていた。足利尊氏問題で辞任した中島久万吉商相も、番町会と密接な関係があった。

第六十五議会が開幕したとき、最初は政友会・民政党両党による威勢のいい軍部攻撃が展開されたが、それを後押ししていたのが、両党の連合運動を進めていた番町会だった。軍部や右翼勢力、さらに政友会の久原房之助は平沼一派と結託し、「番町会を暴く」という連載に乗じて、斎藤内閣の閣僚を次々に潰していった。

帝人問題は、番町会に対する一連の暴露記事のなかでとりあげられたものであり、同議会中にも貴族院議員らによって追及された。

だが、その時点では大疑獄事件へと発展する問題とは思われなかった。

帝人とは、新興財閥として知られた鈴木商店の子会社「帝国人絹」のことを指す。

神戸にあった鈴木商店は、第一次世界大戦による軍需景気の波にのって、一時は三井や三菱に匹敵する一大コンツェルンにのしあがった。大正五年には、米沢に人造絹糸製造所を設立し、これが二年後に独立して帝国人造絹糸株式会社となった。

戦後は景気後退に伴い、鈴木商店に融資していた台湾銀行とともに経営危機に陥り、昭和二年の金融恐慌を招く元凶となる。

金融恐慌が一段落すると、台湾銀行は鈴木商店の再建にとりくむ一方、融資の担保として帝人株二十二万五千株を取得、帝人の実質的な経営に携わった。帝人の業績が伸びたことから、鈴木商店の重役たちは帝人株を台湾銀行から買い受けようと、番町会に協力を求めた。

番町会ではさっそく台湾銀行の監督官庁である大蔵省や台湾銀行に融資している日銀に働きかけた。この斡旋が功を奏し、前年五月、帝人株十万株が便宜上設けられた買受団に一株百二十五円で売却された。

暴露記事では、台湾銀行は帝人株を不当な廉価で処分し、その後、帝人が増資を決めたことから、その株は百四十円から百五十円にハネあがり、番町会の永野護らは大儲けしたと報じられていた。さらに、台湾銀行の株譲渡に斎藤内閣の鳩山文相や中島商相、三土鉄相、黒田英雄大蔵次官などがかかわっており、背任や贈賄の疑いがあると書きなぐった。

これに対し、政府は二月五日の貴族院本会議において、大久保偵次大蔵省銀行局長が、

「帝人株はその売買成立後に高騰したのは事実であるが、売却当時における百二十五円という株価は前後の情勢より見て妥当なもので、その間に何らの不正はない」

と答弁していた。

議会終了後、検事局（各裁判所に付置されていた官署で、現在の検察庁とは違う）は四月十八日、台湾銀行の島田茂頭取、帝人の高木復亨社長、番町会の水野護や河合良成、長崎英造らを次々に召喚していた。

五月十九日には、大蔵次官の黒田英雄が汚職の嫌疑で召喚され、即日起訴、収容される事態に至った。黒田次官の召喚は号外によって大々的に報じられ、同時に四月以降検挙されていた帝人や台湾銀行関係者の名前が公表された。

クリーンさが売り物だった斎藤内閣のイメージはたちまちダウンした。

この日は土曜日で、斎藤は葉山にいく予定だったが、それをとりやめた。

「黒田次官は、前々から不正な事実は絶対にないといっていたそうだが、事ここに至っては本人のいう通りであってほしいと希望するばかりだ。事件の真相は検事局で取り調べるであろうから、政府としては、大蔵省の事務にさしつかえないように処置をとってゆく」

私邸に詰めかけた記者団に、苦渋の表情を浮かべながら答えた。

脳裏には、かつて山本内閣を倒壊に追い込んだシーメンス事件の光景がよみがえっていた。しだいに怒りがこみあがってきた。

「……高橋蔵相の責任問題か？　それは事件の内容がまだ疑問だから、今ただちに次官が召喚されたといって、それによって行動するわけにはゆかない。予審が終結して、裁判所の見込みがはっきり立ったときでないと、それまでは我々がどうするかということはできぬ。

そうでなければ、言いがかりでも態度を決めねばならぬということになるではないか。黒とか白とか、内容が明白にならねば、軽々しく責任をとるなどとはいわれぬわけである。高橋蔵相にしても、部下の役人の一人が悪事をしても、いちいち責任をとらねばならぬというわけにもゆくまい。責任をとる場合には事柄によるのだ」

さらに語気を強め、「召喚がほかの事務官にも波及するらしいが、予審（事件を公判に付すかどうかを決定する裁判官による非公開の手続き。戦後廃止された）が終結してから態度を決める」とくりかえした。

斎藤は、帝人事件もまた、反政府側によって捏造《ねつぞう》されたものであることを知っていた。

帝人事件は、斎藤内閣にとって「第二のシーメンス事件」となった。

翌二十日、銀行局特別銀行課長兼秘書課長の大野龍太、銀行検査官の相田岩夫、銀行検査官補の志戸本次郎の三人が召喚され、即日収容された。二十一日には銀行局長の大久保偵次までが召喚収容されるに至った。

これにより大蔵省は潰滅状態となった。高橋蔵相の責任、内閣の進退がとりざたされ、後継問題が急浮上してきた。

満身創痍《まんしんそうい》のなか、五月二十六日、斎藤内閣は組閣満二周年記念日を迎えた。

だが、斎藤を見守ってきた海軍の大御所、東郷平八郎が、海軍記念日の二十七日から病状が悪化し、三十日になって逝去した。享年八十八。

斎藤の内奏によって東郷は国葬に遇されることになり、六月五日に挙行された。

東郷元帥の死は、海軍の草創期を担った英傑たちの時代が終わったことを意味していた。喜寿を迎えていた斎藤もまた、張りつめていた糸が切れたような感覚だった。

「そろそろ、潮時かもしれんな」

帝人事件が空前の大疑獄事件となった以上、いずれは総辞職せざるを得ない。

斎藤はいったんまわった歯車をもとに戻すことの難しさを痛感し、ここに至って首相の座からおりることを覚悟した。

「しかし、自分にはやっておかなければならないことがある」

たとえ辞職するにしても、これまでの路線を受け継ぎ、ファシズムの潮流に抵抗する内閣を用意しなくてはならない。それが自分に課せられた最後の使命である。

二十九日、閣議に先立って、小山法相が斎藤に会見を申し込んできた。

「実は、黒田次官が岩村検事正あてに提出したという嘆願書があり、そのなかには、高橋蔵相の嗣子である是賢が不正の金を受け取ったとされる記述も含まれているとのことです」

斎藤は、ファッショ化する司法部内に何ら有効な手だてを打てない小山に対して内心憤慨していたが、その報告には耳を傾けざるを得なかった。

「それが事実としたら、ゆゆしき事態だ」

このときの検事局の取り調べは、拷問まがいの猛烈なもので、拘引された多くの者が虚偽の自白を強要されていた。

「事実かどうかは別にして、高橋蔵相がこのことを知ったら、嫌気がさして辞職するに違いない。高橋蔵相がいなくなったら、とてもやってはいけない。それに、いつまでも政局を混乱させておくわけにはいかん」

斎藤はそのように考え、進退を決する時機がやってきたと思った。

七月三日、あらかじめ閣僚らに意思表示していた斎藤は、いつもと変わらない温厚な顔つきで閣議に臨んだ。

「自分は、この際、総辞職をしたいと思うから、皆さんもご同意を願いたい」

「よろしゅうございます」

閣僚たちはそれぞれに無念の表情を表しながらも、これ以上どうにもならないと判断した。

斎藤と閣僚は同日午後、辞表を奉呈した。

昭和七年五月二十六日、五・一五事件後の非常時を乗りきるために生まれ、ほぼ二年一ヵ月にわたって政局を担当してきた挙国一致内閣はここに倒れた。

最後は、予審が終結してもいない帝人事件という巨大な闇に包まれたままの退陣となった。

その闇は、日本の前途までも覆いつつあった。

「さて、これからが問題だ」

何としても、平沼騏一郎など強硬派に政権が渡ることだけは阻止しなくてはならない。

斎藤内閣の総辞職に伴い、天皇陛下はただちに後継内閣を推挙するよう、御殿場の別荘にいた西園寺に命じた。最後の元老として後継首班の奏薦にあたってきた西園寺は、八十五歳になっていた。西園寺は翌四日、老体を押して参内した。

斎藤は文相を兼任していた関係から、午前九時に文部省に出向き、次官や局長らに辞表奉呈の次第を説明した。

午前十時に参内すると、西一の間で一木喜徳郎（枢密院議長）、高橋蔵相、清浦奎吾、若槻礼次郎（前首相・民政党総裁）と顔を合わせた。

「それでは、どうぞこちらへ」

侍従次長の先導で、斎藤らは西溜の間へと入った。

部屋には、牧野伸顕内大臣、西園寺らが待っていた。西園寺の顔には、疲労の色がありありと浮かんでいた。斎藤を見る目には諦観《ていかん》のようなものさえ感じられた。

西園寺は、自分が死んだあとのことを考え、元老制にかわって後継首班の推薦を行う新しいシステムを生み出していた。それは、木戸幸一らと相談のうえ採用した方式で、前総理大臣や枢密院議長、内大臣からなる「重臣会議」に諮《はか》るというものだった。

重臣会議そのものは、明治以降たびたび設けられたが、後継の首班を協議する重臣会議は、今回が初めてであった。西園寺は憲法尊重の原則を貫いてくれることを希望したうえで、斎藤に忌《き》憚《たん》のない意見を求めた。

「後任には、岡田大将が適任だと思う」

斎藤はきっぱりと答えた。その理由として、これまでの政府の方針にもとづいた施策を実行できる人物であることをあげた。

高橋蔵相がまず賛成し、その場にいた重臣たちも岡田内閣を助けることで合意した。

最初は固い表情だった西園寺も、途中からはユーモアを交えて、なごやかな雰囲気のうちに会議をまとめあげた。

実はこの重臣会議は、あらかじめシナリオができあがっていた。

ちまたでは、有力候補として政友会の鈴木総裁や朝鮮総督の宇垣一成の声もあがっていたが、急激な右傾化を懸念していた西園寺は、斎藤内閣のあとを任せられるのは穏健な海軍出身者しかいないと判断していた。斎藤内閣の倒壊に暗躍し、次期首相の座を狙っていた平沼騏一郎に至っては、まったく眼中になかった。

そこで、斎藤の口から岡田の名前をだしてもらったうえで各重臣の意見を聞きだし、最終的に岡田で決着させようともくろんでいたのである。会議では、宇垣総督を期待する声もでたが、結局は筋書どおりに岡田を奉答することになった。

同日午後、岡田に組閣の大命が下った。

総理が海軍から海軍へとバトンタッチされたことで、岡田内閣は陸軍や右翼勢力、さらには海軍内部の強硬派からも反発を買い、加速化するファシズムの荒波に翻弄されることになる。

斎藤内閣が瓦解したことから、検察側は帝人事件の総仕上げに入った。

総辞職からわずか二日後には、中島前商相が召喚され、同月二十一日になって収賄嫌疑で強制収容の処分を受けた。八月下旬には、三土前鉄相が証人として喚問されたうえ、偽証罪に問われ、九月十三日に起訴、収容された。その後、検事による厳しい取り調べを経て、十二月二十六日、予審終結決定が言い渡された。

それによると、番町会の河合良成が背任罪、台湾銀行の島田茂頭取ら八人が背任及び贈賄罪、中島前商相や黒田英雄前大蔵次官ら六人が収賄罪、三土前鉄相が偽証罪で、それぞれ有罪と断ぜられ、公判に付されることになった。

裁判は、昭和十年（一九三五）六月二十二日から始まり、二年後の十二年十月五日に結審となった。この間に行われた公判は、実に二百六十五回にものぼった。

判決は同年十二月十六日に言い渡された。その結果、十六人の被告全員が無罪となった。判決理由の朗読は六時間半にものぼり、判決後、記者会見した藤井裁判長は次のように述べた。

「今日の判決は証拠不十分の無罪ではありません。まったく犯罪の事実が存在しない。この点は特に間違いのないようにされたい」

帝人事件は、背任も贈・収賄も存在しない「架空の事件」であったというのである。

事件は検察によってデッチあげられた空中楼閣であることが明らかになり、「検察（あるいは司法）ファッショ」という言葉さえ生まれた。

事実無根を信じながら総理の座からおりた斎藤や高橋是清、後継首班となった岡田啓介はいずれも「二・二六事件」のターゲットとされ、岡田は九死に一生を得たものの、斎藤と高橋は故人となっていた。

# 第十一章——二・二六事件

## 皇道派と統制派の対立

岡田内閣が成立した昭和九年（一九三四）の夏、不況に追い打ちをかけるように、東北は冷害による飢饉に見舞われ、社会不安を強めた。

ドイツでは、この年八月にヒトラーが総統に就任し、ファシズム路線を加速化させた。

これに呼応するように、日本国内も軍部の動きが活発になってきた。

十月一日、「国防の本義と其強化の提唱」というパンフレットが、陸軍省新聞班の名で出された。「たたかひは創造の父、文化の母である」との有名な書き出しで始まる「陸パン」は、国防は国家生成の発展や文化創造の動機であるといった過激な論調に染まっていた。

十一月二十日、士官学校事件（十一月事件）と呼ばれるクーデター未遂事件が発覚した。

同事件は、皇道派潰しを狙った統制《とうせい》派《は》による架空の事件だったとされるが、不明の点が多い。

事件の報道はさしとめられ、おおやけにされるのは翌年四月の陸軍省発表によってである。

軍法会議の結果、皇道派の青年将校、村中孝次（大尉）と磯部浅一（野砲第一連隊一等主計）が、証拠不十分で釈放されながら停職処分（翌年四月二日）となった。

憤慨した二人は、「粛軍に関する意見書」を配布し、幕僚主体の統制派を攻撃するが、逆にこの怪文書が致命傷となって軍籍から追放される。やがて二人は、ほかの皇道派の青年将校らと連絡をとりあい、二・二六事件に加担、民間人として処刑される。

昭和十年（一九三五）になると、士官学校事件をきっかけに悪化した皇道派と統制派の対立は、ついに流血の惨事を招くことになる。

七月十五日、陸軍の定期大異動を前に、林銑十郎陸相は、閑院宮参謀総長の意向を受けて、教育総監の真崎甚三郎大将を罷免《ひめん》した。真崎は同日付で軍事参議官に転じ、後任には軍事参議官で陸軍大将の渡辺錠太郎《じょうたろう》が就いた。渡辺はこの人事の巻き添えを食ったかたちで、二・二六事件で惨殺されることになる。

皇道派のリーダー格になっていた真崎は、人事の不当性を青年将校らに吹聴し、士官学校事件で追放された村中や磯部が怪文書を執筆してバラまき、統制派の陰謀であると喧伝《けんでん》した。

この更迭人事で恨みを買ったのは、反皇道派幕僚の中心人物と目されていた軍務局長の永田鉄《てつ》山《ざん》だった。永田は知性型の軍人で、将来の陸軍を背負って立つ逸材として期待されていた。

八月十二日、その日は朝から強い日差しが降りそそぎ、気温はみるみるあがった。

午前九時半過ぎ、陸軍省の軍務局長室にいた永田鉄山は、東京憲兵隊長の新見英夫大佐から「粛軍に関する意見書」についての報告を受けていた。

同席していた山田長三郎兵務課長が隣室の橋本群軍事課長を呼びにいったほんのすきに、抜身の軍刀をもった男がつかつかと入ってきた（山田の行動については異説がある）。

「天誅《てんちゅう》！」

男はそう叫ぶなり、永田局長に襲いかかり、背後から突き刺した。男を制止しようとした新見もまた、軍刀で斬りつけられ重傷を負った。永田はまもなく絶命した。

犯人は、福山連隊から台湾への転勤が決まっていた皇道派の相沢三郎中佐だった。相沢は、崇拝していた真崎が教育総監の座を追われると、上京して永田に辞職を迫ったが受け入れられず、この日の凶行に及んだ。

相沢事件（ないしは永田事件）である。

同事件は統制派による士官学校事件や真崎更迭に対する皇道派の報復となった。

責任をとって、林陸相は九月五日に辞任し、後任には川島義之が就いた。

新見大佐は京都憲兵隊長として左遷され、ほどなく軍籍を去る。悲惨だったのは、事件発生時の行動に疑惑をもたれた山田大佐だった。山田は永田の百ヵ日に世田谷の自宅で自刃する。

相沢事件は一人の中佐による狂信的な犯行だったが、皇道派の青年将校らは相沢を英雄視し、愛国者として礼讃する。

このような雰囲気のなか、この年の夏から、「昭和維新」を唱えるクーデター計画が立案されるようになった。

永田局長を斬殺した相沢は、二・二六事件の火付け役となったのである。

このとき、斎藤は前日に東京を発って、水沢に帰省していた。旧盆で先祖の墓参りをした斎藤にとって、相沢事件がまさか、自分の運命を左右する前兆などとは、思ってもいなかった。

# 内大臣に就任

騒然とした情勢のなか、昭和十年も押し迫ると、大正十四年から内大臣《ないだいじん》を務めてきた牧野伸顕が辞意を固め、後任に斎藤實を推した。

「自分のようなものが内大臣とは……畏れ多い」

またしても複雑な心境になった。

斎藤は、総理の座から退いたあとはのんびりと余生を送ろうと思っていたが、まわりがそれを許さなかった。

日伯（伯はブラジルの略称）中央協会会長、内閣審議会委員、東北生活更新会長、大日本少年団連盟総長、選挙粛正中央連盟会長、大日本映画協会長、勤労者教育中央会長というぐあいに、むしろ首相時代より多くの役職に追われることになった。

このうち、大日本少年団連盟は大正十一年に創設されたボーイスカウトのことで、その生みの親だった後藤新平が昭和四年に死去して以来、総長の椅子は空白となっていた。

斎藤は昭和七年に相談役の一員として同連盟にかかわってきており、二代続けて水沢出身、しかも後藤と竹馬の友だった斎藤がボーイスカウトの総長に就任した。

この年（昭和十年）、斎藤は三月初旬までリューマチで静養していたが、四月から八月にかけては、教化団体や海軍協会のために東北から中国、九州まで数度にわたって出張したほか、八月には樺太出張、岩手の松尾鉱山視察などを行い、十月には朝鮮総督府施政二十五周年式典に参列するために朝鮮に赴いている。

斎藤の傍らには、いつもけなげに寄り添う春子の姿があった。

とても、七十八歳になる老人とは思われないほど、精力的に活動していた。だからこそ、内大臣という大役が斎藤にまわってきたともいえるだろう。

十二月二十六日午後二時半、斎藤は宮中に召され、鳳凰《ほうおう》の間において内大臣に親任された。親任式を終えて、四谷仲町の私邸にもどったのは午後四時十分だった。

やれやれという表情の斎藤を、春子はいつも通りにこやかに出迎えた。裏庭からは、餅つきの音が聞こえていた。

応接間に入った斎藤は、「いつ官邸に移るのか」との記者の質問に対し、「麻布の官邸には、当分移らないつもりだ」と答えた。

斎藤は家族のことを考え、官邸より住み慣れた自邸を選んだのである。

内大臣（内府）は、明治十八年十二月の内閣制度とともに創設（明治四十年改正）されたもので、天皇の側近として奉仕し、皇室や国家の事務について常侍輔弼《じょうじほひつ》する任があった。官制によって規定された天皇側近の最上位にあたる。

国民の多くは斎藤の内大臣就任を歓迎したが、陸軍や右翼は大陸侵略政策に消極的な斎藤に反感を抱いていた。

斎藤が内大臣に就いた十二月、陸軍から第一師団の満州派遣が発表された。

第一師団には青年将校の多くが含まれていた。国内から追い出されると思った将校たちは、危機感を強め、満州に移駐される前に「昭和維新」を断行しようと準備を早める。

# 不気味な跫音《あしおと》

昭和十一年（一九三六）が明けた。

斎藤は七十九歳、春子は六十四歳（いずれも数え）になった。

元旦、斎藤は午前九時半に参内し、表御座所において拝賀した。前年暮れ、斎藤は内大臣の親任式で、天皇陛下から「このたびは苦労に思う」との言葉をいただいていた。

天皇裕仁《ひろひと》は、このとき三十四歳（四月二十九日の誕生日で三十五歳）、明治天皇の代から親しく接してきた斎藤を信頼し、高齢になった今はその労苦に感謝し、かつ健康を案じていた。

斎藤もまた、天皇を衷心より崇拝していた。

私邸の居間には、新聞に載った陛下の写真を切り抜いて入れた紙袋を保管しておくほどだった。袋の上には「尊」と自書し、一目でそれとわかるようにしていた。

政府は、前年十二月から始まっていたロンドン軍縮会議に、永野修身《ながのおさみ》大将と永井松三大使を送っていたが、一月十五日、日本は後ろ足で砂をかけるように同会議を脱退した。

日本海軍は明治以来、イギリスを手本にしてきたこともあり、伝統的に英米との友好親善をモットーにしてきたが、この脱退劇により日本は英米との対決色を深めるかたちになった。

「最近の若い者は維新当時の苦労を知らぬ」

ついつい斎藤も愚痴をこぼした。

一月中旬までは、ときおり雨が降ったものの、例年と変わらない冬模様が続いた。

だが、二十日ごろから一転して、寒気が厳しくなってきた。二十一日、第六十八議会で、政友会が内閣不信任案を提出したことから、岡田内閣は即日解散に踏みきった。

政局の行方を暗示するように、東京はいちだんと冷え込み、二十五日には雪となった。

二月四日には大雪となり、帝都の交通はマヒ状態に陥った。

総選挙は二月二十日に行われ、岡田内閣を支えていた民政党が多数を占めた。

「これで、内閣の立て直しができる」

かつて岡田内閣成立の労をとった斎藤も、そのように期待した。今回の総選挙でも、国民は穏健な岡田内閣の続投を願っていた。

総選挙当日、斎藤は高橋是清蔵相を官邸に訪問している。

高橋は斎藤内閣が瓦解した時点で内閣を去っていたが、岡田内閣での閣僚の力量不足が目立ったことから、内閣成立から四ヵ月後に、藤井真信に替わって蔵相に復帰していた。

二人は、おたがいの健康を気づかった。

ともに安政生まれ（高橋は安政元年、斎藤は安政五年）の老臣とあって、残された時間の重みをよく知っていた。幕末から維新、明治、大正、昭和と激流の時代を駆けてきた同世代の二人だが、六日後には揃ってこの世を去ることになる。


総選挙の翌日は金曜日だった。年が明けてからも、斎藤は週末の葉山行きを楽しみにしていた。夫妻は例によって葉山の別荘に出向いた。

二月二十三日の日曜日、関東地方はまたもや大雪に見舞われた。三浦半島にある葉山にも三十センチもの積雪があった。

「本当に、雪が多い年ですこと」

春子もさすがにあきれ顔だった。

「何だか、水沢にいるようだな」

雪景色を眺めていた斎藤は、懐かしい故郷の冬を思い浮かべていた。

月曜日、夫妻は午前九時半に葉山を出発し、午前十一時半に四谷の私邸にもどってきた。

その夜、斎藤はいつもどおり日記を開いた。

最後の記述となった二月二十四日付には、内大臣府に出仕したことなどが横書きで綴られ、「面会、侍従長、後藤内相、丸山鶴吉。来訪者数名」と記したところで終わっている。

二月二十五日を迎えた。

斎藤は春子とともに、宮中に参内した。当日は、メキシコ大使の信任状捧呈式が行われ、夫妻はその後に開かれた午餐会に召されたのだった。

夫妻は天皇陛下のとなりの席を賜った。食後のお茶の席では、皇后が春子に向かって、夫の内大臣就任を祝う言葉をかけた。

私邸にもどった春子は、

「皇后さまから、たいへんありがたいお言葉をちょうだいいたしました」

と感激した口調で伝えた。斎藤も満面に笑みを浮かべた。

「ほんとうに畏れ多いことだ。このように夫妻そろって陛下のそばに仕え、親しくお言葉をかけてもらっている。私たちは日本一幸せな夫婦かもしれんな」

「そう思いますわ。陛下のためにも長生きしないといけませんことよ」

「わかった。わかった」

斎藤は何度もうなずいた。

## 最後の晩餐でトーキーを鑑賞

夫妻は、宮中での出来事を語りあい、午後のひとときを過ごしていた。

午後には、小学校二年になった孫の百子《ももこ》が学校から帰ってくる。

斎藤は百子との散歩や会話を楽しみにしていた。前日の二十四日には、セーラー服姿の百子の手をとって歩く羽織袴姿の斎藤のほほえましい姿が写真に残っている。

その笑顔は好々爺《こうこうや》という表現がぴったりであり、斎藤のことを知らない人が通りすぎたら、ごく普通の老人としか映らなかった。

斎藤は愛孫の名づけ親である。といっても、直接血がつながっていたわけではない。

明治三十九年三月、子宝に恵まれなかった夫妻は、豊川良平（三菱の大番頭を務めた人物）の五男、斉を養子にした。斎藤はその二ヵ月前、西園寺内閣で海軍大臣に起用されたばかりであり、斉は当時九歳で暁星小学校に通う児童だった。

斉は大正十五年に有馬静子を娶《めと》り、隣接した新宅に住んでいた。

百子が生まれたのは、昭和二年九月のことで、このとき斎藤は、全権として出席したジュネーブ軍縮会議で思ったような成果が得られず、気落ちしながら帰途に就いていたときだった。

電報を受けとった斎藤は、春子とともに孫の誕生を喜び、さっそく名前を考えた。

「そうだな。斎藤家には百年近く女の子が生まれなかったから、百子とするか」

斎藤はシンガポールから電報を打った。

「モモコトメイイメイイス　ヒャクノジ」

その百子は、のちに次のような逸話を紹介している。私邸での会話である。

「おじい様、一銭銅貨と汽船とどっちが重いかご存じ?」

「そりゃあ、汽船の方が重いにきまっている。なぜ、そんなことを聞くのだ」

「だって、汽船は浮くけど、一銭は浮かないでしょう。一銭の方が重いの」

「はっはっはっ、なるほど、一銭か」

斎藤は一本とられたという顔つきになり、大笑いした。

そのほほえましいようすを、静子と春子がやさしく眺めていた。

その百子は、祖父が殺された悲惨な現場を見ることになる。

後年、次のように記している。

「当時、父(斉)は、一部青年将校の動きに関するかなりの情報を得ており、二十五日の夜には、自分が車を運転して、葉山の別荘に祖父母を連れていこうと思いながら、アメリカ大使のレセプションからの帰りがあまりに遅かったため、待ちくたびれて明日になってから、と思い、実行しなかったことを、後年、たびたび口にして悔やんでおりました」

　百子の記述からもわかるように、凶変の前、斎藤夫妻は駐日米大使ジョセフ・C・グルーから晩餐に招待されていた。


　グルー大使は、昭和七年六月、前月に首相になった斎藤に挨拶するため官邸に訪れて以来の知己で、夫婦そろって親交を温めてきた。

　二月二十五日の夜、斎藤夫妻を主賓に重臣三十六人が大使館に招かれた。そのなかには、鈴木貫太郎侍従長とその妻も含まれていた。

鈴木は当時をふり返って、「その晩は大変に歓待を受けたのですけれど、電灯のせいかなんとなく暗く陰気に感じたのです」と語っている。

食事が終わると、トーキーの上映が行われた。

当時、映画の主流はサイレントからトーキーに移っており、日本でも本格的なトーキー時代を迎えていた。斎藤は大日本映画協会長の立場にありながら多忙のため映画をみる機会が少なく、ましてやアメリカのトーキーを見るのは初めてだった。

グルー大使は数日前、MGM（メトロ・ゴールドウィン・メイヤー）の試写室でみた映画のなかから、もっとも喜びそうなロマンチックな作品を選んでいた。

上映された映画は、「ノーティ・マリエタ」（一九三五年制作・アカデミー録音賞受賞）といい、ジャネット・マクドナルド、ネルソン・エディ、エルザ・ランチェスターなどが出演していた。日本では「浮かれ姫君」の邦題で上映される。

グルー大使は、斎藤に肘かけ椅子を勧めた。

「どうぞ退屈だったら、お眠りください」

映写が始まると、出席者のあいだから驚きの声があがり、たちまち画面に釘づけになった。最初は、会話がよく聞きとれなかったが、セリフのやりとりやストーリーがわかるにしたがって、英語のできる人たちから、笑いもでるようになった。

斎藤も眠るどころか、最後まで画面に見入ってしまった。

明かりがつくと、称賛の声が重なった。

「もう、こんな時間か」

気がつくと、午後十一時をまわっていた。晩餐会では、遅くても十時には帰宅する夫妻にとって、深夜まで長居するのは珍しいことだった。

海軍参与官の夫ともに出席していた榎本敏子（父はジャパンタイムス社長を務めた芝染太郎）は、斎藤が朝鮮総督を務めていたときからの付き合いで、夫妻に傾倒していた。

榎本夫妻が辞去の挨拶をすると、斎藤は榎本の夫に向かって、

「君は近々、欧州へいかれるそうだが、お元気でいってらっしゃい」

そう励ました。これが春子以外の人と交わした最後の言葉となった。

夫妻がグルー大使に見送られて大使館を出たのは、午後十一時半ごろのことだった。

春子はつぶやいた。あたりには激しいボタン雪が舞っており、私邸に着いたころには積もり始めていた。

「あら、すごい雪」

「珍しいものを見せてもらった。今夜はほんとうに愉快だった」

寝室に入った斎藤は、いつになく上機嫌だった。

夜半から雪は激しくなり、東京では三十年ぶりという大雪になった。

## 帝都に凶変が走る

日付が変わった二月二十六日（水曜日）未明、六本木と青山御所の間に散在する歩兵第一連隊、歩兵第三連隊、近衛歩兵第三連隊では、非常呼集によって起こされた下士官や歩兵が完全軍装で整列し、白い闇のなかで襲撃の準備を進めていた。

兵の数は約千四百人。合言葉は「尊皇《そんのう》」「討奸《とうかん》」だった。雪、夜明け前、合言葉と、昭和の忠臣蔵を決行するお膳立てはそろった。将校たちは襲撃を前に「蹶起《けっき》趣意書」と、具体的な要求を列挙した「陸軍大臣要望事項」を用意していた。

「蹶起趣意書」は、陸軍歩兵大尉の野中四郎が原文をしたため、北一輝（『日本改造法案大綱』で知られる国家社会主義者）宅で、元陸軍少尉の西田税《にしだみつぎ》同席のうえ、元陸軍大尉の村中孝次が筆を入れたと伝えられる。北や西田の唱える国家改造は、早くから皇道派青年将校に大きな影響を与え、クーデターを正当化する精神的支柱となっていた。

大雪のなかを、決起（蹶起）部隊はそれぞれの襲撃場所へと急いでいた。

主な攻撃目標は、総理大臣官邸（麹町区永田町）、斎藤内大臣私邸（四谷区仲町三ノ四四）、高橋是清大蔵大臣私邸（赤坂区表町）、鈴木貫太郎侍従長官邸（麹町区三番町）、渡辺錠太郎教育総監私邸（杉並区上荻窪）、後藤文夫内務大臣官邸（麹町区外桜田町）、牧野伸顕元内大臣別荘（神奈川県湯河原町・伊藤屋旅館貸別荘）だった。

ほかにも陸軍大臣官邸（永田町）、警視庁、陸軍省・参謀本部、東京朝日新聞社、日本電報通信社、国民新聞社、報知新聞、東京日日新聞社、時事新報社も対象になっていたが、川島義之陸相に関しては善処を要望するためであって、殺害を目的としたものではなかった。

新聞社については、「蹶起趣意書」を新聞に掲載してもらうための行動であり、実際、被害といえば、朝日新聞社の活字ケースがひっくり返されたぐらいだった。

襲撃は、午前五時を期して一斉に行われることになっていた。

首相官邸は、栗原安秀中尉（歩兵第一連隊）、林八郎少尉（同）、池田俊彦少尉（同）、対馬勝雄

中尉（豊橋陸軍教導隊）、竹島継夫中尉（同）らが指揮し、約三百人の兵がかりだされた。

このうち対馬と竹島は、元老の西園寺を襲撃する手筈になっていたが、同志と思っていた将校のなかに反対者がいたことから、当初の計画をとりやめ、栗原部隊に加わった。興津（静岡県清水市）にいた西園寺は、決起部隊の足並の乱れから命拾いする。

装備は重機関銃七、実包二千数百発、軽機関銃四、小銃百数十、実包一万数千発、拳銃二十梃、実包二千数百発、発煙筒三十個、防毒マスク約百五十個にものぼっていた。

午前四時までに整列を終えた兵は三十分後に兵営を出発、五時には首相官邸に到着した。

襲撃部隊は表門、表非常門、裏門の三隊に分かれて邸内に侵入した。

非常ベルがけたたましく鳴りだした。警備にあたっていた警官が応戦し、激しい撃ちあいとなった。応戦していた清水与四郎巡査が、機関銃によって射殺された。

巡査詰所で防戦していた村上嘉茂衛門巡査部長は日本間の寝室に駆けつけると、私設秘書官の松尾伝蔵や土井清松巡査とともに岡田首相を浴場に隠し、兵の前に飛び出た。

村上巡査部長は軍刀で斬殺され、林八郎少尉をはがいじめにした土井巡査も惨殺された。小館喜代松巡査も殺され、計四人の警官が殉職した。

邸内を占領した兵は重機関銃を中庭に据えると、日本間に銃弾を浴びせた。

このとき発見された射殺体を、青年将校らは岡田首相と思い込んだ。その死体は岡田ではなく、松尾伝蔵予備陸軍大佐だった。松尾は岡田の義弟（妹の夫）であり、岡田が首相に就くなり私設秘書官を希望し、官邸に寝泊まりしていた。岡田の影となって働いていた松尾は、結果的に義兄の身代わりとなった。

その後、女中部屋の押し入れで息を殺していた岡田は、翌二十七日の夕方、岡田の女婿である迫水久常《さこみずひさつね》らの機転により、特別に許された弔問客の一人になりすまして官邸から脱出する。首相官邸には、本願寺の僧正がおいていった戒名まで残されていた。

高橋是清蔵相の私邸襲撃を指揮したのは、近衛歩兵第三連隊の中橋基明中尉と砲工学校生の中島完爾少尉だった。

中橋と中島は午前三時、営内居住室で寝ていた今泉義道少尉を起こすと、高橋蔵相殺害計画を明かしたうえ、行動をともにするよう強要した。

驚いた今泉は即答を避け、一時は中橋を殺して計画を中止させようとも思ったが、最終的に中隊長代理の中橋らと行動をともにすることにした。

非常呼集された下士官・兵百二十人は、今泉少尉率いる守衛隊控兵と中橋・中島率いる襲撃部隊とに分けられ、午前四時半に兵営を出発した。

機関銃小隊が電車通りに軽機関銃二基を据えて交通を遮断するなか、午前五時ごろ、中橋中尉の一隊は表門から、中島少尉の一隊は東側の塀にはしごをかけて乗り越え、兵とともに邸内に闖《ちん》入《にゅう》した。この際、私邸詰護衛巡査の玉置英男が負傷した。

内玄関の扉を壊した中橋と中島は、大江昭雄軍曹とともに屋内に乱入し、家人を問い詰めて高橋蔵相の居所をつきとめた。高橋蔵相は、二階十畳の寝室にいた。

中橋らが部屋に入ったとき、高橋はまだ就寝中であり、布団をまくりあげて射殺したといわれている。だが、お手伝いの阿部千代がのちに語ったところでは、千代が護衛巡査の声を聞いて、いち早く寝室に駆けつけたときには、高橋は白寝巻き姿で床の上に座っていたという。

「何をしにきたのか！」

高橋は怒声を放ったが、中橋はそれには答えず、甲高い声を発した。

「天誅《てんちゅう》！」

同時に拳銃が火を吹き、高橋は即死した。このとき、全身に七発が撃ち込まれたという。中島はさらに、軍刀でもって左腕や左胸に深く斬り込んだ。


鈴木貫太郎侍従長の官邸襲撃を指揮したのは、歩兵第三連隊の安藤輝三大尉だった。

下士官・兵の数は約二百人。やはり重機関銃四、軽機関銃五、小銃約百三十梃という大がかりな装備でもって押しかけた。堂込喜市曹長率いる一隊は表門、永田露曹長率いる一隊は裏門から邸内に侵入し、侍従長の居場所を捜しもとめた。安藤大尉は表門から入った。

このとき鈴木はお手伝いから起こされ、防御となるものを見つけようと納戸の中を物色していたが、そのうちに廊下まで兵の気配がした。納戸などで殺されては恥辱と思った鈴木は、八畳の部屋に入って電灯をつけた。

そこへ、二、三十人の兵がなだれこみ、鈴木を包囲するなり、銃剣を突きつけた。たか夫人もまた、すぐ近くで数人の兵に銃剣と拳銃を突きつけられていた。

堂込曹長が前に歩みでた。

「閣下ですか？」

「そうだ」鈴木はうなずくと、両手を広げた。

「まぁ、静かになさい。どういうことか、その理由をきかせてもらいたい」

「閣下、昭和維新のため、一命を頂戴いたします」

堂込は、直立不動で立った鈴木に向けて拳銃の引金を引いた。一発目は左を掠めて当たらなかったが、二発目が股に、三発目が心臓のあたりに食い込んだ。さらに倒れるとき、永田曹長の撃った弾丸が頭と肩に一発ずつ命中した。

うつぶせに倒れた鈴木を見て、兵が「とどめ、とどめ」と連呼した。

「それだけは、どうかやめてください！」

たか夫人が叫んだ。そこへ指揮官の安藤大尉がやってきた。銃口を鈴木の喉にあてていた下士官が訊いた。

「とどめを刺しましょうか？」

そのあいだにも、たか夫人の嘆願が続いた。鈴木の出血はかなりはげしい。

「その必要はないだろう」

安藤はそういって思いとどませると、

「閣下に対し、敬礼！」

と毅然として命じた。その場にいた兵全員が捧銃《ささげつつ》をした。

「引き揚げ！」

その号令によって、兵は部屋から出ていった。安藤は、たか夫人に寄った。

「奥さんのことは、かねてから聞いておりました。まことにお気の毒なことをいたしました」

「どうして、こんなことに！」

たか夫人は怒りをぶつけた。

「閣下に対して何も恨みはありません。ただ、われわれの考えている躍進日本の将来に対して、閣下と意見を異にするがために、やむをえずこういうことにたち至ったのであります」

安藤大尉は宥恕《ゆうじょ》を乞うようにいった。さらに国家改造の大要を手短に語った。

「あなたはどなたですか?」

安藤は姿勢をただすと、自分の名を明かした。

二年前、安藤は友人と三人で鈴木を来訪し、革新政策に対する考えを聞いた。鈴木は三十分と申し込まれた面会時間を三時間までのばしたうえ、昼食をともにして語りあった。安藤は「鈴木閣下は見ると聞くとは大違いだ。あの方は西郷隆盛そっくりだ」と友人に語り、鈴木の人柄にほれ込んだ。数日後には、「座右の銘にしたい」と書を希望し、鈴木はそれに応じた。

安藤が鈴木のとどめを刺すことをためらったのには、このようないきさつがあった。

「それでは、これで引き揚げます」

安藤はそう言い残して立ち去った。

襲撃隊が去るなり、たか夫人は侍従職に連絡をとらせる一方、自ら夫の傷口に手をあてて血止めに努めた。まもなく、湯浅倉平宮内大臣が見舞いにかけつけ、塩田広重博士がかけつけてきた。部屋に入った塩田は一面の血にすべって転倒した。

さらに、日本医大から輸血のためのスタッフが集められた。ところが、輸血のために急いでいた車が首相官邸で停止させられ、外務省側から議会の方へ抜けようとしたところで、ふたたび前をふさがれた。下士官の一人がどこへいくのかと訊いた。飯島という博士が、「鈴木侍従長のところへいく」とこたえると、下士官の方から傍らに乗り込んできた。

「ご案内しましょう」

雪の中を突き進み、侍従長官邸に近いイギリス大使館までたどりついた。

「ここまでくれば、だいじょうぶです」

下士官はそういって別れた。一ヵ月前、その下士官は飯島の病院で世話になった男だった。鈴木はとどめを刺されなかったうえに幸運が重なり、奇跡的に一命をとりとめる。

牧野伸顕前内大臣を襲撃したのは、所沢航空隊の河野寿大尉を指揮者とし、退役軍人など民間人を主体にした八人のグループだった。

河野らは、前夜のうちに首相官邸襲撃の栗原部隊に集合し、午前零時、軽機関銃二、少銃二などで武装したうえ自動車二台に分乗して、歩兵第一連隊を出発した。

午前四時ごろ、湯河原の伊藤屋旅館別館光風荘に到着。午前五時四十分ごろ、河野大尉を先頭に台所の戸を蹴破って突入した。

警護の皆川義孝巡査が拳銃で応戦した。河野大尉は胸二ヵ所を撃たれ、宮田晃（予備）曹長も首に重傷を負った。皆川巡査も膝をやられたが、果敢にも倒れたまま引金を引き続け、やがて銃弾を受けて即死した。

河野大尉の命令で貸別荘に火が放たれ、逃げ道をもとめて泣き叫ぶ声が渦巻いた。

民間人として襲撃に加わっていた黒田昶は、女子はかわいそうだと思い、女中を次々に抱き降ろした。あとには、看護婦と男が残った。

黒田は拳銃を抜くと、男をめがけて撃ったが、弾は看護婦の森鈴江の手首に命中した。悲鳴に驚いた黒田は、看護婦を救いだすと、牧野までも抱きおろしたという。ただし、牧野はもっと早い時点で逃げ出し、崖のうえにいたところを撃たれ、その弾が看護婦の手にあたったとも、女装して逃げたともされている。

牧野は、明治新政府の立役者だった大久保利通の遺児である。あやうく親子二代で凶変の犠牲となるところであった。事件後は政界から離れ、戦後の二十四年、八十八歳でこの世を去る。のちの大物政治家、吉田茂は女婿である。

襲撃に失敗した河野寿大尉は、熱海にある陸軍病院「衛戍《えいじゅ》病院」で傷の手当をうけていたが、三月六日に自決する。

不運だったのは、民間人でありながら、襲撃に加わったばかりに死刑になった水上源一（日大生・当時三十一歳）である。彼は前夜、麻布霞町の自宅から歩兵第一連隊に向かい、そこで軍服に着替えたが、河野とはこのとき初対面であったという。

民間人として参加し、脇役に徹していたはずの水上だったが、肝心の指揮者が自決したことから、求刑の禁固十五年に対し、「謀議参与又は群衆指導」という罪名で死刑の判決を下される。同じ襲撃に加わった退役軍人らは、いずれも禁固十五年にとどまっていることからみても、水上は湯河原襲撃の責任を押しつけられ、暗黒裁判の犠牲になった。

## 雪降りやまず

斎藤實邸襲撃を指揮していたのは、歩兵第三連隊の坂井直中尉、高橋太郎少尉、麦屋清済少尉、野砲兵第七連隊（陸軍砲工学校分遣）の安田優少尉であった。

午前四時二十分、第一中隊の下士官・兵約百五十人は兵営を出発し、斎藤邸をめざした。装備は、重機関銃四、軽機関銃八、重・軽機の実弾約二千数百発、小銃約百四十梃、実弾約六千発、拳銃十数梃、実弾約五百発と、ここでも大がかりな規模となった。

雪は霏々《ひひ》として降りやまない。

静寂を打ち破ろうとする不気味な一団だけが大雪を蹴立てて進軍していた。

夫妻の寝室は二階の奥にあった。

午前四時ごろ、夫妻はまるで心が通いあうように、相次いで目を覚ました。

「なんだか、外が騒々しいみたい」

春子はそうつぶやいたが、やはり外の気配をうかがっているような顔つきの斎藤は、別に気にもとめないように笑みをたたえた。

「あら、ミイちゃん……」

春子は、いつもは自分の寝床にもぐりこんでくる愛猫が、その晩に限って斎藤の方に寝ているのを見つけた。

「ほう、めずらしい。ミイがおれのところにきて、寝ているよ」

斎藤も無邪気にいった。

「ほんとう、めずらしい」

春子はほほ笑むと、ふたたび自分の寝床に臥した。

夫妻は脚のある様式ベッドに、東を枕にして寝ていた。東の隅に鏡台があり、壁ぎわにはストーブや猫のための小さなベッドなどが置かれていた。

午前五時ごろ、部隊は斎藤邸にたどり着いた。

麦屋少尉の一隊は、重・軽機関銃や小銃で私邸を包囲し、あたり一帯を警戒した。

坂井中尉の一隊は表門から、安田少尉の一隊は裏門から侵入した。邸内では、警視庁から派遣された警官約四十人が分散して待機していたが、反撃しようにも、多勢に無勢で、たちまち機関銃や銃剣を突きつけられ、降参するしかなかった。襲撃された重臣のなかで、警官の抵抗がまったくなかったのは、斎藤邸ぐらいである。

夫妻の寝室は南北に連なる各十二畳敷二間で、二部屋とも板の間になっていた。前後二部屋の間は、四枚だての唐紙障子で仕切られ、前の部屋には箪笥などの調度が配置されていた。

廊下へは前の部屋から、外仕切の板戸を開けて出入りするようになっており、廊下はそのまま階段につながっていた。階段をおりた一階の廊下は、茶の間と呼んでいた部屋まで迂回してつながっており、途中には書生部屋などがあった。

玄関などがある表側とは違って、茶の間のあたりは邸宅の裏口にあたる部分で、近くには土蔵などもあった。警視庁から派遣されていた警官のうち、その付近には常時二十人ほどが待機しており、守衛所も少し離れたところにあった。

そこへ突然、完全武装の兵が殺到してきたのだから、警官たちは驚愕《きょうがく》した。反撃のすきもなかった。まさか、大雪をついて襲撃してくるなどと考えてもいなかった。

「ここをやれ」

将校の指示で、茶の間の雨戸に向かって軽機関銃が乱射された。

その音響によって夫妻の眠りが破られた。続いて騒々しい物音がした。

「おかしいな、こんな時間に」

「また、戸袋に、鳩が巣でもつくって、戸があかず、それで騒いでいるんでしょう」

春子は不審がる夫の顔を見て、安心させようと明るい声をだした。

事実、以前にもそういったことがあった。今度もまた、早朝からお手伝いや書生たちが、悪戦苦闘して雨戸をこじあけようとしていると思いたかった。もっとも、春子にしても、こんな寒い朝から、鳩の巣で騒いでいると思うのは無理があることを知っていた。

「ちょっと、ようすを見てきます」

春子は寝台から立ちあがると、真綿入りの厚い寝巻の襟元をかき合わせながら、中仕切の唐紙障子をあけた。

寝台に一人残った斎藤は、さっきの音が銃声であることを知っていた。どのような事態が進行しているのか、とっさに理解した。

「とうとう、ここにやってきたか……」

かねてから、陸軍の青年将校が事を起こそうとしていることは聞いていた。だが、いやしくも帝国軍人である以上、私邸まで押しかけてきて狼藉《ろうぜき》を働くはずはないと思っていた。家族の暮らす私邸に銃器で乗り込んできたとしたら、それだけで軍人としての本分に値しない。

「まず、彼らの話を聞き、説得するしかあるまいな」

斎藤は真摯《しんし》に接しようと思った。

春子は、外仕切に近づいたところで、廊下を駆けあがってくる乱暴な靴音を耳にした。胸騒ぎは動悸の乱れに変わった。

恐る恐る戸をあけると、いきなり目の前に若い陸軍将校四人が立っていた。一人は抜身のサーベルを構え、一人は軽機関銃を突きつけ、あとの二人は拳銃をかざしている。その時点で春子は知るすべはなかったが、サーベルを抜いていた男は坂井直中尉だった。

階下から吹きあがってきた寒風が廊下を伝わってきて、あたりで渦巻いた。

春子の身体は凍ったように動かない。それでも、冷えた唇をあけた。

「何しにいらしたんですか！」

春子は一喝するなり、渾身《こんしん》の力を込めて戸を閉めようとした。だが、次の瞬間には押しのけられ、後ろ向きに倒れそうになった。中仕切と東壁との隅に置いてあった箪笥のあたりで身体がとまったが、そのときにはもう拳銃と機関銃の銃声が轟いていた。

春子の背中が熱くなった。弾丸が食い込んだことはわかったが、無我夢中だったこともあって、それほど痛いとは思わなかった。とにかく、夫をかばおうと立ちあがった。必死になって、奥の部屋に入り込んだ。

四人の将校は、銃を撃ち続けながら寝台の近くにまで達し、銃口を床に向けていた。

斎藤はベッドの上で倒れようとしたのか、屈みかげんのまま下に転がり落ち、仰向けに横たわっていた。いつもは頭を東に向けて寝る夫がそれとは逆の姿勢で倒れていた。春子は駆け寄り、斎藤の身体にすがった。斎藤は何の反応もせず、すでにこと切れていた。

呆然として、春子はその場に腰をおろした。

何を思ったのか、春子のすぐ後ろに立っていた将校がふたたび機関銃を構えて撃ちだした。とっさに立ち上がった春子は、銃身をつかんだ。

「何をなさるのですか。おやめなさい。死者を鞭打つもりですか！」

将校は機銃の引き金をもどそうとしない。春子は銃身から手を放すと、両手をあげて斎藤の前に立ちはだかった。横合から撃たれた拳銃の弾丸が右肘にあたって、血がほとばしりでた。

かまわず将校たちの前に進むと、居丈高《いたけだか》に叫んだ。

「撃つなら、この私を撃ちなさい！」

左右に大きく広げた左手めがけて三発目の弾丸が撃たれ、手首のあたりから血が噴きでた。

将校らは、斎藤におおいかぶさろうとする春子を強引にひき離すと、さらにサーベルでもって容赦なく斬りつけた。

「よし、これでよかろう」

将校らは顔をあわせると、ふたたび乱暴な足どりで階段をおりていった。

寝室を急襲したのは、坂井直中尉のほか高橋太郎少尉、安田優少尉、林武伍長であった。

裏門にでた将校の一人は、警戒していた麦屋清済部隊の下士官・兵に向かって、腕についた血を誇らしげにみせ、「見よ、国賊の血を」と叫んで、士気を鼓舞《こぶ》したという。

春子が廊下の前で鉢合わせしてから、わずか五分ほどの出来事だった。

のちに行われた検屍《けんし》によると、斎藤の体内には四十七発もの銃弾が撃ち込まれていたというが、実際にはそれ以上摘出不能な弾丸が多数埋まっていたといわれる。

春子は突然の惨劇にあって、そのように思いたかった。だが、目の前には、最愛の夫が血まみれで横たわっている。ついさっきまで温もりのあった寝台は血に染まり、部屋の隅に置いてあった鏡台も撃ち抜かれ、苦患の皺を刻むようにガラスが割れていた。

「悪夢を見ているのだ」

部屋は弾痕だらけで、天井から床まで蜂の巣のように無数の穴があいていた。

「泣くのは、まだ早い」

悲しむ前に、武人の妻としてやらなければならないことがあった。

春子は廊下に出て、階段をおりた。将校らが襲ってきた痕跡は、雪や血のついた軍靴の跡となって残っていた。将兵はすでに引き揚げたらしく、自分の足音だけが響いた。

お手伝いの部屋にあてていた茶の間までやってくると、息をひそめている気配がした。

「奥さま……」

血だらけで現れた春子を、お手伝いたちが泣きじゃくりながら迎えた。

「心配ないわ。もう、兵はいってしまった。早く連絡をとって」

春子は錯乱しそうなお手伝いたちをなだめながら、やるべきことを指示した。

斎藤邸が襲撃されたことについては、寄宿していた書生によって、内大臣秘書官に電話で通報されていた。

## 天皇の逆鱗《げきりん》に触れる

午前五時二十分、内大臣秘書官長の木戸幸一は、内大臣秘書官からの電話によって凶変を知らされた。木戸はすぐさま、警視総監や貴族院議長の近衛文麿公爵、西園寺公望の側近で男爵の原田熊雄らに電話で連絡をとった。

宮中には、午前五時半前後に鈴木侍従長官邸や斎藤内大臣私邸、さらには内大臣秘書官らから相次いで電話が入っていた。

これらの電話をとったのは、当直の甘露寺受長侍従だった。

「侍従長は拳銃で狙撃されて重態。内大臣は軍隊に襲われて落命とは……」

天皇の軍隊が決起して天皇の重臣を殺害している。それは、にわかには信じられないことだった。断続的に入る情報は、帝都で進行している未曾有の事変をものがたっていた。

「一刻の猶予もならない」

そう判断した甘露寺侍従は、天皇陛下の寝室にうかがった。

「さしつかえない。緊急の用務ならここで聞く」

甘露寺は電話の内容を手短に報告した。

聞き終えた陛下は怒りをあらわにした。天皇と親しい重臣らが、よりによって軍によって襲撃されている。しかも、つい前日歓談したばかりの斎藤内大臣まで殺されたという。襲撃隊の行動は天皇の逆鱗《げきりん》に触れた。

「暴徒は、その後、どの方向に向かったかわからないか」

暴徒という言葉は、甘露寺の耳にも強い印象となって残った。


この時点でもまだ、襲撃は進行していた。

斎藤内大臣を襲った部隊のうち、坂井中尉率いる主力は陸軍省に向かい、高橋少尉と安田少尉はさらに渡辺錠太郎教育総監私邸をめざしていた。

斎藤邸をひきはらった第二次襲撃隊は、下士官・兵約三十人だった。一行は赤坂離宮前で、野戦重砲兵第七連隊の田中勝が手配していた軍用トラック一台に乗り込み、雪道を飛ばした。

渡辺錠太郎は、前年八月の定期異動で更迭された真崎甚三郎の後任として教育総監になっていた。渡辺の私邸は杉並区上荻窪にあった。

午前六時、このとき渡辺はすでに寝床から出て、服装を整えていた。雨戸は全部あけられており、東京を襲った大雪が目にまぶしいほどだった。

そのとき、軍用トラックが疾走してきて私邸の前で急停車した。荷台から飛び降りた兵が、いきなり玄関めがけて機関銃を乱射した。

静かな住宅地はけたたましい銃声に包まれた。警備の憲兵二人が拳銃で応戦したため、高橋少尉や安田少尉は裏手にまわり、屋内に乱入した。

すず夫人は身を挺して制止しようとした。

「軍人として、あまりに乱暴ではないですか」

この点、夫をかばおうとした春子の行動と似ている。だが、すでに斎藤内大臣を血祭にしてきた将兵には、むなしい説得だった。一隊は渡辺の居所を求めて突き進んだ。下士官は機関銃を縁側に据えると、室内に向けて乱射し続けた。

渡辺も拳銃でもって応戦し、壮絶な撃ち合いとなった。この銃撃戦で安田少尉と伍長の一人に傷を負わせたが、やがて弾が尽きた。渡辺は銃弾を浴びたうえ、軍刀で頭部などを斬りつけられ、ほどなく絶命した。軍人らしい壮絶な最期《さいご》だった。

午前六時半ごろ、襲撃部隊は渡辺の私邸を去ると、陸軍省付近にいた坂井隊と合流した。

襲撃を終えた各部隊は次々に官庁街に終結し、首相官邸、陸軍省、参謀本部など議事堂を中心に、宮城（皇居）に接した半蔵門から桜田門、さらに虎ノ門から赤坂見附の四辺形の範囲内をほぼ完全に占拠した。

日本の政治の中枢は、今や決起部隊（反乱部隊）によって掌握されるに至った。

日本を震撼《しんかん》させた四日間が始まった。

決起軍と陸軍との最初の交渉がもたれたのは、陸相官邸においてである。

香田清貞大尉（歩一旅団副官）、磯部浅一、村中孝次（二人は士官学校事件で陸軍を去った皇道派の人物）は、川島義之陸相に面会した。

香田は「蹶起趣意書」を読みあげたうえ、「陸軍大臣要望事項」を手渡した。香田は、今回の決起は尊皇討奸《そんのうとうかん》にもとづいた昭和維新断行の行動であることを認めてほしいと迫った。

午前八時半ごろ、皇道派青年将校の頼みの綱となっていた真崎甚三郎大将が自動車でやってきた。邸内に入る真崎は得意顔だった。磯部の「行動記」によると、真崎は将校たちに「お前たちの精神はようわかっている」と励ますようにいったという。

一方、午前八時過ぎ、三宅坂隼町にある東京警備司令部には、司令官の香椎浩平《かしいこうへい》中将が自宅から到着した。陸軍省や参謀本部が占拠されていることから、九段南にあった憲兵司令部三階が臨時の陸軍省、参謀本部にあてられた。

臨時参謀本部に入った石原莞爾《いしはらかんじ》大佐は、参謀次長の杉山元《すぎやまはじめ》中将に対し、「至急第一師団の甲府連隊と佐倉連隊を上京させるべき」と進言した。

川島陸相は午前九時半、天皇に拝謁し、「蹶起趣意書」を朗読した。

「すみやかに暴徒を鎮圧せよ！」

天皇は厳しく命じた。暴徒といわれ、川島は言葉を失った。

日ごろ温厚な天皇は側近らに、「朕《ちん》自ら鎮圧にあたる」と語っており、いかに皇道派青年将校が起こした凶行に憤激していたかがわかる。

天皇に拝謁した杉山は、石原から進言されたとおり、第一師団の甲府・佐倉両連隊の招致を上奏し、裁可を得た。これにより決起部隊とは別の鎮圧部隊が動きだすことになった。

二月二十七日午前三時五十分、緊急勅令で東京は戒厳令下に置かれた。

香椎浩平中将が戒厳司令部司令官を命じられ、午前六時、司令部は九段の軍人会館に移された。戒厳令が敷かれたのは、ポーツマス条約反対の暴動、関東大震災に次いで三度目であった。

その後、陸軍が青年将校らに説得工作を続けていたのに対し、海軍は「三人の海軍大将を惨殺された（実際には、岡田首相は救出され、鈴木侍従長は重傷。斎藤のみ犠牲）」との報告を受けたこともあり、早くから強硬姿勢を固めていた。

なかでも横須賀鎮守府の動きはすばやかった。前年十二月、新司令長官の米内光政、新参謀長の井上成美《しげよし》のコンビは、あらかじめこのような事態を想定して、特別陸戦隊（一個大隊）を編制して訓練を行うなどの対応策を練っていた。

登庁した米内は、事件を起こした陸軍の部隊を即座に「反乱軍」と言い放ち、阿金一夫副官に長官訓示の原稿を手渡した。ただちにその原稿は印刷されて、将校らに示された。司令長官の毅然とした態度で鎮守府の足並はそろった。

もっとも、米内よりも先に登庁していた井上は、二十六日午前九時には特別陸戦隊を出発させようとしたが、軍令部から手続きの必要を求められ、「待った」をかけられていた。

このとき軍令部総長を務めていた皇族の伏見宮博恭王《ふしみのみやひろやすおう》（元帥・海軍大将）は、天皇に会って意見を上申したのち、午前十時には海軍省に幹部を集め、鎮圧の方針を明かした。

ようやく出動が許可された特別陸戦隊が芝浦から上陸を始め、海軍省の警備にあたったのは、午後遅くになってからだった。

軍令部はさらに、土佐沖で演習中だった連合艦隊（高橋三吉司令長官）に打電し、第一艦隊を東京湾に、第二艦隊を大阪湾に集結させた。

二十七日午後には、旗艦長門をはじめ四十隻の軍艦が御台場沖に控え、艦砲射撃できる体制を整える。鎮圧にてまどるようなことがあったら、議事堂に標準をあわせ、反乱部隊を葬る計画であった。

## 兵に告ぐ

二月二十九日を迎えた。

包囲軍は戦車を先頭にして、反乱部隊の包囲網を狭めていった。戦車には「武器を捨て、我方に来れ」などと綴られた紙が多数張られていた。「勅令下る軍旗に手向ふな」のアドバルーンがあがり、上空を旋回する飛行機からは、帰順を呼びかけるビラが三種類まかれた。

午前八時五十五分、戒厳司令部内の放送室から、中村茂アナウンサーによって、反乱部隊に呼びかける放送が始まった。

有名な「兵に告ぐ」（午前八時四十八分戒厳司令部発表）である。

攻撃前進が始まった。といっても、両軍とも弾丸を一発も撃っていなかった。

帰順する部隊が続出したのである。帰順者は前夜からぼつぼつと出ていたが、夜明け前からは、原隊に復帰する下士官と兵がめだってきていた。

もともと兵にすれば、非常呼集によって叩き起こされ、わけもわからないまま上官の命令に従って行動したものがほとんどだった。反乱軍、逆賊というレッテルを貼られ、戦闘意欲は失われていた。

さらに、空からばらまかれた無数のビラと、スピーカーから流れる中村アナウンサーの悲痛な声が兵の胸をうち、帰順に拍車をかけた。

首相官邸の中橋隊、栗原隊、ドイツ大使館前にいた坂井直（斎藤を襲撃した指揮官）隊と、相次いで帰順すると、反乱部隊は総崩れとなった。

最後まで抗戦の姿勢をとっていたのは、鈴木侍従長官邸を襲った安藤輝三隊だけとなった。午後一時ごろ、安藤大尉は山王ホテルの庭に部下を集め、帰営すると告げた。

安藤は決起には反対だったが、同志から「昭和維新の聖戦として最後まで努力する」と説かれ、加担することを決意した。にもかかわらず、次々に仲間が脱落していく。その姿を眺めていた安藤には、忸怩《じくじ》たるものがあった。

中隊歌が歌われるなか、ゆっくりその場を離れた安藤は拳銃をとりだすと、喉にくわえ、引き金を引いた。

だが、弾丸は喉から頬骨に貫通したため致命傷とはならなかった。病院に運ばれた安藤は一命をとりとめ、軍事裁判によって死刑の判決を受け、刑架につく。

日没までに投降しなかった場合、山王台を攻撃しようとしていた戒厳司令部に、午後一時四十五分、「全部帰順」の報が入った。

午後二時、下士官と兵は原隊にもどり、決起を指揮した将校は全員、陸相官邸の第二応接室に収容された。

密室では、上官による自決の強要が続けられていた。陸軍上層部は青年将校らを闇から闇に葬ろうとしていたのである。

自決を迫っていたのは、皇道派と目されていた山下奉文《ともゆき》少将や岡村寧次《やすじ》少将だった。陸軍省では、自決を想定して敷布やガーゼを用意し、白木の棺桶まで手配させていた。

青年将校のほとんどは、法廷における理論闘争に望みをかけていた。五・一五事件では、犬養首相を暗殺していながら無期懲役が最も重い刑だったのである。

部屋には、参謀本部課長の井出宣時大佐がやってきていた。井出は前年十二月の移動前まで歩兵第三連隊の連隊長を努めていた。井出は、自決反対を唱えているかつての部下、野中四郎大尉を別室の図書室に誘った。

野中は警視庁を占拠した指揮官の一人だった。二月十五日から二十二日まで週番司令をしていたが、十九日には、週番司令室で「我れ狂か愚か知らず」で知られる一通の遺書をしたためている。また、決起に消極的だった安藤大尉を説得したのも野中だった。

かつての上司、井出大佐が野中に向かって、どのように説いたかは知るすべもない。あるいは、野中が死でもって償うことで、ほかの将校の責任が軽減されるとでも告げたのだろうか。クーデターを理由づけた「蹶起趣意書」の最後は、「陸軍歩兵大尉野中四郎　外同志一同」と綴られてあった。蹶起趣意書だけをみれば、野中は事件をひきおこした最高責任者になる。

最後まで自決を拒んでいた野中は、この趣意書を示されて観念したのかもしれない。野中は許しをもらい、新たに家族への遺書をしたためると、それを井出に託した。井出が図書室を出ると、野中は安藤がそうであったように、やはり拳銃を口にくわえ、引き金を引いた。

戒厳司令部では全員の自害を期待していたが、自決したのは野中一人にとどまった。ほかの青年将校は、階級章をはぎとられたうえ、憲兵隊の護送車に乗せられ、午後六時ごろ、代々木の東京陸軍衛戍《えいじゅ》刑務所へと移送された。

これより前の午後三時、戒厳司令部は「反乱部隊は午後二時頃を以て其の全部の帰順を終り、ここに全く鎮定を見るに至れり」と発表。午後五時四十一分、内閣は、官邸において遭難したと伝えられていた岡田首相が実は生存しており、前日朝には後藤臨時代理を経て辞表を奉呈し、夕刻には参内していたことを公表した。

日本を震撼《しんかん》させたクーデターは、血で血を洗う最悪の事態を回避し、一応の終息をみた。

## クーデター失敗の結末

市民生活は平常にもどりつつあったが、東京は以前として戒厳令下にあった。

三月四日、緊急勅令により「東京陸軍軍法会議」が特設された。

裁判は四月末から始まったが、六月五日に求刑、一ヵ月後の七月五日には第一次判決が下るという異例の早さだった。その結果、香田清貞ら十七人に死刑、ほかは無期から一年六ヵ月の禁固刑が言い渡された。陸軍省発表は七日午前二時に行われ、国民は新聞報道によって初めて判決の内容を知らされた。

七月十二日朝、渋谷区宇田川町の陸軍衛戍刑務所では、十七人のうち村中孝次、磯部浅一を除く十五人（将校十三人・民間人二人）に対し、「本日刑を執行する」ことが言い渡された。

煉瓦塀の向こうにある代々木練兵所では、軽機関銃の空砲の音が間断なく、灰色の空に鳴り響いていた。銃殺の音をかき消すためのカモフラージュであった。

刑は五人ずつ三回に分けて行われることになり、それぞれにカーキ色の夏服を着用し、目隠しされた。額にあたる布には狙いを定めるための黒点が記されてあった。

彼らは看守に両腕を支えられて刑務所構内を歩かされ、煉瓦塀の前につくられた刑架まで連れていかれた。夏草の匂いを嗅ぎながら、その場所にたどり着くと、筵《むしろ》のうえに正座させられた。刑架は十字に組まれ、晒木綿《さらしもめん》が巻かれていた。檜でできたその刑架に、それぞれに両腕と頭部、胴を晒木綿でかたく縛りつけられた。

銃殺には三八式歩兵銃が使用され、佐倉連隊の一隊が担当した。

彼らは水を与えられると、「天皇陛下万歳」などを唱えながら、最期のときを迎えた。

一回目は午前七時、執行されたのは香田清貞、安藤輝三、竹島継夫、対馬勝雄、栗原安秀だった。二回目は午前八時、中橋基明、丹生誠忠、坂井直、田中勝、中島莞爾の刑が執行された。三回目は八時半、安田優、高橋太郎、林八郎、渋川善助、水上源一の刑が執行された。

七月十八日には、百五十日間にわたる戒厳令が解除された。

二十九日（陸軍省発表は三十一日）、第二次判決が下り、山口一太郎に無期禁固、新井勲に禁固六年が言い渡された。第三次判決は翌十二年一月十八日に言い渡され、八月十四日には、北一輝（輝次郎）と西田税（元陸軍少尉）の二人に事件の首魁《しゅかい》として死刑、亀川哲也に無期禁固が言い渡された。五日後の十九日、北、西田は、前年七月の処刑から外されていた村中孝次、磯部浅一とともに刑務所構内で銃殺された。

最終的に、自決した野中四郎、河野寿を含む二十一人（第一次処刑十五人、第二次処刑四人）が、事件の責任をとらされるかたちでこの世を去った。

東京渋谷区宇田川町の一角に、「二・二六事件記念慰霊像」が建立されている。

この慰霊像は、旧陸軍の将校および民間人の遺族らで結成した仏心会によって建てられたもので、事件から三十年目の昭和四十年（一九六五）二月二十六日に除幕式が行われた。

ここでは、殺害された斎藤實や高橋是清といった重臣から警察官、さらには自決あるいは処刑された軍人や民間人まで、いっさいの犠牲者の霊が合祀されている。

# 終章――水沢の地で永遠《とわ》に

昭和十一年（一九三六）三月二日、斎藤實の密葬が自邸においてしめやかに営まれ、遺骸は幡ヶ谷火葬場で荼毗《だび》に付された。

春子は背中と右肘、左手首に計三発の弾丸をうけ、両手を三角布で吊っていた。骨を拾おうとするたびに疼く痛みは、夫と過ごした楽しい日々がよみがえる痛みでもあった。

三月二十二日、東京築地本願寺において、斎藤の本葬儀が営まれた。

広田首相ら千人を越す会葬者の多くは、春子の左手に巻かれた包帯を見て、あらためて事件の残虐さを思い知らされ、非業の最期を遂げた斎藤の遺徳を偲《しの》んでいた。

遺骨は分骨のうえ、多摩墓地と郷里の水沢（当時は水沢町）とに埋められることになった。

三月二十四日夜、遺骨を乗せた列車は上野を発ち、水沢へ向かった。途中、仙台、一関では特別に霊柩車の扉を開いて、大勢の焼香を受けた。

水沢に着いた遺骨は生誕地でもある吉小路の自邸に入り、二十六日に水沢小学校講堂において葬儀が営まれた。会葬者はひきもきらず、その長い列は夕刻まで続いた。当時の水沢の人口は一万人ほどであったが、四万人近くもの人たちが参列したといわれる。

昭和十六年（一九四一）八月、斎藤春子は、高齢にもかかわらず日本赤十字社篤志看護婦婦人会員となり、救急事業に尽くした。

日本の敗戦が色濃くなった昭和二十年（一九四五）三月、春子は家族とともに夫の生まれ故郷である水沢に移り住むことになり、貨車一台に家財などを詰めこんで運ばせた。

四谷の邸宅は戦災で焼けたが、このときの春子の英断により、斎藤夫妻の遺品が奇跡的に残されることになった。遺品の数々は、明治、大正、昭和と、それぞれの時代とその変遷を証言する貴重な資料として、斎藤實記念館に展示・保管されている。

昭和四十五年（一九七〇）十月十四日、春子は、岩手国体の開会式に臨席したのち県内各地を訪れていた昭和天皇、皇后両陛下と、水沢緯度観測所でお会いした。

春子が天皇、皇后両陛下と対面するのは、昭和二十八年（一九五三）八月、盛岡志家町の葛西荘（現・岩手放送）で会って以来のことだった。

「斎藤春子でございます」

「元気でなによりですね」

近くに寄られて声をかけた天皇陛下は、頭をさげたままの春子にさらにやさしくいった。

「よく顔を見せなさい」

春子はゆっくりと目線をあげた。

「實には、たいへんお世話になりました。あらためて感謝します。ありがとう」

天皇陛下は感慨深げにいわれた。

皇后陛下も、「お体をだいじにして、いつまでもお元気で過ごしてくださいね」といたわりの声をかけた。春子は畏れ多く、ただただ感激してうなずいた。

天皇、皇后両陛下は四分ほどで退出したが、その間、春子は傍らに實が立っているような気持ちになり、満ち足りた時間を過ごした。

それまで歩いてきた懐かしい光景が走馬灯《そうまとう》のように脳裏を巡った。

翌四十六年九月十四日、三月から国民健康保険総合水沢病院（現・奥州市総合水沢病院）に入院していた春子は、眠るように逝去した。享年九十九（満年齢では九十八歳）。眼球は遺志によってアイバンクに捧げられ、一人の青年に角膜が移植されている。

葬儀は市民葬として営まれ、小山崎の斎藤墓地に夫と並んで葬られた。斎藤實が没してから三十五年の歳月が流れていた。

# あとがき

平成二十年（二〇〇八）は、斎藤實の生誕百五十年にあたる。前年は、後藤新平の生誕百五十年とあって、出身地の奥州市（水沢区）や東京都などで盛大な記念事業がくりひろげられた。

二人は竹馬の友であり、同じ内閣に列したこともあるが、後藤の知名度の高さにくらべると、残念ながら斎藤の業績についてはあまり知られていない。

昭和を暗転させた「二・二六事件」では、悲劇的な結末を迎えた青年将校たちにスポットが当てられることが多く、内大臣のときに暗殺された斎藤のことが語られることは少ない。

本書は、平成十一年（一九九九）二月、『惨殺　提督斎藤実「二・二六」に死す』（光人社）として発刊されたものを大幅に改稿したものである（初出は平成三年十一月から平成四年十月まで、産経新聞岩手版〈当時〉に連載された「岩手宰相物語　斎藤実」）。

今回、光人社のご好意により、元就出版社から、『斎藤實伝「二・二六事件」で暗殺された提督の真実』と改題して出版されることになった。改稿にあたっては、より斎藤の人となりをわかりやすくするために、こまごまとした経緯についての説明をはぶいた。

斎藤實の生涯をたどりながら、旧日本海軍の歩み、ファシズム台頭による日本の軍国化といった歴史の流れに少しでも関心を抱いてもらえれば本望である。

　この場を借りて、光人社の高城肇、牛嶋義勝、元就出版社の浜正史、奥州市立斎藤實記念館の菅原志保子（館長）の各氏に感謝申しあげる。

【主な参考・引用文献】

『斎藤實伝』全四巻（昭和十七年）財団法人斎藤子爵記念会発行
『斎藤実』有竹修二　時事通信社
『斎藤實夫妻を偲ぶ』斎藤實記念館建設実行委員会
『斎藤實追想録』銅像復元記念出版　水沢市
『二・二六事件』高橋正衛（中公新書）中央公論社
『妻たちの二・二六事件』澤地久枝　中央公論社
『雪はよごれていた』澤地久枝　日本放送出版協会
『秘録二・二六事件』香椎研一編　永田書房
『二・二六暗殺の目撃者』有馬頼義　読売新聞社
『滞日十年』ジョセフ・C・グルー著　石川欣一訳　毎日新聞社
『昭和軍閥』黒田秀俊　図書出版社
『原敬日記』福村出版
『鈴木貫太郎自伝』鈴木一編　時事通信社
『日露戦争』平塚柾緒　フットワーク出版社
『チャップリン自伝』チャールズ・チャップリン　中野好夫訳　新潮文庫
『岡田啓介回顧録』毎日新聞社
『日本の歴史』中央公論社

取材協力・写真提供　斎藤實記念館（奥州市水沢区）

**【著者紹介】**

松田十刻（まつだ・じゅっこく）

昭和30年（1955）、岩手県盛岡市生まれ。立教大学文学部卒業。新聞記者などを経て執筆活動に入る。主な著書に、『チャップリン謀殺計画』（原書房）、『ダッハウへの道』（日本放送出版協会）、『ダビデの星』（徳間書店）、『紫電改』（幻冬舎）、『東条英機』『沖田総司』『乃木希典』『東郷平八郎と秋山真之』『撃墜王　坂井三郎』（以上、PHP 文庫）、『海軍一軍人の生涯』『武士』『日本海海戦』（以上、光人社）など。近著は『龍馬のピストル』（PHP研究所）。本名の高橋文彦でも、『颯爽と清廉に・原敬』『魂のイコン　山下りん』（以上、原書房）などがある。

斎藤實伝
「二・二六事件」で暗殺された提督の真実

二〇〇八年一一月一五日　第一刷

著者　松田十刻
発行人　浜正史
発行所　元《げん》就《しゅう》出版社
〒171-0022　東京都豊島区南池袋四―二〇―九
サンロードビル2F・B
電話　〇三―三九八六―七七三六
FAX　〇三―三九八七―二五八〇
振替　〇〇一二〇―三―三一〇七八
印刷　中央精版印刷

落丁・乱丁本はお取り替えいたします。

© Jyukkoku Matuda Printed in Japan　2008

ISBN978-4-86106-170-7　C0095

元就出版社の戦記・歴史図書

「元気で命中に参ります」

遺された者の暦

真相を訴える

ビルマ戦線ピカピカ軍医メモ

ガダルカナルの戦い

激闘ラバウル防空隊

今井健嗣　遺書からみた陸軍航空特別攻撃隊。「有難う。無言の全『特攻戦士』に代わって厚くお礼を申しあげます」と、元震洋特攻隊員からも高く評価された渾身の労作。　定価二三一〇円(税込)

北井利治　神坂次郎氏推薦。戦死者三五〇〇余人、特攻兵器——魚雷艇、特殊潜航艇、人間魚雷回天、震洋艇等に搭乗して〝死出の旅路〟に赴いた兵科予備学生たちの苛酷な青春。　定価一七八五円(税込)

松浦義教　保坂正康氏が激賞する感動を呼ぶ昭和史秘録。ラバウル戦犯弁護人が思いの丈をこめて吐露公開する血涙の証言。戦争とは何か。平和とは、人間とは等を問う紙碑。　定価二五〇〇円(税込)

三島四郎　狼兵団〝地獄の戦場〟奮戦記。ジャワの極楽、ビルマの地獄。敵の追撃をうけながら重傷患者を抱えて転進また転進、自らも病に冒されながら奮戦した戦場報告。　定価二五〇〇円(税込)

井原裕司・訳　第一級軍事史家E・P・ホイトが内外の一次史料を渉猟駆使して地獄の戦場をめぐる日米の激突を再現する。アメリカ側から見た太平洋戦争の天王山・ガ島攻防戦。定価二一〇〇円(税込)

斎藤睦馬　「砲兵は火砲と運命をともにすべし」米軍の包囲下、籠城三年、対空戦闘に生命を賭けた高射銃砲隊の苛酷なる日々。非運に斃れた若き戦友たちを悼む感動の墓碑。　定価一五七五円(税込)